中山大學
粵港澳研究叢書

通向現代選舉之路

Paths to Modern
Electoral Systems

何俊志 著

序言

人類社會的一個奇特現象是，權力繼承制度好似過山車一般在流轉。人類學家們發現，早期人類在群體生活中幾乎全都採用選舉的方式產生他們的領袖，但是在由部落而進入酋邦及後來的國家狀態後，則大多採取世襲方式產生領袖；在 18 世紀以來，選舉又從一個角落開始向全球蔓延。即使在選舉的弊端已經充分暴露的今天，仍然很少有國家和地區不以選舉的方式產生他們的領袖。第二次世界大戰結束後，各國首腦在總結全球選舉歷史經驗的基礎上，將普遍、平等、直接、自由和定期選舉的原則作為公認為標準廣泛推行。在經過半個多世紀的實踐之後，新一波質疑選舉的正當性的衝動已經出現，試圖以抽籤、公決和協商等方式替代選舉的論調也開始悄然興起。

由此就給當代的學者們提出了一個嚴肅而重要的問題：我們到底應該如何看待選舉在人類政治生活中的地位和功能？在短時間內還難以拿出公認方案的背景下，我們可能首先需要回頭去梳理選舉變遷的歷史脈絡，從選舉制度在全球歷史變遷的過程中去尋找選舉制度的變遷規律，並通過對選舉制度與其他制度的互動模式去提煉現代政治變遷的基本圖景與趨勢。

實際上，早在現代世界開啟之初，一些偉大的思想家就已經開始在關注和思考這一問題。孟德斯鳩和盧梭就已經在從哲學層面上總結選舉規律並警示未來後果。這一努力的頂點，就是馬克思和密爾都將選舉權的實現視為人類自由本質的展開方式。進入 20 世紀之後，現代社會科學家們則更多地將選舉制度作為一項因變數來考察其變化趨勢及決定因素。

在前期研究的基礎上，本書試圖向讀者展示這樣一幅圖景：在進入國家狀態之後，只是在那些強大的國家權力難以進入或者尚未逐及的某些有限地域之內，才殘留和延續了部落社會的選舉傳統。而現代選舉之所以只在西歐一隅得以生發，其直接的原因就是只有在這一區域才延續了原始集會傳統並固化為等級議會。只有那些存在等級議會的地方，才有可能出現傳統社會的選舉。而隨著人民主權觀念的興起和原子化個體的出現，選舉制度才逐步從等級會議的底層開始替代議會的其他席位。除此之外，其他地方的現代選舉制度，要麼是歐洲移民將這種制度帶到全球各地，要麼則是其他國家主動學習或被強行施加的結果。

無論是現代選舉原生模式還是次生模式，在選舉制度逐步展開的過程中，都需要處理現代選舉內在要求的普遍、平等、直接、自由、定期選舉的原則，並設立以理性和效率為原則的選舉管理機構。在上述原則中，除定期選舉原則外，由於各個國家啟動選舉的前提不同，處理上述問題的先後順序就不同。不同的先後順序就導致選舉制度自身構成要素之間的關係和組合模式不同，從而也就出現了通向現代選舉的不同道路。因此，本書的理論基礎實際上就是政治發展中的發展順序理論。當然，歷史制度主義所內含的要素出現順序的重要也就是必然之理。

作為一項集體創作的結果，本書的具體分工如下：何俊志負責總體框架設計並撰寫導論、第六章、第七章、第十章和結論；陳家剛（廣東省行政職業技術學院校長）負責撰寫第一章和第二章；鍾本章（廣東省社會科學院助理研究員）負責撰寫第三章；梁鳳波（華中師範大學公共管理學院講師）負責撰寫第四章；羅彬（中山大學政治與公共事務管理學院博士後）負責撰寫第五章；陳川慜（華東政法大學政治與公共管理學院副教授）負責撰寫第八章；霍偉東（中山大學粵港澳發展研究院博士後）負責撰寫第九章。初稿完成後，由何俊志提出修改意見後再由各位作者修改補充；最後由何俊志補充相關資料並校對後定稿。

在研究項目初始階段，中山大學政治與公共事務管理學院的肖濱教授曾經從理論上提出不少建議；中山大學粵港澳發展研究院袁旭陽副院長在聯繫出版及後期組織過程中都助益良多。香港三聯書店周建華先生、李斌先生和劉韻揚女士，都先後在編輯和排版工作上精心操持，其細緻和專業精神都讓人感動。在此一併對上述人士致以敬意。

由於作者本身的水準有限，本書當然存在著相當的不足之處。在後期閱讀和寫作過程中，作者尤其感受到本書還需要完善的地方太多。在我們戰戰兢兢地推出這部習作之際，也非常希望讀者、同行們能夠提出寶貴意見，以鞭策我們去將這項研究工作繼續深入下去。

何俊志

二〇二二年八月二十八日於廣州

目錄

圖表目錄

導論

理論與結構

自 18 世紀後期以來,代議民主政體作為一種理論上的理想政體逐步外化為實踐中的理想政體。現代世界各國都相繼開啟了現代選舉制度的建立和改革歷程,現代選舉制度開始從西歐一隅逐步波及全球。當代世界上已經鮮見沒有選舉制度的國家,定期選舉已經成為當代政治體系中的一種常態現象。但是,自 21 世紀以來,選舉亂象也開始成為相當一部分國家政治亂象的主因。一些前沿的理論家已經開始反思現代選舉制度的種種弊端,一些國家和地區已經開始在嘗試一些替代選舉的方案。現代選舉制度在經過 200 多年的變遷之後正在經受新的考驗。在這種背景下,重新回顧現代選舉制度在各主要國家的展開歷程,發現其內在的變遷規律與動力機制,總結相關的實踐經驗與教訓,就顯得極為緊迫。但是,在進行這項系統的工作之前,我們首先需要超越一般意義的國別研究,在立足於選舉制度自身特性的基礎上建立起一套理論分析的框架,才能在歷史比較中得出有意義的結論。

一、羅伯特·達爾的比較框架

在當代比較政治學的理論體系之中,在代議民主與選舉發展之間的理論建構方面,最為傑出的著作當數羅伯特·達爾(Robert Alan Dahl)所著的《多頭政體:參與和反對》一書。在這本經典著作中,達爾在將

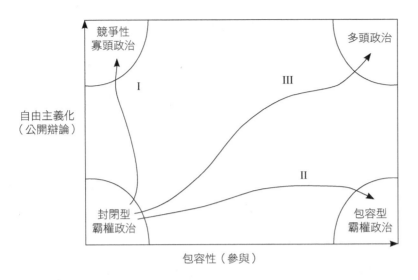

圖1：達爾關於自由化、包容性和民主化的坐標圖
來源：〔美〕羅伯特．達爾：《多頭政體——參與和反對》，譚君久、劉惠榮譯，北京：商務印書館，
2003 年，第18 頁。

多頭政體界定為一種最低意義上的民主的同時，還從自由化和包容化兩
個維度上提供了一幅民主化的動態圖景。

在上圖中，達爾以包容性為橫坐標，以自由主義化為縱坐標，構建
了一幅通向多頭政體的多種路徑圖。整體而言，居於左下角的封閉型霸
權政體如果向上發展，就會朝公開爭論比較發達的方向轉變；如果左下
角的政體沿着橫坐標向右移動，提供更多的參與機會，就可以說是它在
朝着大眾化的方向轉變，或者說變得具有包容性。不過他同時指出，當
今世界上的絕大多數政體或許應該歸入上圖中的中間區域。[1]

達爾同時還認為，最好把民主化看成是由幾次廣泛的歷史演變構成
的。一是由霸權政治和競爭性寡頭政治向近似多頭政治的演變。這基本
上就是 19 世紀西方世界所發生的過程。二是由近似多頭政治向完全多
頭政治的演變。這是 19 世紀末和第一次世界大戰的 30 年左右的時間裏

1　〔美〕羅伯特．達爾：《多頭政體——參與和反對》，譚君久、劉惠榮譯，北京：商務印書館，
　　2003 年，第17 頁。

在歐洲所發生的事情。三是完全多頭政治的民主化。這個歷史過程或許可以追溯到大蕭條發生後民主福利國家的迅速發展；後因第二次世界大戰而中斷。在 20 世紀 60 年代後期，這一過程似乎以迅速發展的要求各種社會組織民主化的形式——這在青年人中尤為顯著——又一次復興。[2]

簡而言之，達爾通過選舉過程中的競爭（自由）和參與（包容）這兩個指標，既建立起了一套測量民主政體的最低標準，也提供一系列通向多頭政體這一最低標準的主要路徑，從而為選舉和民主化研究奠定了新的基礎。競爭與參與，或者說自由化與包容化，也因此而成為衡量當代政治制度變遷的公認尺度。

二、對達爾框架的修正

由於達爾的這一分析框架在國際學術界的廣泛影響，一些中國政治的研究者們在思考中國政治變遷時，也或多或少受到了這一框架的啟發。但是，隨着研究的不斷深入，大多數與中國政治制度有關的研究，都在一定程度上對達爾的分析框架進行了修正。根據筆者的了解，目前對達爾框架的修正，基本上都是在選舉之外尋找一種替代的變量來解釋中國政治的變遷。

在早期的研究中，歐博文（Kevin J. O'Brien）在考察中國人大制度的整體時，就採用了自由化、理性化和包容性這三個標準來測量中國人大制度的變遷。他的研究發現是，改革開放以來，中國的全國人民代表大會確實在理性化和包容性方面發生了明顯的變化，但是並沒有表現出自由化的傾向。[3]在他看來，中國的全國人大在議事規則和機構建立方面，確實發生了明顯的變化；全國人大及其常委會無論是在成員屬性還

2　〔美〕羅伯特·達爾：《多頭政體——參與和反對》，譚君久、劉惠榮譯，北京：商務印書館，2003 年，第 17 頁。

3　Kevin O'Brien, *Reform Without Liberalization: China's National People's Congress and the Politics of Institutional Change*, New York: Cambridge university Press, 1990, pp.175-179.

是觀點容納方面，也都體現了包容性的特徵。但是，由於缺少競爭性選舉與公開辯論，中國的全國人大基本上看不出有自由化的傾向。

如果說歐博文的框架還只是對達爾的框架進行局部修正的話，一些國內學者在思考中國政治的整體變遷時，則對達爾的框架做了更大的調整。

在馬駿看來，從政治問責的角度看，選舉制度主要是用來解決誰行使權力的問題，預算制度主要是用來解決如何行使權力的問題。從歷史比較的角度，可以總結出三條實現政治問責的道路：歐洲國家基本上是在 19 世紀大致相同的時期同時建立起現代選舉制度和預算制度；美國經歷了從建國到進步主義時期的先建立選舉制度再建立預算制度的道路；雛形初見的中國道路則具有先建立預算制度再探索選舉制度的特徵。[4]

與此類似的是，景躍進也認為，達爾的這一模型帶有很強的選舉主義的特徵，並不適用於中國的情形。在歷史比較的視野下，民主的發展具有多元的演化維度。西方國家經歷的道路是通過選舉先解決權力來源問題；中國正在經歷的是一條先通過行政民主解決權力行使過程中的民主化，然後再逐步解決選舉過程中的競爭和參與問題的道路。[5]

實際上，這兩種代表性觀點的共同之處在於，都試圖將現代政治區分為政治與行政、選舉與治理，或者說權力的來源和權力的行使兩個環節，進而將當代中國政治的發展概括為是一種治理先行的模式。其共同的假設都在於：在權力的行使環節，當代中國政治已經發生了很大的變化；在權力的來源環節，則沒有看到與治理環節同步的變化。

4　馬駿：〈實現政治問責的三條道路〉，《中國社會科學》，2010 年第 5 期，第 103-120 頁。

5　景躍進：〈民主化理論與當代中國政治發展——民主化理論的中國闡釋之一〉，《新視野》，2011 年第 1 期，第 25-29 頁；景躍進：〈關於民主發展的多元維度與民主化序列問題——民主化理論的中國闡釋之二〉，《新視野》，2011 年第 2 期，第 31-34 頁。

三、回到選舉制度

一些學者從整個中國政治變遷的角度對達爾框架所做出的修正,確實有一定的道理。至少到目前為止,達爾的模型對整個中國政治變遷的解釋力還非常有限。但是我們要注意的是,達爾的框架所針對的是一個較長時段的變化,同時從多個國家的變遷類型中提煉而出。基於長時段和眾多國家而建立起來的分析框架,在運用到某個具體國家時,必然會出現某些難以確切解釋之處。另外,如果在從整體上解釋當代中國政治的變遷時需要大大地修正達爾的框架,那麼,當我們要具體研究選舉制度的變遷,則顯然必須重新回到達爾的框架。

在回到達爾的框時,景躍進曾經指出,對西方國家而言,第一波民主化主要解決的是自由化或者競爭問題;第二波民主化主要解決的是包容性或者普遍參與的問題。前社會主義陣營是一種開放性霸權政體。[6]也就是說,前社會主義陣營在選舉問題上解決了包容性,即公民普遍參與的問題,但是沒有解決競爭性問題。

但是,如果我們深入考察以蘇聯為代表的前社會主義國家的選舉制度,尤其是早期蘇俄選舉制度時,就會發現,蘇維埃政權也並不是一種完全具有包容性的政權。列寧在談到蘇維埃政權的性質時,曾經明確提出,蘇維埃民主制即當時具體實施的無產階級民主制的社會主義性質就在於:

> 第一,選舉人是被剝削勞動群眾,排除了資產階級;第二,廢除了選舉上一切官僚主義的手續和限制,群眾自己決定選舉的程序和日期,並且有完全罷免當選人的完全自由;第三,建立了勞動者先鋒隊即大工業無產階級的最優良的群眾組織,這種組織使勞動者

6　景躍進:〈民主化理論與當代中國政治發展──民主化理論的中國闡釋之一〉,《新視野》,2011年第 1 期,第 25-29 頁;景躍進:〈關於民主發展的多元維度與民主化序列問題──民主化理論的中國闡釋之二〉,《新視野》,2011 年第 2 期,第 31-34 頁。

先鋒隊能夠領導最廣大的被剝削群眾，吸收他們參與獨立的政治生活，根據親身的體驗對他們進行政治教育，從而第一次着手使真正全體人民都學習管理，並且開始管理。[7]

列寧的這一段論述已經清楚地表明，最初意義上的蘇維埃選舉制度也並不是一種完全具有包容性的制度，而是一種只包容勞動者而排除了資產階級的選舉制度。只是在蘇聯的社會主義改造已經完成之後，在1936 年的憲法中才開始全面貫徹包容性原則。與此同時，蘇維埃的選舉制度還是一種不需要固定程序的選舉制度，罷免制度的存在也使得固定的任期制度並不嚴格。最後，這種選舉制度也並不是一種競爭性的選舉制度，而是一種在共產黨領導下的選舉制度。

從這個意義上講，以蘇聯為代表的社會主義國家的選舉制度，同樣也經歷了一個包容性的發展過程。只不過發達國家經歷的是一個自上而下的包容過程，而前社會主義國家經歷的則是一個自下而上的過程。

與包容性相關的另外一個問題是，無論是達爾的框架還是國內學者在探討選舉制度的發展時，都沒有考慮直接選舉這一重要的測量指標。在達爾那裏，在很大程度上因為他的理論框架考慮的更多的是發達國家的經歷，而主要發達國家的選舉，在一定程度上就等同於是直接選舉。但是，對於前社會主義國家而言，大多數國家都曾經歷過從間接選舉到直接選舉的發展過程。對於中國而言，迄今為止的人大代表選舉還只是停留在縣鄉兩級人民代表大會代表選舉的層面上，在整個國家層面而言，實際上仍然處於間接選舉階段。

正是在看到了體現包容性的普遍選舉與直接選舉的差異之後，彭宗超在建構選舉制度變遷的理論模式時，曾經根據實施直接選舉與普遍選舉的先後次序不同，將直接選舉制度的歷史發展模式分成了三類：第一

---

7 〔蘇〕列寧：〈蘇維埃組織的發展〉，《列寧全集》（第二版），第 34 卷，北京：人民出版社，1985年，第 183 頁。

類是以西方早發資本主義國家為代表的直接選舉原則先行的模式；第二類是以印度和一些社會主義國家為代表的直接選舉原則和普遍選舉原則並行的模式；第三類是以蘇聯、蒙古和中國為代表的直接選舉原則後行的模式。[8] 彭宗超的這一努力無疑有助於我們更為清楚地區分直接選舉原則與普遍選舉原則之間的組合模式。但是由於作者主要關注的是直接選舉制度的歷史變遷，而沒有考慮構成選舉制度的其他要素，因而也就很難將其作為選舉制度整體變遷的理論框架。

如果我們要從整體上建立起一套分析選舉制度變遷的理論模式，除了要考慮直接選舉原則和普遍選舉原則的結合方式外，還應該將自由選舉這一重要的變量納入其中。而且，對於選舉的自由化而言，顯然也不能僅僅考慮選舉過程中是否有競爭性的因素。選舉過程中的競爭無疑是自由選舉的要義所在。但是，自由選舉的原則還應當包括選民意志的自由表達。在制度層面上，最能體現選民意志自由表達的制度安排就是秘密投票原則的採用與實施。在這個問題上，發達國家的選舉雖然從一開始就具有自由競爭的性質，但是秘密投票原則的採用則經歷了一個非常曲折的過程。

四、一種新的理論模式

討論至此，我們已經基本上可以明確，如果要建立起一套分析選舉制度變遷的比較框架，至少要考慮三個基本的變量，即選舉的自由性、直接性和包容性。如果要把這三個變量看成是一個動態的過程，則自由化的過程可以從兩個維度測量：一是選舉過程中的自由競爭；二是選民意志的自由表達。直接化則體現為一個國家從間接選舉向直接選舉過渡的基本歷程。選舉的包容化過程一方面表現為普遍性原則的逐步普及，同時也體現為平等性原則的全面實施。（參見表 1）

8　彭宗超：《公民授權與代議民主──人民代表直接選舉制比較研究》，鄭州：河南人民出版社，2002 年，第 50 頁。

表1：通向現代選舉的基本道路與類型

類型	典型代表	起步模式	第二階段	第三階段	第四階段
類型一（1）	英國、美國	直接與有限自由化	自由化	包容化	改革深化
類型一（2）	日本、墨西哥	直接與有限自由化	寡頭化	包容化	再自由化
類型二	法國、德國	間接與有限自由化	直接化與寡頭化	包容化	再平等化
類型三（1）	蘇聯、東歐	間接與包容化	直接化	有限自由化	
類型三（2）	中國	間接與包容化	有限直接化、有限自由化		
類型四	印度	直接與包容化、有限自由化	寡頭化	包容化	自由化
特殊類型	中國港澳台	間接與自由化	包容化	再自由化	再平等化

來源：作者自建

　　運用這三個基本變量，我們就可以在前述研究的基礎上，將世界各國通向現代選舉的道路概括為這樣幾種基本類型：

（一）類型一：直接與有限自由選舉起步型

　　從這一框架中我們可以看出的是，現代最早在較大範圍內確立直接選舉的國家是 15 世紀起的英國。在直接選舉開啟之後，自由選舉的成分不斷增多，並且在自由化選舉的過程中逐漸落實現代選舉的其他原則。在英國之後，不少在 18 至 19 世紀開啟現代選舉的國家都經歷了類似的歷程。這些國家經歷的是一種首先由直接化與自由化同時起步，隨後在自由化的帶動下逐步走向包容化的過程。在包容化的過程中會引出新的平等問題，選舉規則的完善則主要以平等原則展開。

直接選舉先行模式的基本歷程體現為從直接化到自由化再到包容化的過程。在這種模式下，在直接選舉開啟後，早期的選舉競爭是一種有限度的競爭。但是這種有限度的競爭性選舉卻不斷驅動着英國和美國的選舉競爭者去開闢新的選舉支持群體，從而帶來包容性的擴展。但是，在一些國家中，由於直接選舉和競爭性選舉在相當長的一段時間內局限於社會的上層，其包容性空間狹小導致競爭性空間的不足，因而只能算作是一種半自由化選舉。隨着包容性原則的擴展，尤其是在選舉權普遍開放之後，更為激烈的競爭隨之產生，從而使得這些國家從一種半自由化的選舉過渡到更為自由化的選舉。

　　在主要發達國家中，英國早在15世紀開始就已經實行了議會平民院直接選舉的原則，由各地區選民直接選舉議員。美國則在1787年憲法中就已經規定了國會眾議院議員由選民直接選舉產生。在這一時期內選舉逐步開啟的國家中，比利時在1831年、西班牙在1834年、瑞士在1848年同樣採用了直接選舉制度。在亨廷頓所指的第一波民主化浪潮中，大部分西歐國家都在19世紀後期和20世紀初期進入了直接選舉的時代。

　　達爾曾經指出，在選舉中進行秘密投票，不同政黨的候選人為爭取選票而競爭，是自由選舉的應有之義。[9] 在發達國家的早期選舉中，直接選舉的開啟即意味着選舉競爭的出現。但是，選舉競爭的存在並不意味着選民同時就具有自由表達的空間。作為一種保障選民自由意志表達的制度安排，秘密投票或無記名投票原則的採用，同樣經歷了曲折的過程。

　　人類社會曾經在遠古時代就嘗試過各種保證選民自由表達意志的投票方式。在各種保證選民自由表達意志的方式中，秘密投票或無記名投票同樣曾經在各地湧現。在選舉發展史上，雖然不斷有選舉改革家呼籲

9　〔美〕羅伯特・達爾：《多頭政體——參與和反對》，譚君久、劉惠榮譯，北京：商務印書館，2003年，第31頁。

要採用秘密投票方式而保證選民自由意志，也有一些國家和地區曾經零星地通過投豆等方式來實施這一原則，但是，在相當長的時間內，秘密投票都沒有能夠成為一項基本的選舉原則，從而為各種干擾選民自由行使選舉權的方式提供了機會。一直到 1856 年澳大利亞探索出紙質選票不記名原則之後，秘密投票的原則才開始被各主要發達國家在選舉過程中逐步採用。

具體而言，在澳大利亞之後，新西蘭於 1870 年開始採用秘密投票規則、英國於 1872 年全面實施秘密投票；此後的加拿大於 1874 年、比利時於 1877 年也相繼引入這一基本規則。從 1888 年開始，美國肯塔基州的路易斯維爾引入澳大利亞式選票之後，其他各州才陸續跟進。[10] 秘密投票原則的採用，既有利於保障選民自由意志的行使，在客觀上也有利於推動精英們走向公平的競爭。但是到此為止，由於對選舉權的限制，選舉參與的包容性仍然有限。不過，19 世紀後期以來，早期發達國家都相繼進入了逐步開放選舉權的道路。大體而言，這些國家選舉權的開放過程主要體現為逐步破除了限制參與選舉的財產資格、教育資格、性別資格和種族局限，並降低了選民的年齡。

與破除各種資格限制相伴隨的是，為了體現普遍選舉中的平等原則，一些國家同時通過取消等級性投票、取消複票權和定期重劃選區等具體措施，不斷致力於實現 "一人一票" 和 "同票同值" 的原則。

在直接選舉先行的模式中，與英國和美國不同的是，日本和墨西哥雖然同樣是從直接化起步，但是此後經歷的僅為一個競爭和參與空間都非常狹小的半自由化選舉，而且這兩個國家的直接選舉起步模式也不同於英美。這種半自由化選舉隨即又被新的霸權性政體所壓制，直至軍事征服或者內部反抗摧毀了霸權政體之後，才帶來包容性的擴展，以及由此而興起的較為全面的自由化浪潮。

10　李智：〈秘密投票——以私密的方式行使民主權利〉，《南京社會科學》，2009 年第 5 期，第 81-87 頁。

比較這種類型內部的兩組國家就可以看出，在現代選舉開啟的第一個階段，最大的風險來自於精英之間的內部競爭失控。如果其中的一方或雙方不願意繼續通過選舉競爭來分配權力，或者選舉不能協調不同的政治主張，則雙方的衝突將溢出議會和選舉之外，引發社會衝突甚至戰爭。在直接和有限的選舉競爭開啟之後，英國和美國都曾經歷過內戰。相反，如果競爭的雙方都願意通過選舉競爭來獲取權力而排斥其他群體的進入，則有限競爭的雙方將形成了一種寡頭式競爭的局面，排斥其他群體和大眾的參與。問題在於，如果長期排斥其他群體和大眾的參與，又會引發底層的反抗。因此，對於這種以直接選舉與有限競爭選舉起步的國家而言，在直接選舉和有限競爭的選舉開啟之後，逐步規範自由競爭並擴大公眾的參與，將更有可能形成一條穩定而有序的開放道路。自19 世紀後期開始，作為英國殖民地的新西蘭、澳大利亞和加拿大等國經歷的，大體上可以歸結為這種類型。

（二）類型二：間接與有限自由化起步型

1789 年法國大革命開啟的第二種模式是，首先以間接選舉和有限自由化為起點，然後再過渡到直接選舉與有限自由化選舉的並行。

1789 年的法國大革命雖然確立"自由、平等、博愛"的政治原則，但是，在選舉制度的設計方面，最初並沒有在起步階段採用直接選舉的原則。法國大革命之後，1791 年憲法所規定的是一種兩級選舉制。在這種選舉體制之下，選民選出選舉人之後，再由選舉人選出議員。這一制度在相當程度上延續的是三級會議體制之下第三等級成員的選舉模式，但同時也構成了現代世界革命之後最早在議會選舉中採用的間接選舉制度。不過，法國採用這種間接選舉制度的時間並不長，兩年之後的1793 年憲法就已經將間接選舉改革為直接選舉，亦即在兩年之內就實現了由間接選舉向直接選舉的過渡。德國的普魯士在 1848 年革命之後同樣採用了兩級選舉制，間接選舉制度一直持續到 1871 年德國統一之後，帝國憲法才規定，國會議員由選民直接選舉產生。[11]美國 1787 年憲法規定參議員由各州各自產生而沒有規定具體的選舉辦法，參議員的實際產生辦法因州而異。但是，在 1866 年之後，參議院表決通過由各州議會投票產生參議院；1913 年之後，實際上已經演變成了由各州選民直接選舉產生。

作為這種類型的典型代表，法國和德國在短時間內進入直接選舉之後，圍繞着選舉的衝突就在三個層面上同時展開：精英之間圍繞着議會席位的競爭；選舉產生的議會與行政權之間的衝突；精英的排斥與大眾的參與之間的衝突。這三條戰綫的衝突時而平行展開、時而交織進行，整個國家的政治因而長期處於搖擺狀態。這兩個國家都一直搖擺到第二次世界大戰結束之後的一段時間內，至此選舉制度及其競爭模式才逐漸穩定，普遍和平等原則也才得到深化。

與類型一的國家不同的是，法國和德國的選舉制度在成長過程中都受到了行政權的約束，而且法國在革命之後又面臨着更大的來自底層參與的平等化的壓力，圍繞着選舉制度的矛盾又與其他矛盾交織在一起，與選舉制度相並行的政府形式處於多變狀態之中。只有當選舉制度和政府形式都相對穩定之後，選舉的質量才得以真正提升。

（三）類型三：間接選舉與包容選舉起步型

俄國十月革命後開啟的第三種模式是，首先以間接選舉和普遍性選舉起步，然後再逐步實現直接選舉和有限自由化的選舉。東歐和亞洲的社會主義國家大多追隨蘇聯而採用這種模式。最後，由於直接選舉和普遍化選舉二戰結束後已經在世界不少地方普及，因此這一時期開啟現代選舉的一些第三世界國家也經歷了這一路徑。

1917 年十月革命之後，基於選舉權的平等原則，1918 年的蘇俄憲

11　彭宗超：《公民授權與代議民主——人民代表直接選舉制比較研究》，鄭州：河南人民出版社，2002 年，第 50 頁。

法規定，凡在選舉日年滿 18 週歲的公民，不論性別、信仰、民族和居住地的限制，都享有選舉權和被選舉權。但是，基於選舉權的階級原則，憲法同時又明確剝奪了被列為剝削者人員的選舉權和被選舉權。這些人員主要包括如下七類：一是以謀取利潤為目的而採用僱傭勞動者；二是依靠非勞動之收入，如資金生息、企業生息、財產收入等為生者；三是私商、貿易及商業中間人；四是僧侶及宗教祭司；五是舊警察機構、憲兵特別團及保安所的職員與代理人，以及舊俄皇族；六是依規定程序認為有精神病或心神喪失者，以及受監護者；七是因貪污及不端罪被判處法律及司法判決所規定之徒刑者。[12]

在確定代表名額時，1918 年的蘇俄憲法也在城市與鄉村之間設定了不同的代表名額比例，將城鄉代表選舉的名額比例確定為 5：1。例如在選舉全俄蘇維埃代表大會的代表時，市蘇維埃按照每居民二萬五千人選派代表一人；郡蘇維埃代表大會按照每居民十二萬五千人選派代表一人。在郡一級的代表選舉中，鄉代表會每居民一萬人選派代表一人，市蘇維埃及工人蘇維埃和邊遠區蘇維埃則每居民二千人選派代表一人。[13]

城鄉之間代表權的不平等，就必然意味着，在選舉的時候並沒有實行完全的人人平等的原則。也正是因為這一現象，當時的蘇維埃選舉曾經被認為是一種不公平的選舉，因為幾個農民的票才等於一個工人的票。對此，列寧的解釋是，農民與工人的選舉權平等，只是一種資本主義時代體現商品所有者平等的觀念。在從資本主義向社會主義過渡階段，在完全剝奪剝削者的選舉權的同時，也必須要在農民與工人之間實行看似不平等、實則更公平的選舉權配置方式。這是因為，在打倒資本家的過程中，農民由於其在資產階級社會中所處的地位，不具有聯合起來反對資本家的能力。在革命的過程中，農民階級是一個要麼跟資產階

12　來源：http://www.cccpism.com/book/lilun/1924fa.htm，2015/3/1。
13　來源：http://www.cccpism.com/book/lilun/1924fa.htm，2015/3/1。

級走，要麼跟工人階級走的搖擺階級。[14] 而選舉權的這種不平等配置，正是在革命的過程中體現工人階級領導地位的公平安排。

在選舉層次方面，村、鎮、市和市轄區一級的蘇維埃代表由選民直接選舉產生；鄉、縣、郡和全俄蘇維埃的代表則以間接選舉的方式產生。此時的各級蘇維埃代表的選舉也並沒有採用秘密投票的原則，而是以公開的方式進行選舉。1924 年的蘇維埃社會主義共和國聯盟根本法（憲法）沒有像 1918 年的蘇俄憲法那樣有專門的章節規定選舉權和被選舉權，新的變化主要來自於 1936 年的蘇聯憲法。

1936 年的蘇聯憲法所確立起的四大基本原則是：普遍、平等、直接和秘密投票。相對於同時存在的其他各國而言，蘇聯 1936 年憲法所確立起的普遍和平等原則，確實在當時的世界上都處於先進水平。無論就選民的數量還是選票的平等程度，都可以說處於領先行列。但是由於採用的是等額選舉原則，選民沒有挑選候選人的空間，因此自由化原則只落實了一半，即選民可以在秘密投票原則的保障下自由表達自己的意志，但是由於候選人之間沒有競爭，選民在投票過程中無法自由挑選候選人，只能選擇贊成、反對或棄權。從 20 世紀 80 年代開始，蘇聯進行選舉改革，逐步引入差額候選人和競爭性選舉的原則。但是隨後蘇聯即解體，俄羅斯的選舉改革則主要圍繞着選舉競爭和選舉公式而反覆調整。

新中國由 1953 年選舉法開啟的當代選舉制度，曾經將蘇聯選舉制度的四大原則作為理想追求，在具體實施的過程中運用的是普遍、平等、直接選舉與間接選舉相結合、公開與秘密投票相結合四大原則，同時對平等原則也做了一定的調整。1979 年選舉法邁出差額選舉和直接選舉由鄉一級到縣一級的提升。此後的選舉改革則主要圍繞着平等原則的深化和某些選舉細節的調整而展開。

---

14 〔蘇〕列寧：〈在全俄社會教育第一次代表大會上的講話〉，《列寧全集》（第二版），第 36 卷，北京：人民出版社，1985 年，第 318-358 頁。

（四）類型四：直接選舉、普遍選舉與自由選舉同步模式

這種類型的國家主要是第二次世界大戰結束之後從殖民地走向獨立的國家，都在短時間內全面採用了現代選舉的普遍、平等、自由和直接選舉的原則。這些國家之所以在這一時期全面地採用了現代選舉的基本原則，主要的原因在於普遍和平等的理念已經在全球範圍內得到普遍確認，自由選舉的原則也早在殖民地時期就已在國內有所嘗試。表面看來，這些國家和地區在一個非常短的時間內就全面採用了現代選舉的基本原則，但是在實踐中，絕大多數國家都經歷了一個相當長的消化時期。消化的內容主要包括兩個方面：一是在選舉過程逐步落實基本原則，二是選舉制度與其他政治制度之間的衝突與磨合。

作為這一類型的典型代表，當時的印度在普遍推行現代選舉的基本原則之後，就裂變為三個國家，即當今的印度、孟加拉和巴基斯坦。孟加拉和巴基斯坦在民主選舉之後不久就陷入軍人干政與民主選舉的交替過程，選舉本身處於時斷時續的局面。印度的民主選舉雖然持續進行，但是在相當長一段時間內也帶有非常強的寡頭化色彩，選舉的結果長期維持着一黨獨大的局面，直到 20 世紀 70 年代之後，政黨之間的競爭才充分展開。但是自此之後，在印度的選舉過程中出現的一個突出現象則是地區性政黨的興起，全國和地區性政黨之間的競爭呈現出了一種新多元寡頭競爭模式。但同樣需要強調的是，相對於其他國家而言，印度的民主選舉歷程雖然也比較曲折，但是在整個過程中畢竟沒有出現過民主選舉的中斷。

另外一些國家則更加類似於巴基斯坦和孟加拉，在其選舉制度建立的初期，實際的選舉常常被各種政治勢力所操縱，自由空間非常有限。雖然選舉制度在整體上體現為包容化和自由化的發展方向，但是這一過程常常會被軍事或政治獨裁所中斷，直至新的民主化浪潮的到來，才會重新開啟自由化的空間。

五、小結

從上述簡單的類型劃分之後的比較分析中可以看出，從邏輯上講，現代選舉的起點，只有直接選舉起步和間接選舉起步這兩種模式。但是在研究各種不同的選舉發展道路時，還需要注意與直接選舉或間接選舉並存的其他要素。

如果一個國家的現代選舉由直接選舉開啟，則主要與有限自由化的選舉並行，並且在自由化選舉的深化過程中逐步走向普遍和平等的選舉。選舉開啟的時間越早，越有可能將直接選舉、自由選舉的原則與後來出現的普遍、平等原則相對分離。後起的國家則需要在引入直接選舉、自由選舉的同時，將普遍原則和平等原則直接疊加。顯然，早期開啟選舉的國家，在處理選舉因素的組合方面，面臨的事務更加簡單，與選舉有關的壓力也更小。

以俄國革命開啟的間接選舉與普遍選舉直接融合的包容化模式，除了一次性將全體合格選民納入選舉過程之外，還與早期的直接選舉或間接選舉起步模式有一個非常重要的區別，即選舉權的授予主要體現為一種自下而上的開啟過程。與早期開啟選舉的國家由上層開啟選舉過程不同的是，這種由底層開始普及的選舉一開始就是在單一政黨的領導下組織選舉過程。

因此，與學界先前對選舉制度變遷的研究不同的是，本書並不是簡單地將選舉制度設置為一個單一的因變量來考察各種選舉制度之外的因素如何影響選舉制度的變遷歷史，而是將現代國家的選舉制度分拆為四個變量：直接、自由、普遍、平等，並且主要考察這四個變量之間的組合模式及對特定國家和地區的選舉制度變遷所產生的影響。這一分析框架的要點可以概括為：一個國家或地區的選舉起步模式，已經決定了其隨後的變量選擇空間和操作難度：首先，那些選擇了直接選舉與有限自由選舉起步的國家，隨後的任務是走向普遍與平等。這一模式要順序存活，必須要經歷兩大考驗，即如何走寡頭競爭的困境並有序納入大眾的捲入。其次，那些以間接選舉與有限自由選舉起步的國家，接下來的主要任務就是直接化、普遍化和平等化的三大考驗。因此其選舉制度的深化過程會面臨更大的難題。再次，那些以間接選舉和普遍選舉起步的國家，接下來的主要任務是如何應對直接選舉和自由選舉的發展方向。大多數國家在完成了第一步選擇之後，都選擇了直接化而弱化了自由化，以實現政治穩定。在接下來如何處理直接化和自由化的問題上，則出現差異化的道路。最後，那些在起步階段就同時採用了直接、普遍和自由選舉原則的國家，由於在非常短的時間內將大規模的人口同時納入選舉過程，選舉運行的難度會比前面三種類型都大。在初始選擇之後，大多數國家都經歷了一個非常曲折的歷程，主要的道路又可以分為兩支：一些國家的情況是選舉政治與軍人政治之間的交替，另外一些國家則維持了選舉政治的傳統。

上述的分析框架並沒有將現代選舉的平等原則作為一個獨立的變量放入框架之內。其原因在於，雖然美國革命和法國革命都已經確立了現代政治的平等原則，但是在選舉制度確立初期，平等原則還主要體現在選區劃分和席位分配問題上，主要影響的是上層精英的內部競爭。只有在普遍性選舉的原則進入之後，"一人一票，同票同值"才成為一項處理選舉各項活動的基本原則。而且，整體而言，迄今為止，還沒有哪一個國家在選舉過程中實現了充分的平等原則。或者說，選舉平等原則至今仍然還是一項永無止境的任務。又或者說，平等原則在更大程度上是一項與上述三項原則伴行的原則，是在選舉制度設計過程中，在處理直接、普遍和自由選舉時都需要面對的原則，從而並不是在選舉制度發展歷程中哪一個具體階段上需要確立的原則。但是，當我們對某個國家的選舉歷程作整體回顧時，則可以將平等原則獨立出來，以考察這個國家在每個具體的階段是如何處理平等原則的落實。

基於以上的理論框架，接下來的章節在對各個國家的選舉制度變遷進行案例比較研究時，為了提升可比性，將會主要考察每個國家如何解決選舉制度設計過程中的四項基本原則：直接選舉、自由選舉、平等選舉、普遍選舉，或者可以表述為，一個國家在通向現代選舉的道路上，如何處理直接化、包容化、自由化、平等化的發展趨勢。由於各個國家和地區在處理上述問題時所面臨的難度和實際內容都不一樣，下文在具體呈現各國的制度變遷時，各個部分的內容也並不完全成比例。同時，同樣是作為現代選舉基本原則的定期選舉原則，由於沒有涉及到過多的政治衝突，因此在本書中沒有專門列出進行分析。

另外還需要補充的一條是，現代選舉的直接、自由、平等、普遍性原則的建立，首先需要通過一個政治過程而成為一個國家的基本制度。在基本的選舉立法中確認了直接、自由、平等、普遍性選舉的原則外，還需要通過一套非常複雜和理性的選舉管理制度加以落實。所以，對於某些特定的國家或地區，本書在進行案例分析時也會重點強調這個國家或地區的選舉管理的理性化內容。在具體分析各個國家選舉制度的變遷時，筆者主要從五個變量的維度展開：直接化、包容化、自由化、平等化、選舉管理的理性化。但是，對於那些以直接選舉開啟現代選舉制度的國家，則會略去直接化這一變量。

最後，中國港澳台地區選舉制度的變遷同樣也繞不開上述幾個變量的維度，但是由於其特殊的經歷和選舉制度類型，在本書中，筆者將這三個地區合併起來作為一種特殊形態加以研究，以探究同一種文化傳統之下、有着多樣性經歷的這些地區的選舉制度變遷是否也存在內在的規律。

英國議會選舉制度的
變遷模式

英國是現代議會的發源地，所以英國議會也有"議會之母"之稱。英國議會的歷史堪稱源遠流長。如果自 1295 年英國"模範議會"算起，英國議會的歷史已經有 727 年了。所以，在議會研究當中，毫無疑問，對英國議會的研究具有典範意義。而研究英國議會，就避不開研究英國議會的選舉。選舉制度可以說是英國議會制度最為重要的內容之一。英國議會選舉制度是如何變遷的？為何如此變遷？又產生了怎樣的政治後果？這些都是值得關注的問題。本章將聚焦英國議會選舉的原則，以透視英國議會選舉制度的變遷。

一般而言，現代英國議會選舉的原則主要包括定期舉行原則、普遍原則、平等原則、秘密投票原則、直接選舉原則、自由選舉原則等。[1]本章將主要關注普遍原則、平等原則、自由選舉原則等在英國議會選舉發展歷史中的嬗變及其緣由。

英國議會制度的變遷中，1832 年一般被認為是一個關鍵節點。"從光榮革命到 1832 年的第一次議會改革前，英國的選舉制度基本沒有變化，貴族一直是議會的實際控制者，普通群眾基本沒有選舉權。"[2] 1832年則開啟了大變革的時期，此後改革的力度和頻度都大大增加。一些研究者甚至認為，英國議會 1832 年所進行的選舉改革不但開啟了英國選舉制度邁向現代的大門，而且也對整個西方世界的選舉制度現代化產生了重要影響。[3]

從 1832 年開始進行大規模改革起，英國的選舉制度已經進行了十多次改革，主要包括"1832 年的第一次國會改革、1867 年和 1885 年的國會改革、1918 年賦予 21 歲男子普選權的改革、1948 年改革和始於1997 年的憲政改革等等。歸納起來，這些改革可以分為兩個階段，第一階段是 19 世紀 30 年代至 20 世紀早期的擴大普選權的改革；第二階

1　聶露：《論英國選舉制度》，北京：中國政法大學出版社，2006 年，第 101-102 頁。

2　劉成：〈民主的悖論──英國議會選舉制度改革〉，《世界歷史》，2010 年第 2 期，第 36 頁。

3　John A. "Philips and Charles Wethelles, The Great Refrom Act of 1832 and Political Modernization of England", *The American Historical Review*, Apr., 1995, Vol. 100, No. 2, pp.411-436.

段是二戰後以建立普遍、平等原則為核心的選舉制度的改革"。[4] 因此，1945 年二戰結束則是英國選舉制度改革的第二個關鍵時間節點，它又可以將大變革時期劃分為兩個階段。第一階段以選舉權的普遍化為特徵，也即普遍原則的實現是這一階段的首要特徵；第二階段則以選舉權的平等化為主要特徵，也即平等原則的落實是這一時期的鮮明特點。

事實上，英國選舉制度的演變是從自由原則開始的。從 1275 年開始，到 19 世紀晚期自由原則最終落實，其歷經的 7 個多世紀的漫長奮鬥道路，也證明了英國現代選舉制度的來之不易。

一、自由選舉原則的實現歷程

英國的選舉制度一開始採用的是直接選舉制度。在英國選舉史上，在現代意義上的選舉制度全面開啟之前，早期的直接選舉過程中已對自由選舉原則有過長期的探索。所謂自由選舉原則主要包括兩個方面的內容，一是選舉人的意志可以自由行使，不受任何外部力量的脅迫；二是對參加競選的主體進行生意人規範。事實上，早在 1275 年，愛德華一世（Edward I）時期，威斯敏斯特立法第 1 號第 5 條規定，代表的選舉"必須自由進行，不受威嚇，使郡市自由選舉代表受到法律保護"。這一規定，可以說是目前已知的英國憲法史上第一次對選舉原則做出的法律規定。[5] 另外，1429 年的選舉法令中，當選者需要獲得相對多數選票的規定取代了傳統選舉中鼓掌或歡呼的方式，也被認為是一項奠定了英國

4　王克寧，侯晉封：〈二戰以來英國選舉制度變遷探析〉，《中共長春市委黨校學報》，2008 年第 1 期，第 60-62 頁。

5　〔法〕讓 - 馬里‧科特雷，克洛德‧埃梅里：《選舉制度》，張新木譯，北京：商務印書館，1996 年，第 13-14 頁；蔣勁松：《議會之母》，北京：中國民主法制出版社，1998 年，13-14 頁。

選舉制度基礎並規範競爭結果的重要法律。[6]

　　但是法律規定只是法律規定，不等於立即成為現實。儘管法律規定了自由選舉，但是實現的道路仍然漫長。自這一規定後的近兩三個世紀裏，土地貴族仍然把持着選舉。其操控選舉的方式主要有：一是利用土地控制農民，農民因為租種地主的土地，所以不得不根據土地貴族的意願投票；二是拍賣選舉或議席；三是推薦附庸於自己的人選，作為自己的利益代言人；四是通過賄賂或威脅報復，影響選民投票；五是讓郡守利用組織選舉的權力，通過更改選舉時間或地點，僅僅通知可以操控的選民參加等。[7]

　　這種狀況在英國選舉的歷史上長期得不到有效改變。直到 1406 年，議會通過的兩項法規才使情況有所好轉。一個是上下兩院通過的第 31 號法令，規定郡法庭召開的時間和地點必須提前 14 日公佈。這一規定是為了避免郡守通過操縱選舉時間、地點和通知範圍來達到控制選舉的目的。第二個法令則宣佈嚴懲在選舉過程中有舞弊行為的郡長，並禁止地方權貴插手和干預選舉。[8] 這樣，一方面規範選舉過程，另一方面實施懲戒，都是為了讓選民不受外界壓力的影響而能夠自由選舉，是議會同國王不斷鬥爭的結果。而且為了讓主持選舉的郡守保持中立地位，這一時期的立法還規定主持選舉的郡守沒有選舉權。但即使有這樣的規定，郡守把持選舉的權力仍然很大。[9]

　　在 1604 年的王室整敕令重申選舉自由原則之後，雖然英國的多數選舉改革都重申了自由選舉的原則，但是議會實現自由選舉的道路依然遙遠。1689 年，《權利法案》明確規定："election of members of Parliament ought to be free"（國會議員的選舉應是自由的），但當時強調

6　Daniele Caramani, *Elections in Western Europe since 1815: Electoral Results by Constituencies*, New York: Macmillan Reference Ltd., 2000, p.947.

7　喬露：《論英國選舉制度》，北京：中國政法大學出版社，2006 年，第 101-102 頁。

8　黃騰龍：《13-16 世紀英國議會選舉》，哈爾濱師範大學碩士論文，2014 年，第 38-39 頁。

9　〔英〕比幾斯渴脫：《英國國會史》，〔日〕鐮田節堂譯，劉守剛點校，北京：中國政法大學出版社，2003 年，第 17 頁。

的重點是國王和女王不得干預國會議員選舉。所以,這是一種相對於王權的選舉自由。但是影響到議員選舉自由的遠遠不止於王權。直到1832 年改革法之前,英國議會選舉中的賄選和舞弊現象都非常嚴重。有研究指出,自治市鎮的選區很小,使得富有的人可以像買賣農產品一樣買賣口袋選區。在極端的例子裏,議會所在地薩里郡的加頓區只有 6 棟房子,而且經常在當地商販之間出售。對選舉的控制往往集中於當地公司或富有的土地所有者。[10] 甚至在整個 19 世紀,英國議會選舉中的腐敗現象仍然是十分普遍的。據統計,在 1832-1868 年間舉行的 10 次大選中,總計有 346 份訴願書提交到議會,揭露賄選的問題。[11] 為了解決這一嚴重影響選舉自由原則的問題,19 世紀的英國議會做了多次努力。

1872 年,秘密投票法成功引入到英國。[12] 英國議會通過了秘密投票法,廢除了長期存在的口頭投票方式,無疑是在這方面邁出的重要步伐。秘密投票制度的建立,正式從制度上確保了投票人的選舉自由,對於減少選舉操縱和外在干預有着非常重要的意義。

另一項爭取實現議會自由選舉的重要舉措是 1883 年通過了《取締選舉舞弊及非法行為法》。該法案因為於 1883 年 8 月 23 日在議會獲得通過而得名。該法的主要內容包括三個方面:一是詳細列舉了各種舞弊和非法行為,二是嚴格限制競選活動經費,三是規定了法律許可的選舉費用的用途。[13] 如果說 15 世紀初,英國議會開始限制選舉舞弊行為,以保障議會選舉自由原則的實現,那麼直到 19 世紀晚期,英國議會對選舉舞弊行為的規範才得以具體化、完善化,議會選舉自由的原則才有了更加有力的法制保障。

---

10 Sean Lang, *Parliamentary Reform 1785-1928* (Questions and Analysis in History Series), 1999, p.6.

11 張懷印:〈19 世紀英國治理選舉舞弊現象的法律規制及其借鑒〉,《湖南科技大學學報》(社會科學版),2008 年第 2 期,第 65-67 頁。

12 Edwin Jaggard, "Britain, Australia and the Secret Ballot Act of 1872," *History*, Volume 104, Issue 360, 2019, p.209.

13 張懷印:〈19 世紀英國治理選舉舞弊現象的法律規制及其借鑒〉,《湖南科技大學學報》(社會科學版),2008 年第 2 期,第 67 頁。

由此可見，英國議會通往自由選舉的道路並不平坦。儘管早在 13 世紀晚期就有了關於選舉自由的法律規定，但是選舉自由的實現卻一再受到多種因素的制約。對選舉自由原則實現最大的威脅就是選舉舞弊，只有杜絕選舉舞弊，選舉自由原則才可能最終實現。從英國的案例中可以看出，在保障自由選舉的道路上，主要的經驗就是不斷完善選舉規則，以使選舉改革和選舉運行走上法治化的道路。與此同時，英國議會選舉競爭規則走向完善的同時，政黨也在選舉競爭的過程中逐漸發展出了一套比較嚴格的政黨紀律。政黨在選舉過程和投票過程中對黨員的強力約束和選民投票過程中表現出較強的政黨取向，也是英國選舉競爭模式發展過程中的一個重要特徵。[14]

在上述規範競選行為的相關制度得以逐步建立的同時，英國選舉競爭中浮現出的一個新問題是決定勝負規則的計票公式。自 1429 年英國確定以相對多數決制作為決勝規則之後，由於英國長期採用的是單一選區相對多數決制，這種制度極易造成選票與議席之間不成比例，尤其是對參加選舉的小黨有嚴重的削弱效應。近年來英國國內圍繞着這一問題已經展開過不少討論，自由民主黨在 2010 年進入聯合政府之際甚至將改革選舉計票公式作為其中一個條件。雖然英國的議會選舉目前仍然還維持着相對多數決制，但是也有研究表明，即使是在同一套選舉規則之下，由於社會結構和競爭議題的變化，英國議會選舉中的政黨競爭模式也經歷了不同的階段：在 1945 年至 1979 年之間，政黨之間主要呈現出向心式競爭；1979 年至 1991 年期間則表現為離心式競爭；1992 年至 1995 年期間又在一定程度上回到了向心式競爭的格局。[15]

與此同時，雖然英國議會仍然維持着單一選區相對多數決制的選舉制度，但是在 20 世紀 90 年代開啟的放權化改革過程中，在蘇格蘭和威

14　Gary W.Cox, *The Efficient Secret: The Cabinet and the Development of Political Parties in Victorian England*, Cambridge: Cambridge University Press, 1987, p.3.

15　Moshe Maor, *Political Parties & Party Systems: Comparative Approaches & the British Experience*, London and New York: Routledge, 1997, p.211.

爾士的地區議會選舉，以及歐洲議會的選舉中，已經採用了一部分比例
代表制的成分。[16] 比例代表制在全國性議會選舉之上的歐洲議會選舉和
全國性議會之下的北愛爾蘭、蘇格蘭和英格蘭地區議會中都已經存在。
最早實行並且一直堅持採用相對多數決制的英國在這兩個新的層次上融
入比例代表制的選舉制度，說明英國選舉競爭的制度模式已經進入一個
新的多元化時代。

二、普遍選舉原則的變遷

普選原則，即要求凡達到法定年齡，無論民族、種族、性別、家庭
出身、宗教信仰、教育程度、財產狀況等方面有何差別，都應普遍享有
選舉權和被選舉權。這是現代選舉被普遍認可的一項原則。普選原則的
實現背後體現的是普選權的落地問題。普選原則的實現在英國議會選舉
的歷史上也經歷了長期的鬥爭。

英國歷史上對選民資格做出限定的最早時間是 1413 年，一個議會
法案規定選民需要 "定居本地"，所以這時候的選民資格限定也只是
地域限定。1429 年亨利六世所頒佈的選舉法令被認為是英國選舉制度
的基礎，這部法令為了限制選民的規模，對參加選舉的選民的財產資
格做出限制，規定收入在稅後達到 40 先令以上的男性自由業主才有選
舉權。[17]

以財產限制選舉資格的制度一直延續到 1832 年，這一規定使英國
選民群體一直局限於貴族地主和鄉紳階層，選舉是少數有錢人的專利。
據估算，1436 年，英國有選舉資格的人數在 1 萬到 1.5 萬人之間。15
世紀末 16 世紀初，英國選民人數大概為 3 萬人。18 世紀中葉，選民共
計 24.5 萬人。直到 1832 年之前，英國有選舉權的人佔成年人總數的比

---

16 〔英〕羅伯特·羅傑斯，羅德里·沃爾特斯：《議會如何工作》，谷意譯，桂林：廣西師範大學出
　版社，2017 年，第 35 頁。

17 Daniele Caramani, *Elections in Western Europe since 1815: Electoral Results by Constituencies*, New
　York: Macmillan Reference Ltd., 2000, p.947.

例僅僅約為 5%。[18]

16 世紀時的英國繼續執行 15 世紀時的選舉法。在這個世紀中，擁有選舉權並且參加選舉的人仍然比較少。此後，直到英國工業革命開始前的很長一段時期，情況都沒有太大的變化。從工業革命開始到 1832 年，圍繞選舉制度改革的鬥爭也日益激烈。先是 18 世紀 60 至 80 年代，以威爾克斯（John Wikes）為代表的資產階級激進派運動興起。他們提出：“只有廢除腐敗選區，改變議會選舉制，擴大選舉權範圍，才能阻止國王的專斷。”1774 年，威爾克斯在議會發言時又提出要求實行普選制。1775 年，素有 “改革之父” 之稱的約翰‧卡特賴特（John Cartwright）提出所有成年人都應享有選舉權。[19]

其次，法國大革命爆發後，英國無產階級，特別是許多獨立的手工業勞動者開始參與選舉制改革的鬥爭。1792 年，以手工工匠為主體的工人激進派成立了 “倫敦通訊會社”，提出了實行普選制、重新分配選區和議員名額等要求。19 世紀初，T. 斯彭斯還提出成年男女都應該有選舉權的主張。1819 年，12 人激進派在曼徹斯特舉行群眾大會，討論關於普選權的請願書。[20]

再次，19 世紀初，隨着工業革命進入的不斷發展，新興工業資產階級的地位逐漸提高，其政治訴求也日益高漲。選舉制改革的新一波浪潮又在英國興起。“爭取議會改革同盟” 和《每週政治紀事報》都提出實行男子選舉權。資產階級激進派還主張每年選舉議會，給予納直接稅的男子選舉權等。20 年代初，資產階級激進派人士聯合輝格黨和托利黨改革派，一起爭取改革選舉制度。1831 年 3 月和 9 月，兩個議會改革法案被他們提出，但都被上院否決，這引發 70000 工人在倫敦示威

---

18 〔英〕埃弗爾‧詹寧斯：《英國議會》，蓬勃譯，北京：商務印書館，1963 年，第 393 頁；聶露：《論英國選舉制度》，北京：中國政法大學出版社，2006 年，第 49-79 頁。

19 顧復：〈淺談英國議會選舉制的漫長變革過程〉，《齊齊哈爾師範學院學報》，1992 年第 6 期，第 72 頁。

20 顧復：〈淺談英國議會選舉制的漫長變革過程〉，《齊齊哈爾師範學院學報》，1992 年第 6 期，第 72-73 頁。

遊行。1832 年 3 月，當英國下院通過輝格黨提出的第三個議會改革法案，而又可能要被上院否決時，資產階級激進派公開表示要與工人結成鬥爭聯盟。於是 6 月上院被迫通過了第三個改革法案，根據這個法案，將要重新劃分選區、取消大部分腐敗選區、實行財產資格選舉制、增加新興工業城市代表名額等。1832 年議會改革法案的主要得益者是工業資產階級和租佃農場主。[21] 1832 年改革儘管還存在着很大的局限性，離普選制的實現還有很大一段距離，但是向英國議會結束貴族政治前進了一大步。

無產階級在 1832 年議會改革法案中並沒有多少收穫。19 世紀 30 年代中葉至 40 年代，英國無產階級為爭取普選制而開展影響巨大的憲章運動，這標誌着無產階級開始自主鬥爭以爭取選舉權。1838 年 5 月，"倫敦工人協會" 以《人民憲章》的名義公佈了一份請願書，內容主要包括：平均分配選區，秘密投票，議會每年選舉一次，取消議員候選人的財產資格限制，凡年滿 21 歲以上的男子都有選舉權。此後，憲章派發起了三次大規模遞交請願書的運動，但是遭到了議會的無情拒絕。[22] 作為政治鬥爭的憲章運動雖然失敗了，但是卻在人民心中烙下了對普選權信仰的印記。

最後階段普選權的實現是在政黨政治與工人階級的反覆鬥爭中逐漸實現的。19 世紀 50 年代，為了獲取更廣泛的支持從而在議會選舉中獲勝，托利黨和輝格黨都提出了降低選民財產資格的主張。輝格黨提出要降低城市選民的財產資格，而托利黨主張降低郡選區選民的財產資格。60 年代中期，隨着工人運動的發展，工聯組織的一些團體再次展開了爭取普選權的鬥爭。這對兩黨施加了很大的政治壓力。壓力之下，鬥爭的成果終於體現為 1867 年改革法案。這是保守黨提出的改革法案，主

21　顧復：〈淺談英國議會選舉制的漫長變革過程〉，《齊齊哈爾師範學院學報》，1992 年第 6 期，第 74 頁。
22　顧復：〈淺談英國議會選舉制的漫長變革過程〉，《齊齊哈爾師範學院學報》，1992 年第 6 期，第 75 頁。

張降低選民財產資格。這個法案使部分收入較高的產業工人和城市手工業者獲得了選舉權，其帶來的變化是巨大的，城市選民總數因此超過了郡選區選民。選民總數已經達到了成年男性的 82%。[23] 所以，資產階級在這一次議會改革中獲益，無產階級也在這一次改革中獲取了一些果實。

進入 19 世紀 80 年代，隨着工業革命的深入，英國農業的逐漸機械化，土地貴族也轉變為農業資產階級。所以，和工業資產階級一樣，他們也開始考慮如何獲取勞動者的支持。因此，自由黨提出的 1884 年議會改革法案獲得通過，由此基本上實現了以住戶為基礎的成年男子的普選權。但是截至此時，英國選民佔總人口的比例都仍然不高：1831 年為 1.8%，1833 年為 2.7%，1869 年為 6.4%，1886 年為 12.1%。[24] 在 1884-1885 年期間的選舉改革中，享有選舉權的主體擴大為滿足下面三個條件之一的成年男性：一、擁有土地，且年收入達到 10 鎊；二、屋主或租房 12 個月以上；三、公寓所有人或租客，年收入到達到 10 鎊，且滿 12 個月。[25]

一般認為，英國選舉普遍原則在 1832 年之後得以實現的主要歷程是：1832 年制定《英格蘭與威爾士人民代表法》，使土地所有者的中產階級獲得了選舉權；1867 年改革使城市工人有了選舉權；1884 年改革使農村工人有了選舉權；1918 年《國民參政法》使得 80% 的男子獲得了選舉權，同時使婦女第一次享有了選舉權；1928 年《男女平等選舉法》使得 21 歲以上的男女大體上獲得了平等選舉權；1970 年又將選舉年齡降低到 18 歲。[26] 最終，直到 1983 年人民代表法規定，年滿 18 週歲

23 Graeme Gill, *Bourgeoise, State, and Democracy: Russia, Britain, France, Germany, and the USA*, Oxford: Oxford University Press, 2008, p.108.

24 Andrew McLaren Carstairs, *A Short History of Electoral Systems in Western Europe*, London: George Allen& Unwin Ltd., 1980, p.190.

25 Daniele Caramani, *Elections in Western Europe since 1815: Electoral Results by Constituencies*, New York: Macmillan Reference Ltd., 2000, p.954.

26 Pippa Norris, "The Politics of Electoral Reform in Britain," *International Political Science Review*, 1995, Vol. 16, No. 1, pp.65-78.

的臣民或公民皆享有選舉權。這才標誌着英國徹底從立法上解決了成年男女普選權的問題。[27] 英國議會選舉普選原則至此徹底實現了。

表 2：英國議會選舉權的擴展

年份	登記選民數 （單位：千）	選民佔總人口比例 （單位：%）	投票率 （單位：%）
1832	813	3.3	-
1868	2298	7.5	-
1886	5734	15.8	-
1900	6731	16.4	74.6
1910	7694	17.0	86.6
1929	28850	62.4	76.1
1945	33240	67.8	72.7
1959	35397	68.1	78.8
1970	39384	70.9	72.0

來源：Samuel H.Beer, *Modern Political Development*, New York: Random House, 1974, p.132.

當前英國的選舉權普遍性原則被認為是具有較強的包容性。在廢除了財產和性別限制之後，定居在不列顛的英聯邦和愛爾蘭公民也可以參加投票。無家可歸者只需要做出一個 "聯絡地點聲明"，就可以投票。但是包容同時也意味着排除，未滿 18 週歲者、服刑犯、因為犯罪舉動而依心理健康立法加以拘禁者、上議院議員等，均被排除在投票過程之外。另外，雖然英國議會在投票過程中已經向少數族裔打開了大門，但是少數族裔在選舉結果中的比例不高，也被一些學者認為是議會選舉的包容性不足的表現。[28]

27　聶露：《論英國選舉制度》，北京：中國政法大學出版社，2006 年，第 101-102 頁。

28　〔英〕羅伯特·羅傑斯，羅德里·沃爾特斯：《議會如何工作》，谷意譯，桂林：廣西師範大學出版社，2017 年，第 30、39 頁。

三、平等原則的變遷

平等原則,指無論選民在任何種族、宗教、經濟地位、政治或其他因素下,都必須被賦予平等的投票權,他們的選票必須達到算術上的平等。除此之外,在原則上,投票對代表機構席位的分配必須有平等的影響。[29] 平等原則的原初涵義是一人一票、票值相等,與之相反的是一人多票,或者有人無票、有人多票,票值不等。為了實現這一點,就需要在代表名額分配、選區劃分和選舉權保障等方面有配套的制度安排。在英國議會選舉的歷史上,較為突出的問題有複票制、代表名額分配、選區劃分、婦女選舉權等幾個方面。

首先是複票制的變遷。如果一人多票,而其他人只有一票,那麼就是不公平的。事實上,在英國議會選舉的歷史上,確實存在過一人多票的情況,也被稱為複票制。這種制度是怎麼形成的呢?首先是因為居住條件創設的複數投票權。15 世紀初,選邑選舉權沒有一個統一的標準,大體上可以分為六大類:一、自由民選舉權;二、繳納濟貧稅選舉權;三、房地產選舉權;四、市鎮會選舉權;五、戶主選舉權,即成家立戶並居家過日子的戶主有選舉權;六、自由持有農選舉權。[30] 這樣,一個選邑內就有着不同種類的選舉權標準。因為標準不統一,就可能導致一個人可以在多個選區內擁有投票資格,即"多重選舉權",也就是複數投票權。

其次,大學選區的設立也會產生複數投票權。英國大學選區的議席在 17 世紀開始,根據 1603 年詹姆斯一世的敕令,牛津大學和劍橋大學的畢業生可以同時在他們所居住的選區和其大學選區進行投票。[31] 這就導致這些大學畢業的學生在一次選舉中可以享有多次投票權。

29　Kostas Chryssogonos, "Costas Stratilatis: Limits of Electoral Equality and Political Representation," *European Constitutional Law Review*, Volume 8, Issue 1, February 2012, p.15.

30　劉成:〈民主的悖論——英國議會選舉制度改革〉,《世界歷史》,2010 年第 2 期,第 37 頁。

31　Sean Lang, "Parliamentary Reform 1785-1928," *Questions and Analysis in History Series*, 1999, p.141.

有些人有多次投票的機會，有些人卻沒有任何投票的機會，這顯然違背了選舉平等的原則。這種做法存在着很多弊端，需要予以改革。1832 年改革法案在各郡增加了 62 名議員，規定不動產保有人不得在市邑第二次投票。

儘管進行了一次重大改革，但是實踐中的重複投票依然存在。很多中產階級人士可以投 2 次或以上票。比如，張伯倫（Arthur Neville Chamberlain）有 6 次投票權。1910 年，大約有 50 萬選民可以多次投票，但是工人卻只能投一次票。[32] 面對這一明顯不合理的狀態，此後不久政府又頒佈了限制重複投票的規定，要求一人最多只能在兩個選區投票。[33] 相比以前的規定，這一規定有所進步，但是仍然沒有解決重複投票的問題。直到 1948 年，英國廢除大學選區和一切重複性投票權，才最終實現了一人一票的平等選舉權。[34] 1948 年改革法案完全實現了一人一票制，是英國議會選舉平等原則實現過程中的一個重要進展。

其次是區域平等的演進。選區劃分和代表名額分配都涉及區域平等問題。一個大選區和一個小選區，如果議員名額一樣，則兩選區選民即使能夠一人一票，也無法實現票值相等。同理，如果選區人口規模相近，但是議員分配名額不同，則選民票值相等也無法實現。最早的 1295 年模範議會，代表名額分配的方案是每個主教管區 2 位教士代表、每個郡 2 位騎士、每個市 2 位市民、每個自治市 2 位市民，而沒有區分郡、市的大小，所以從票值相等的角度來說，是不平等的。

此後直到 16 世紀初，英國選舉下院議員的選區分為選郡和選邑兩種。英國所有的郡都是選郡。在都鐸王朝建立時，英國有 37 個郡，每郡選 2 名議員，郡議員共計 74 名。亨利八世時期，郡議員總數達到 90

32　劉成：〈民主的悖論──英國議會選舉制度改革〉，《世界歷史》，2010 年第 2 期，第 46 頁。

33　劉成：〈民主的悖論──英國議會選舉制度改革〉，《世界歷史》，2010 年第 2 期，第 46 頁。

34　Pippa Norris, "The Politics of Electoral Reform in Britain," *International Political Science Review*, 1995, Vol. 16, No. 1, p.7.

名。到 16 世紀末，平民院的議席增至 467 個。[35] 17 世紀末，英國分為英格蘭、威爾士、蘇格蘭、愛爾蘭四個大區，共有選區 300 多個，合計選舉平民院議員 658 人。[36]

所以，幾百年來，英國議會選舉中的選區劃分和議席分配都存在着不平等的狀況。這是因為選區的劃分是按照一定數額的不動產所有者的分佈狀況劃分的。這就導致選區規模與人口數目嚴重失衡。隨着工業革命的開展，這種不平等狀況更加惡化，[37] 直到 19 世紀初仍是如此。英格蘭 49 個大城鎮中的 21 個不是選邑，如曼徹斯特、伯明翰、利茲，它們在 1831 年的居民人口分別是 18.2 萬、14.4 萬、12.3 萬；但一個無人居住的選邑卻可以推選 2 名議員，比如，老薩勒姆從 17 世紀開始就無人居住，其所有者在 1831 年選舉中卻擁有 11 張選票，並向下院選送 2 名議員。[38]

雖然英國早在 1647 年就已經確立了代表名額與地域人口成比例的原則，但是在相當長的一段時間內，各個選區之間的議員和人口比的差距非常大。1832 年選舉改革的首項措施就是重新分配和劃分議會的選區。在整個選區改革方案中，大約有 100 多個選區被取消或合併到其他選區。在英格蘭，就有 56 個居民人數少於 200 的城鎮被剝奪選區資格，另外有 30 個居民人數在 2000 至 4000 的二人選區被拆分為單名選區。從這些被剝奪選區資格的城鎮中得到的席位，則被分配給其他一些獲得選區資格的城鎮。享有選區資格的郡的數量則從 94 個增加到 159 個。[39] 顯然，這一次改革已經在相當程度上緩解了選區之間的不平等問題。

35　蔣勁松：《議會之母》，北京：中國民主法制出版社，1998 年，第 29-31 頁。

36　聶露：《論英國選舉制度》，北京：中國政法大學出版社，2006 年，第 80 頁。

37　聶露：《論英國選舉制度》，北京：中國政法大學出版社，2006 年，第 101-102 頁。

38　劉成：〈民主的悖論——英國議會選舉制度改革〉，《世界歷史》，2010 年第 2 期，第 36-37 頁。

39　Daniele Caramani, *Elections in Western Europe since 1815: Electoral Results by Constituencies*, New York: Macmillan Reference Ltd., 2000, p.949.

表 3：英國議會選舉選區及議員數量的變化（1830-1950 年）

年份	1 人選區	2 人選區	3 人選區	4 人選區	合計	議員總數
1830	106	270	0	3	379	658
1832	153	240	7	1	401	658
1868	196	211	12	1	402	658
1885	616	27	0	0	643	670
1918	670	17	1	0	688	707
1922	576	18	1	0	595	615
1945	601	18	1	0	620	640
1950	625	0	0	0	625	625

來源：Thomas T. Mackie & Richard Rose, *The International Almance of Electoral History*, London: Macmillan Acamemic and Professional Ltd., 1991, p.439.

在 1867-1868 年期間的改革法案又將 52 個席位進行重新分配，取消 11 個郡的選區資格，將 35 個城鎮的 2 名議員名額減少為 1 名，同時創設了 13 個新城鎮。[40] 整體而言，英國議會選舉自 1707 年首次建立只有一個議席的單名選區之後，長期都存在單名選區與多名選區共存的狀況。一直到 1885 年議會通過《議席重新分配法》之後，單名選區才成為標準選區。最後到 1948 年廢除最後的雙名選區後，才實現完全的單名選區制。[41]

20 世紀的幾次議會改革，讓區域平等向更加精細化發展。首先是 1918 年英國成立了選區區界委員會。這可以讓選區區界劃分更加科學合理，更加精準地實現各選區選民數目大體相等，減少選區劃分的人為因素和黨派因素的干涉，從而保障區域平等的實現。[42] 當然，儘管如

40　Daniele Caramani, *Elections in Western Europe since 1815: Electoral Results by Constituencies*, New York: Macmillan Reference Ltd., 2000, p.951.

41　Pippa Norris, "The Politics of Electoral Reform in Britain," *International Political Science Review*, 1995, Vol. 16, No. 1, pp.65-78.

42　聶露：《論英國選舉制度》，北京：中國政法大學出版社，2006 年，第 99 頁。

此，絕對的平等仍然是難以實現的。當前英國議會選舉的選區劃分儘管已經由 4 個邊界委員會審核負責，而且將各選區的標準配額設置為 76641 人，但是由於人口的變動和審核的難度，在近年的選舉中，選區之間的不平等現象仍然存在。例如，2010 年大選時，最大的選區是懷特島，共有 109922 名選民；最小的是蘇格蘭的西部群島，只有 21780 名選民。[43]

再次是性別平等的實現。在英國議會選舉平等方面，有一個重要的問題就是男女選舉權平等問題。長期以來，英國女性都是沒有選舉權的，甚至維多利亞女王也不贊成女性享有選舉權。[44] 直到 18 世紀末，才開始有一些理論家為女性選舉權呼籲。直到 19 世紀下半期，爭取女性選舉權的運動才開始興起。

最早為女性選舉權鼓與呼的是英國女性沃斯通克拉夫特（Mary Wollstonecraft），她認為女性與男性有同樣的理性能力，因此理應享有同等的權利。婦女選舉權的爭取有一段長久的歷史。1792 年，沃斯通克拉夫特發表了她的《女權辯護》。但當時的憲章運動者雖然也認真對待女性的選舉權，卻一直將其視為憲章運動的次要訴求。亨利·亨特（Henry Hunt）曾試圖修改 1832 年改革法案，以使其適用於婦女。事實上，婦女參政論者的主張之一是，女性財產所有者是享有投票權的。諷刺的是，議會改革後反而剝奪了婦女選舉權。約翰·斯圖爾特·密爾（John Stuart Mill）通過在英國國會提出議案，要求在 1867 年改革法案中給予婦女選舉權。[45] 他在 1869 年出版了呼籲婦女平權的女權主義思想

---

43 〔英〕羅伯特·羅傑斯，羅德里·沃爾特斯：《議會如何工作》，谷意譯，桂林：廣西師範大學出版社，2017 年，第 26 頁。

44 有學者考證說，在都鐸王朝和斯圖亞特王朝的法律下，一個女自由持有農和女市民有權投票選舉議員，只是在 1832 年改革法案中婦女選舉權才被明確排除。陸偉芳：〈十九世紀英國婦女選舉權運動的理論探索〉，《山西師大學報》（社會科學版），2005 年第 1 期，第 132 頁；聶露：《論英國選舉制度》，北京：中國政法大學出版社，2006 年，第 94 頁。

45 Sean Lang, *Parliamentary Reform 1785-1928* (Questions and Analysis in History Series), 1999, p.141.

著作《婦女的屈從地位》，為女性選舉權呼籲。[46] 理論界的呼喚反映了現實的需求，把握了現實的脈動，也得到了現實的回應。在理論界為女性選舉權做出呼籲之後，為女性選舉權而鬥爭的運動也隨之展開。

實際上，早期的英國婦女鬥爭主要是為了爭取同工同酬以及加入工會的權利，並不是為了獲得選舉權，直到憲章運動時也是如此。社會上很多人仍然信奉"婦女的領域是在家裏，政治的領域應留給男子"[47]，即使婦女們自身也有很多人信奉這一點，所以對於選舉權方面沒有太多的關注與投入。

一直到 19 世紀下半期，婦女的選舉權問題才逐漸引起重視。1867 年，莉迪亞·貝克爾（Lydia Becker）建立了國家婦女選舉權協會（National Society of Women Suffrage），並在 1870 年創辦了《婦女選舉權雜誌》。婦女選舉權運動通過協會運動、刊物宣傳等為女性主義者提供輿論陣地。20 世紀以前，英國婦女主要是依託和平的方式請願、寫書、散發小冊子、演說等，此外，還開始採取公開集會、演講、和平示威遊行等方式。[48] 在英國議會黨派方面，雖然大多數保守黨黨員反對改善婦女現狀，但黨領袖和一些黨員卻非常開明。1848 年，保守黨領袖狄斯雷利（Benjamin Disraeli）在議會發言支持婦女選舉權的要求。[49] 自由黨的情況卻正好相反，儘管許多黨員都積極支持婦女爭取選舉權，但是黨魁們卻堅決反對，尤其是格拉斯頓（William Ewart Gladstone）更是強硬的反對派。自由黨的另一位領袖阿斯奎斯（Herbert Henry Asquith）直到 1911 年，仍然認為給婦女選舉的權利是一個招致災禍的政治錯誤。20 世紀初崛起的工黨中，儘管部分黨員和一些領導人都贊成給予婦女選舉權，但是大部分工黨成員都認為這只會增加有產階級的選票，

46　聶露：《論英國選舉制度》，北京：中國政法大學出版社，2006 年，第 94 頁；〔英〕約翰·斯圖亞特·密爾：《婦女的屈從地位》，汪溪譯，北京：商務印書館，1996 年。

47　馬嫚：〈試析英國婦女爭取選舉權運動的派別與影響〉，《世界歷史》，1988 年第 2 期，第 41 頁。

48　王赳：《英國婦女社會政治同盟參政運動研究》，華東師範大學博士論文，2007 年，第 2 頁。

49　馬嫚：〈試析英國婦女爭取選舉權運動的派別與影響〉，《世界歷史》，1988 年第 2 期，第 42 頁。

所以堅決反對。[50]

在不斷的反對與支持聲中,爭取女性選舉權的運動漸次展開。1867
年倫敦婦女選舉權委員會成立,目標是"為單身婦女與寡婦爭得與男
子同等條件的選舉權"。1889 年成立的婦女選舉權同盟主張把已婚婦女
包括在選舉立法中。1892 年成立的婦女解放同盟明確要求婦女享有與
男子同等條件的選舉權。1897 年,婦女選舉權協會全國聯合會成立,
女權主義者米利森特·福西特(Dame Millicent Garrett Fawcett)擔任主
席。這樣,英國婦女選舉權運動組織和領導方面的勢力都大大加強,爭
取女性選舉權的運動發展到了一個新的階段。

埃米林·潘克赫斯特(Emmeline Pankhurst)及其女兒組織的"婦
女社會政治同盟"的出現標誌着婦女選舉權鬥爭在 20 世紀初達到了高
潮,尤其是第一次世界大戰期間的發展,更是成為一個重要的歷史節
點。英國婦女選舉權組織從思想上到行動上積極支持和參與第一次世界
大戰的相關工作,這讓英國男性終於見證並承認了女性在公共領域的巨
大作用。[51] 第一次世界大戰後,婦女的投票權已經無法忽視,但是她們
的投票權仍然有所限制。依據 1918 年法案的規定,所有 21 歲以上的男
性都獲得了選舉權,但是對於 30 歲的女性,她們必須是戶主,或者嫁
給戶主。直到 1928 年,所有女性才以與男性相同的方式在 21 歲時獲得
選票。[52] 至此,經過長達一個多世紀的鬥爭,婦女選舉權運動最終修成
正果。婦女選舉權運動的發展趨勢可以概括為:隨着運動的開展,婦女
選舉權的範圍逐步擴大,從最初的僅僅追求單身婦女與寡婦的選舉權,
到後來包括已婚婦女的選舉權,並最終發展成為所有婦女和男性一樣的
普選權。[53] 所以,婦女選舉權鬥爭的問題不僅涉及男女選民的平等原則

50　馬嫚:〈試析英國婦女爭取選舉權運動的派別與影響〉,《世界歷史》,1988 年第 2 期,第 41 頁。

51　陸偉芳:〈第一次世界大戰中的英國婦女選舉權運動〉,《世界歷史》,2011 年第 2 期,第 75-77 頁。

52　Sean Lang, *Parliamentary Reform 1785-1928* (Questions and Analysis in History Series), 1999, p.147.

53　陸偉芳:〈十九世紀英國婦女選舉權運動的理論探索〉,《山西師大學報》(社會科學版),2005 年
　　第 1 期,第 134 頁。

問題，也涉及婦女自身選舉權的普遍原則問題。平等問題與普遍性問題是相互交織的，有時難以截然分開。

19 世紀下半期因為工業革命將婦女從家庭"趕入"社會，女權意識覺醒，為婦女選舉權的鬥爭此起彼伏，但成效甚微；而 20 世紀初英國婦女選舉權組織和團體積極投入一戰，卻為女性謀取了巨大的社會地位。正可謂"有心栽花花不開，無心插柳柳成蔭"。當然，這並不是說 19 世紀下半期的鬥爭沒有任何作用，儘管那時的鬥爭沒有直接開花結果，卻為後來的勝利奠定了思想和組織基礎。

四、小結與啟示

從選舉原則角度來看英國議會選舉制度的變遷，如果從 1275 年第一個對自由選舉原則進行確認的規定開始算起，至 1983 年人民代表法的規定截止，英國為實現這幾條議會選舉原則歷經了 700 餘年的鬥爭。可見英國議會選舉制度完全建立的道路十分漫長。

（一）選舉制度的變遷軌跡

1. 自由原則的實現。在一定意義上來說，自由原則的出現要先於英國議會的出現。一般認為，1295 年模範議會的召開是英國議會的肇端，是英國議會制度建立的標誌。而早在 1275 年，愛德華一世時期，威斯敏斯特立法第 1 號第 5 條就規定了自由選舉的原則。當然，如果要追根溯源，最早可以上溯到 1215 年的《自由大憲章》，《自由大憲章》第一條即規定教會享有自由選舉教職的權利。第二個關鍵時間節點是 1406 年國會關於議會選舉時間地點的法案和嚴懲選舉舞弊行為的法案，都有利於避免郡長對選舉的操控。第三個關鍵時間節點是 1689 年權利法案重申議員的自由選舉。第四個重要時間節點是 1872 年秘密投票法的通過，有利於選民更自由地選舉議員。第五個重要時間節點是 1883 年《取締選舉舞弊及非法行為法》的通過，可以更好地打擊選舉舞弊行為，保障自由選舉的實現。

2. 普遍原則的變遷。第一個時期是 1295 年到 15 世紀初，即被動選舉時期。這一時期，選民參與議會選舉的積極性不高，因為選舉過程受地方勢力操縱比較嚴重。第二個時期是從 15 世紀初到 18 世紀 60 年代，即選民資格限制增多時期。有研究表明，1413 年有一個議會法案規定選民需要 "定居本地"，這是英國議會選舉史上對選民資格作出最早的限定。隨後，1430 年亨利六世頒佈法案對財產資格做出限制，1445 年的法令對選民的行業資格做出限制。第三個時期是從 18 世紀 60 年代到 19 世紀 30 年代，即資產階級選舉權鬥爭時期。這一時期，以威爾克斯為代表的資產階級激進派開展運動，要求擴大選舉權範圍，隨後新興工業資產階級也參與鬥爭。到了下一個時期中的 20 世紀 20 年代初，資產階級激進派人士更是聯合輝格黨和托利黨改革派共同爭取改革選舉制。儘管第三個時期無產階級也開始了鬥爭，但主導力量還是資產階級。最終 1832 年改革法案的通過，正是資產階級爭取選舉權鬥爭取得勝利的結果。第四個時期是從 19 世紀 30 年代中葉到 20 世紀 80 年代，即無產階級選舉權鬥爭時期。無產階級在 1832 年議會改革法案中所獲甚少。19 世紀 30 年代中葉至 40 年代開展的憲章運動，是無產階級自主地為爭取選舉權而鬥爭的正式標誌。1867 年改革法案和 1884 年議會改革法案都是無產階級鬥爭與議會政黨政治相結合的產物。無產階級的鬥爭給了資產階級政黨壓力，資產階級政黨為了獲得更多選票，謀求無產階級的支持而做出妥協讓步。正是在這樣的鬥爭中，財產資格的限制被逐步取消，無產階級逐步獲得了選舉權。最終 1918 年英國議會選舉的普選制基本實現，1983 年人民代表法的出台標誌着英國議會選舉普選原則徹底實現。

3. 平等原則的變遷。英國議會選舉中涉及平等原則的主要是複票制、代表名額分配、選區劃分和婦女選舉權等幾個方面。首先出現的平等問題是複票制問題。這主要有兩種情形，一是居住條件創設的複數投票權，二是因為大學選取設立的複數投票權。這一問題從 15 世紀初開始出現，直到 1948 年廢除大學選區和一切重複性投票權後才被徹底解決。其次是區域平等原則問題。在最早的模範議會時期，不區分郡、市大小，一律都是兩名代表，這在形式上看似實現了區域平等，是將一個區域視為一個整體來對待的。後來隨着議席數量的增長，各地不再是不分大小，而是有了不同。直到 19 世紀初，選區的劃分和議席的分配按照一定數額的不動產所有者的分佈狀況進行，這帶來了區域之間的不平等問題。這有利於貴族、有產者，而不利於農民和無產者。隨後，從 19 世紀 30 年代一直到 20 世紀初，英國進行了多次重大的議會改革，逐步實現了區域之間的平等。1885 年的《議席重新分配法》徹底打破了古老的雙人選邑和選郡制度，基本實現了區域之間的平等。選區區界委員會的成立和將選區劃分等管理選舉的權力集中到選舉委員會手中，都進一步促進了區域平等的實現。最後出現的是男女平等問題。18 世紀末，一些理論家為女性選舉權呼籲，19 世紀下半期，女性選舉權運動開始興起。經過理論家的呼籲和婦女們的不懈鬥爭，直到 1928 年，英國婦女才獲得了與男子完全相同的選舉權利。

（二）選舉制度的變遷邏輯

英國選舉制度建立較早，但是選舉原則的徹底實現卻經歷了漫長的過程，其間歷經了諸多曲折。這背後隱藏了怎樣的邏輯或動因呢？

1. 最初動因：階級鬥爭。階級鬥爭是英國議會選舉制度建立的最初動因，可以稱為選舉制度變遷的發動機。它也是貫穿英國議會選舉制度變遷的主綫。一般認為，封建貴族協商政治對議會選舉產生的影響十分顯著，可以說是諸多影響因素中最為直接的一個。西蒙議會（Simon de Montfort's Parliament）就是其中的典型事例，它讓愛德華一世認識到，議會在溝通王權和其他社會力量、鞏固和保證政權合法性方面發揮着重要作用，故而其統治期間，每年召開兩次議會的做法慢慢形成定制。[54]
從個人動機來說，愛德華一世之所以召集議會，是"號召臣民和王室共同抵抗郡長及其官員對權力的侵奪"[55]。所以，可能與一般的認識不同，議會產生的直接原因不是貴族反抗王權，而是王權要鉗制貴族權力，這可能在當時起到了一定效果，穩固了封建王權的統治。只不過從結果來看，最終是貴族進一步鉗制了王權，1688 年英國資產階級和新貴族發動革命，推翻詹姆士二世（James II of England and Ireland）的統治，為建立君主立憲政體奠定了基礎。19 世紀中期的選舉制度變遷與資產階級和無產階級的發展壯大密切相關。所以，有學者提出，"在貴族政治時期，英國選舉制度局限於地主貴族階層，是貴族與國王鬥爭的政治工具。在憲政時期，英國選舉制度擴大到中產階級，是資產階級從土地貴族手中奪取政權的工具。在政黨政治時期，英國選舉擴大到全體公民，成為資產階級控制國家以及全體人民爭取民主的工具。"[56] 由此可見，階級鬥爭是英國選舉制度變遷過程中一以貫之的動力所在。

2. 中間機制：政黨政治。階級鬥爭在政黨產生以後，就會體現為政黨政治的運作。輝格黨和托利黨產生於 17 世紀 70 年代，是英國最早的政黨，同時也是世界上最早的政黨。輝格黨和托利黨自產生以後，就不斷在議會中相互傾軋、相互爭奪。1832 年英國議會改革法案的產生也與它們之間的爭鬥與妥協有關。推行改革法案的政府官員裏也包含着來自反對派的人。這個法案的內容由一位副部長提出，它的激進震驚了議會，但在細節做出一些修改後還是可以通過的，這都多虧了兩大陣營的廣泛動員。首先是關於《穀物法》的爭端。1815 年英國議會在托利黨的操縱下，為了維護土地貴族的利益，頒佈了一部《穀物法》，這引起了工業資本家的不滿，也給無產階級帶來生活困境。但是那時工業資產

---

54 黃騰龍：《13-16 世紀英國議會選舉》，哈爾濱師範大學碩士論文，2014 年，第 19 頁。

55 黃騰龍：《13-16 世紀英國議會選舉》，哈爾濱師範大學碩士論文，2014 年，第 32 頁。

56 聶露：《論英國選舉制度》，中國社會科學院博士論文，2002 年，第 40 頁。

階級在議會中幾乎沒有代表，所以工業資產階級和無產階級就掀起了廢除該法以及推動議會選舉改革的鬥爭。除了要求廢除《穀物法》外，輝格黨和托利黨也在宗教問題上針鋒相對。其中影響最深遠的就是天主教的解放問題。在 1829 年之前，天主教徒是不被允許進入議會擔任高級官職的。信仰天主教的愛爾蘭人一直在試圖改革選舉規則。1832 年改革法案源於 1827 年 4 月上台執政的坎寧（George Canning）首相，他是托利黨的溫和派，希望可以緩解兩黨的爭端，也希望獲得更多的支持，便建立了一個既包含托利黨人、又包含輝格黨人的內閣，以期建立一個自由的托利黨政府。但他在同年 8 月突然去世，導致議會在 1825 年金融危機後一直處於經濟困難的情況下突然群龍無首。[57] 輝格黨人對溫和的改革感到厭倦，極端的托利黨人又無法接受廢除《穀物法》和解放天主教。兩黨間的鬥爭更加激烈。最終，政府在 1829 年通過了天主教解放法案。這件事情的導火索是在 1828 年，信奉天主教的克萊爾郡（愛爾蘭）的選舉中，丹尼爾・奧康奈爾（Daniel O'Connell）當選下院議員。他是天主教徒，倡導天主教解放。按照法律，他不能進入議會。但是如果他被拒之門外，愛爾蘭人就會反叛。當時的首相威靈頓（Arthur Wellesley）和內政大臣皮爾意識到了這點，於是他們強制通過了 1829 年法案，該法案賦予英國的天主教徒選舉權，賦予所有天主教徒擔任軍職和高級文官的權利。[58] 但是這也造成了極端的托利黨人和溫和的托利黨人嚴重分裂，削弱了威靈頓政府的能力。於是在 1830 年的大選中，威靈頓下台，而備受人們尊重的輝格黨領袖第二代格雷伯爵查爾斯・格雷（Charles Grey, 2nd Earl Grey）出任首相。他上台後就積極推動議會改革，但是在 1830 年和 1831 年分別提交的議會改革議案在下議院和上議院被接連否決，甚至 1832 年下院提出第三個議會改革議案仍然被上

57　Thomas Ertman, "The Great Reform Act of 1832 and British Democratization," *Comparative Political Studies*, Jun 28, 2010, p.1005.

58　〔美〕克萊頓・羅伯茨，戴維・羅伯茨，道格拉斯・R. 比松：《英國史》（下冊），潘興明等譯，北京：商務印書館，2013 年，第 572 頁。

院否決。查爾斯·格雷提出辭職，威靈頓出面試圖組閣。這引發了人民的憤怒，英國陷入了政治危機。在有可能爆發革命的最後關頭，統治者達成了妥協。於是，威靈頓放棄組閣，格雷重新出任首相，國王同意通過冊封足夠的新貴族來保證法案的通過。6 月 4 日，當議案再次提交上院的時候，托利黨的反對派貴族退出了議會，法案最終獲得通過。[59] 在這段時期裏，自由派的托利黨人和輝格黨人代表了工業資產階級的利益，希望改革選舉制度，維護自由。而極端的托利黨人則極力維護英國現有政治和宗教秩序，賦予天主教徒平等的權利。最終是輝格黨人順應形勢發展，取得了勝利。

英國議會選舉的競爭後來深化為主要是保守黨和自由黨之間的競爭。1832 年制定議會改革法時，托利黨正式改名為保守黨。反對保守黨的議員就被稱為自由黨。自由黨提倡改革和自由貿易。但是，在工黨成功獲得選舉勝利之後，現代所謂英國的兩黨制就主要是指保守黨和工黨。工黨產生得比較晚，興起於 19 世紀末 20 世紀初。彼時，無產階級狀況有所惡化，因此工會、社會主義者等中下層階級力量開始尋求自身的利益代表，而自由黨和保守黨都無法有效地代表。1906 年，工人代表委員會在大選中獲得了 29 個議席，並在這之後改名為工黨。[60] 19 世紀 30 年代至 20 世紀初的英國議會改革充斥了自由黨與保守黨之間的鬥爭與妥協。例如，1883 年《選舉舞弊和非法行為禁令》的通過，是因為自由黨希望頒佈反賄賂的專門法案維護自己的利益。富人們更傾向支持保守黨，他們人數雖少，但其經濟支持對於大選卻影響巨大。另一方面，保守黨也希望節省自己口袋裏的錢財，在選民人數眾多的情況下，任何政黨難以為"賄賂"埋單。[61] 所以，在這個問題上，兩黨儘管初衷不同，但是殊途同歸。20 世紀初以來的選舉制度改革則大多是工黨和

59　劉成：〈民主的悖論——英國議會選舉制度改革〉，《世界歷史》，2010 年第 2 期，第 44 頁。

60　Andrew Thorpe, *A History of the British Labour Party*, Red Globe Press, 4th edition, 29 April 2015, p.1.

61　劉成：〈民主的悖論——英國議會選舉制度改革〉，《世界歷史》，2010 年第 2 期，第 44 頁。

保守黨之間競爭與博弈的結果。這些都可以看出政黨政治的作用。"政黨的出現和發展也促進了選舉制度的演化。政黨動員了大量選民、積聚了更多資源，更有力量表達政治需求。政黨為了擴大資源，發展組織，也要求選舉制度進一步改革，實現普選，實現男女平等的選舉。"[62] 英國選舉制度的變遷，也離不開政黨政治的中間作用。階級通過政黨發揮作用，政黨為了實現階級的意圖和利益而有所作為。

3. 深層邏輯：商業發展與工業革命。恩格斯曾指出："人們首先必須吃、喝、住、穿，然後才能從事政治、科學、藝術、宗教等等；所以，直接的物質的生活資料的生產，從而一個民族或一個時代的一定的經濟發展階段，便構成基礎，人們的國家設施、法的觀點、藝術以至宗教觀念，就是從這個基礎上發展起來的。"[63] 選舉制度作為上層建築從根本上還是取決於經濟基礎，最終取決於生產力的發展。所以，英國選舉制度變遷最終可以追溯到英國經濟的發展。在英國議會選舉變遷的早期階段，變遷因素的產生主要來自於商業貿易的發展、徵稅權問題、地方自治等因素的影響。11 世紀以後商業的發展，導致了商人隊伍的壯大。這些商人後來構成了城市居民的主體之一，也是未來議會下院代表的重要來源。英國最早的手工業行會出現在 12 世紀，其組織規章一般包括自主選舉行會首領等，在協會層面上已經在自治和選舉方面都進行了長期的探索。行業協會的自治成分，也是促使議會選舉產生變化的經濟因素。[64] 18 世紀下半葉，英國開始了工業革命。工業革命促進了工商業、農業的發展。19 世紀 40 年代，英國農民作為一個階級已經被消滅了。後來，隨着工農業的不斷發展，英國人口劇烈增長，在這一過程中，資產階級成長起來，無產階級也日益壯大。但是議會中無論是工業資產階級還是無產階級的代表性力量都非常不夠，於是 1818 年，在英

62　磊露：《論英國選舉制度》，中國社會科學院博士論文，2002 年，第 37 頁。
63　《馬克思恩格斯文集》，第 3 卷，第 601 頁。
64　黃騰龍：《13-16 世紀英國議會選舉》，哈爾濱師範大學博士論文，2014 年，第 19-20 頁。

國各地群眾集會有了要求改革議會和取消《穀物法》的呼聲之後，1819年民主改革運動也達到了高潮。這不僅是無產階級的聲音，也是資產階級的聲音。他們的鬥爭最終促進了議會1832年改革的實現。事實上，婦女選舉權的鬥爭之所以發起，最初也是因為生產力的發展帶來女性社會地位的改變，才有了女性權利意識的覺醒，進而為自身的選舉權而奮鬥。[65]

　　1832年以來英國為適應普遍與平等原則而進行的各項改革，已經為學術界所熟知。英國的選舉從一開始就是直接選舉，也容易理解。本章的研究顯示，英國選舉制度變遷過程中最值得關注的一點，可能是自由化選舉在這個國家所經歷的漫長歷程。自1275年從法律上確立自由選舉的原則，到19世紀後期通過秘密投票法較為全面地保障自由選舉，再到今天都仍然需要打擊各種選舉舞弊行為，這一歷程表明，自由選舉作為一項基本的選舉原則，從確立到實施再到達到特定的標準，需要在實踐中探索出一系列相應的制度保障才能實現。1832年之前的歷次改革，雖然每次都各有側重點，但基本上都是在落實選舉權的普遍性原則的過程中，同時處理其中涉及到的平等性問題和並完善選舉管理的理性化規則。但是，選舉制度與選舉公平的關係問題，至今在英國都還處於爭議過程中。

65　喬露：《論英國選舉制度》，中國社會科學院博士論文，2002年，第38頁。

第二章

美國選舉制度的
歷史變遷

一般認為，選舉制度是現代政治文明的基石。相較於英國而言，美國因為建國比較晚，選舉制度建立的歷史也不長。1787 年 5 月 25 日，55 位代表齊聚於費城，美國的"制憲大會"正式開始。[1]會議持續了近乎四個月，是美國歷史上至關重要的一環。這次大會是"制憲大會"，也可以說是美國的建國大會，正是因為這次大會，美國才由邦聯制轉向聯邦制，現代美國作為政治意義上的國家才得以建立。所以，這次大會代表的選舉，從一定意義來說，是現代美國選舉制度實踐的發端。當然，美國選舉制度的起源最早可以追溯到殖民地時期，邦聯時期是殖民地時期的延續，聯邦時期的國會議員選舉是對這兩個時期的繼承和發展。

選舉制度包括多方面內容，本章側重於從議員選舉直接選舉原則、自由選舉原則、普遍原則、平等選舉原則這幾個方面來分析其在美國國會選舉發展歷史中的嬗變及其緣由，以此來透視美國國會選舉制度的變遷。

一、直接選舉原則的確立

直接選舉是指選民直接參加選舉，行使選舉權利的選舉方式。美國今天兩院議員均由各州選民直接選舉產生。換言之，當前美國參眾兩院選舉的方式都是直接選舉。但是歷史上，眾議院議員選舉的方式有過爭論，參議院的選舉方式也曾經是間接選舉。

（一）眾議員的選舉方式一直是直接選舉

在美國制憲會議上，弗吉尼亞方案（Virginia Plan）提出的選民直

---

1   Collier C, Collier JL, *Decision in Philadelphia: The Constitutional Convention of 1787*, Blackstone Publishing, 2012, p.95.

接選舉眾議員方案曾經引起過一些爭論，其主要的理由是人民容易被蠱惑或誤導。這些人提出的替代性方案包括由各州議會選舉眾議員，或者由人民提名一定數量的候選人，再由各州議會挑選。但是多數代表則支持眾議員由人民直接選舉，其理由包括共和政府必須建立在人民的信心支撐之上，平衡處於各階層人民的利益表達等。正式表決的結果是，多數代表贊成眾議院由人民直接選舉產生。[2] 這樣，眾議員採取直接選舉方式產生的制度就建立起來了。

（二）參議員的直接選舉方式歷經了兩次改革

制憲會議上關於參議員的選舉方式，弗吉尼亞方案的的原始版本是，全國議會的第二院（參議院），應由各州議會提名適當人選，由第一院（眾議院）選舉。制憲會議成員在討論時否決了由眾議院選舉的方案，也否決了由人民直接選舉產生的方案，最終形成了一個有較大彈性空間的由各州議會提名適當人選的方案。[3] 由於除此之外沒有統一規定，方案有些混亂，各州在選舉時也自行其是。

1866 年 7 月，國會參議院司法委員會提交報告，建議國會統一參議員的選舉制度。國會兩院迅速通過了相關議案。根據該法案，國會參議員選舉方式修改為：州議會兩院分別投票，採用口頭表決方式選舉參議員；次日，兩院舉行聯席會議，清點表決結果。如果兩院分別以過半數票選舉同一人為聯邦參議員，應即行宣佈該人當選；如沒有，該州議會兩院應在同一會期每日中午 12 點，至少每日一次舉行聯席投票，直至選出聯邦參議員。[4] 這次改革雖然統一了全國各州的參議員選舉方式，但是仍然是間接選舉制度，而且這種通過間接選舉的辦法選舉聯邦參議

2　〔美〕詹姆斯‧麥迪遜：《辯論：美國制憲會議記錄》，尹宣譯，南京：譯林出版社，2019 年，第24-26 頁。

3　〔美〕詹姆斯‧麥迪遜：《辯論：美國制憲會議記錄》，尹宣譯，南京：譯林出版社，2019 年，第26-27 頁。

4　蔣勁松：《美國國會史》，海口：海南出版社，1992 年，第83-84 頁。

員的做法一直沿用到 1913 年。一些研究者認為，間接選舉制度之所以得到維持，是因為這種制度能夠大概率地保證在任者再次當選。[5]

第一次選舉制度改革之後顯然沒有解決民主問題。有人認為間接選舉的方式不利於民主的實現，於是在一些州先行探索的情況下，參議員選舉制度進行了第二次大改革。實際上，早在 1826 年就出現了人民直接選舉參議員的呼聲。平民黨人早在 19 世紀 90 年代就提出了這項改革，1902 年眾議院為此通過了第十七條憲法修正案，但屢遭參議院的否決。[6] 1901 年，俄勒岡州首次試行非約束性選民預選參議員制，即先由該州選民表決他們希望州議會選舉誰當國會參議員。1912 年時，有 29 個州實行選民預選國會參議員制度。到 1913 年時，已經有三分之二的州批准憲法第十七條修正案，規定合眾國參議員由每州人民選舉，即在州議會選舉參議員前先由該州選民預選，州議會的選舉實質上只是對預選結果加蓋公章。參議員選舉制度的第二次改革具有重大意義，從此國會參議員的產生也要直接受選民制約。所以，一般認為，參議員選舉制度第二次改革建立了選民直接選舉國會參議員制度，增強了選民對參議員的控制，具有較大的民主性。[7] 至此，美國國會兩院已經全部實現了直接選舉。

二、自由選舉原則歷程

自由選舉原則是現代國家選舉制度的重要原則之一。一般認為，自由選舉，即選民個人的自主、自由意志受到法律保障，選民投票與否、棄權與否有自主決定權，選舉不受任何非法拘束。自由選舉原則有時也簡稱為自由選舉或選舉自由。選民是否參加選舉、選舉誰和不選舉誰完

5　Adam Przewoski, *Why Bother with Election?* Cambridge: Polity Press, 2018, p.37.

6　馬威：《進步運動時期美國聯邦參議員選舉制度改革》，山東大學碩士論文，2013 年，第 54 頁。

7　蔣勁松：《美國國會史》，海口：海南出版社，1992 年，第 84-85 頁。

全由自己決定，不受任何外界強制。[8]

在美國選舉的早期歷史中，由於選舉法律制度不完善，而且是由各州主持提名服務，再加上政黨自行印刷選票，選民的投票行為曾經受到各種干擾。直到 1888 年，各州才統一實行由政府印製選票，同時在採用秘密投票制之後，選民投票時所受到的直接干擾才有所減少。[9] 但是，在此後的選舉中，有色人種得以自由行使選舉權則經歷了一個漫長的歷程。1870 年，憲法第十五條修正案強制性地廢除了各州對選民的種族歧視規定，將選舉權賦予所有的黑人男性公民。雖然這一修正案從法律上保障了各種族的公民不受歧視限制地參加選舉，有利於保護廣大黑人自由選舉的權利，但是，南方各州大部分白人仍然反對黑人參加選舉。其中最突出的就是，三 K 黨、白山茶騎士黨等恐怖組織公然威脅和阻止黑人參加投票，導致很多黑人不敢參加選舉。1870 年至 1890 年，選舉投票出現了兩個極端現象：一方面一些州千方百計阻止黑人投票；另一方面民主黨中的極端保守派購買或操縱黑人選票。這兩種情況都嚴重侵害了黑人選民的投票自由。直到 1964 年，這種情況才從根本上得到改變，憲法第二十四條修正案規定，"任何人不得以交不起選舉稅而剝奪黑人的選舉權利"。[10]

在基本確保了選民的投票自由之後，美國選舉史上一個長期存在的問題就是金錢對選舉的滲透。"金錢是政治的母乳"一直是美國選舉政治的圭臬。"政黨分肥制"（spoils system），在 19 世紀 30 年代的安德魯·傑克遜（Andrew Jackson）時期被美國政府採用，當選政黨一上台就重新任命政府工作人員。[11] 不斷出現的政治獻金醜聞也嚴重損害了美

8　孟臥杰，黎慈：〈參加選舉活動應是選民的義務——對自由選舉原則的再認識〉，《湖北行政學院學報》，2006 年第 3 期，第 11-15 頁。

9　Shaun Bowler, Todd Donovan, and Jennifer van Heerde, "The United States of America: Perpetual Campaigning in the Absence of Competition," in Michael Gallagher and Paul Mitchell edited, *The Politics of Electoral Systems*, Oxford: Oxford University Press, 2005, pp.185-205.

10　范偉：〈美國公民選舉權的歷史演進〉，《改革與開放》，2014 年第 21 期，第 21-22 頁。

11　張亞紅，王秋石：〈美國兩次鍍金時代及其後的治理轉型〉，《浙江大學學報》（人文社會科學版），2012 年第 42 卷第 2 期，第 37 頁。

國民主選舉的公正，而對於選民來說，就意味着自身的自由選舉權受到誘惑和侵蝕。[12] 到了 19 世紀末至 20 世紀初，美國選舉腐敗更是日益嚴重。政黨組織為了在競選中獲取勝利，各自爭奪選民，甚至還會對選票做手腳，如賄賂選民、人為地篡改計數、偽造選票等。這些行為往往都是由具有政黨背景的負責選舉的公職人員、政黨領袖或職業政客所實施。這顯然會對選民的選舉自由產生很大的負面影響。[13]

為了杜絕金錢政治的弊端，美國也進行了相關立法以進行防範。早在 1907 年，美國國會為了阻斷政黨和候選人向富人捐款而形成的 "肥貓政治" 現象，通過了第一個限制籌資的法案——蒂爾曼法（Tillman Act）。該法規定：禁止公司和全國性的銀行向競選公職的候選人提供捐款。後來美國又制定了《競選經費公開法》（Publicity Act）、《兩黨競選改革法》（Bipartisan Campaign Reform Act）、《鞏固撥款法》（Consolidated Appropriations Act）、《廉潔領導和透明政府法》（Honest Leadership and Open Government Act）等等。1974 年，美國國會修改通過了《聯邦選舉競選法》。這次立法不但建立起了聯邦層面的選舉管理機構，而且還對國會參眾議員候選人競選開支總額進行了規定，並且限制了個人和團體捐款數額。此後，1985 年美國國會制定了《美國眾議院議員和僱員道德準則》，對眾議院成員與院外活動者、院外活動團體之間的禮品金額進行了額度限制。在此之後，美國國會還相繼通過一系列的法律來規範議員競選經費，但是整體效果仍然難如人意。

究其原因，一方面在於在選舉經費限制與個人自由支配財產之間存在着某些價值衝突，部分衝突會導致某些嚴格的規範難以適用。例如，美國聯邦選舉法案的修正對於政黨及個人在選舉中籌集選舉資金和接受捐贈的規定又開始有所放鬆。在 2010 年，美國聯邦最高法院大開競選經費限制之門，允許政黨和競選人及其工作人員可以通過企業等外部團

12　高仕銀：〈美國選舉腐敗的主要形式及成因〉，《廉政文化研究》，2017 年第 2 期，第 59 頁。

13　高仕銀：〈美國選舉腐敗的主要形式及成因〉，《廉政文化研究》，2017 年第 2 期，第 59 頁。

體無上限募集匿名資金。[14] 另外，美國選舉政治中一直存在兩種難以完全消除金錢影響的機制，一是政治行動委員會可以作為合法的籌款和捐款機構；二是在美國選舉政治中存在着大量處於法律規範之外的 "軟錢"。雖然美國立法機構在 "安然事件" 之後已經開始逐步針對 "軟錢" 立法，但是到目前為止，法律仍難以完全規範 "軟錢"，其在美國的議會選舉中仍然發揮着重要作用。

在美國早期的選舉史上也缺乏對競選的明確規範。聯邦憲法除了規定眾議員由直接選舉產生外，並沒有相應的具體規定。在實際操作中，各州在選區數量、選區規模和決勝規則等方面的規定也各不相同。隨着選舉次數的增多，美國各州的選區規模都不斷簡化為單一選區相對多數決制。而伴隨着各州的眾議院選區的規模都轉換成一人選區，兩大政黨相互競爭的格局也逐步浮出水面。在兩大政黨主導絕大多數選區的基本格局下，兩大政黨也就壟斷了絕大多數選區的席位。此時，如果要當選為議員，首先要取得兩黨其中一黨的候選人資格。由於早期選舉中黨內初選被黨內的大人物把握，美國國會選舉的競爭性的擴展，就主要不是體現在兩黨之間的競爭上，而是體現在政黨候選人產生的初選過程不斷進行開放性改革上。[15] 但是由於各州在黨內初選的模式又不完全一樣，所以在美國國會選舉中的黨內競爭模式隨着時代變化而走向整體開放的同時，各州之間也存在着較大的差異。

另外，與英國在競爭性選舉過程中逐漸發展出強有力的政黨紀律不同的是，美國的兩黨雖然壟斷了國會選舉中的大多數席位，但是隨着美國選舉制度的變遷和黨內初選制度的開放，政黨領袖的權力和作用之微弱則成為明顯特徵。政黨的組織鬆散、黨權分散和黨內凝聚力較差，構

14　高仕銀：〈美國選舉腐敗的主要形式及成因〉，《廉政文化研究》，2017 年第 2 期，第 59-61 頁。

15　Shaun Bowler, Todd Donovan, and Jennifer van Heerde, "The United States of America: Perpetual Campaigning in the Absence of Competition," in Michael Gallagher and Paul Mitchell edited, *The Politics of Electoral Systems*, Oxford: Oxford University Press, 2005, pp.185-205.

成了美國選舉競爭過程中不同於英國的重要方面。[16] 這一方面可以歸結於美國社會力量的多元化和聯邦體制的影響，同時也與美國早期選舉的管理分散和選舉制度在空間上的擴展模式有關。

因此，在理解美國選舉的自由競爭原則的實施效果時，絕大多數學者都同意在美國國會選舉中存在着一個非常明顯的"在任者優勢"現象：現任議員在下一輪競選中的優勢要遠遠大於挑戰者。"在任者優勢"無疑帶來了當選議員連任率居高不下的現象。[17] 雖然當前的不少研究都在探討美國國會眾議員因"在任者優勢"而形成的高連任率的各種原因，但是，以自由競爭原則出發而設計出的制度最後反而導致輪替性不足的現象，也值得反思。

三、普遍選舉原則的實現

普遍原則涉及選舉資格議題，即無論性別、出身、種族、財產等條件，達到法定年齡都應該享有選舉權和被選舉權。美國人民爭取選舉權的鬥爭，是美國人民實現民主的重要路徑。一般認為，《獨立宣言》是美國民主發展史上的一個重要文件。根據《獨立宣言》中的"人民主權"原則，每一個公民都應享有選舉權。但事實上，美國建國之初擁有選舉權的只是極少部分人。美國普選制的真正實現直到 20 世紀 70 年代才完成，其選舉權的實現過程大約經歷了 200 年。[18] 因此，就公民的普選權實現而言，美國亦經歷了一個漫長的發展過程。這一發展過程大致可以劃分為三個階段：

（一）無限制時期

在北美英屬殖民地初期，選舉權是不存在什麼限制的，所以從理論

16　張茲暑：《美國兩黨制發展史》，石家莊：河北教育出版社，2003 年，第 13-15 頁。

17　Rebecca B. Morton, *Analyzing Elections*, New York: W.W. Norton & Company, 2006, p.426.

18　趙曉蘭：〈論美國公民選舉權的改革〉，《社會科學戰綫》，2001 年第 6 期，第 171-174 頁。

上來說，選舉權具有普遍性、廣泛性。一般認為，美國最早的選舉制始於弗吉尼亞的議會選舉。1619 年，弗吉尼亞殖民地在倫敦公司的指令下召開首屆議會，議會代表由全體成年男子選舉產生，當時對選民資格並無正式的法律規定。1621 年第二屆議會召開時，才明確規定了選民資格要求，也就是該殖民地代表議會由"全體居民"選舉產生。"全體居民"在當時主要指全體白人成年男子，甚至還包括"外國人"以及"最初的黑人"。[19] 為什麼這一時期沒有對選舉權做出限制呢？有學者指出，其可能的原因至少有二。一是殖民地初期人口太少，從 1606 年到 1622 年先後被送到弗吉尼亞的才 6000 人，到了 1625 年已減少到 1300 人，還分佈在不同的村落。二是當時召開代表議會是一種振興殖民地的舉措，要吸引移民，挽救殖民地；如果限制太多，就不利於調動選民的積極性。[20]

（二）選舉權的限制時期

伴隨着殖民地的不斷發展，當局逐步加強了對選舉資格的限制。在殖民地最初的一百年裏，最主要的選舉資格限制是宗教與道德資格，後來又逐漸拓展到財產、性別、年齡、居住地與居住年限、種族等方面。[21] 所以，選舉資格的限制也是一步一步增加起來的，並不是一開始就設定了的。

由於英國清教徒是最初移居美洲的主要移民，他們在得勢後逐漸將宗教資格作為選舉權的重要條件，從而達到排外的目的。道德資格限制從新英格蘭開始實行，後來在各地慢慢以法律形式確定下來。馬薩諸塞於 1662 年規定："有足夠財產、品行端正的人擁有選舉權。"新澤西、弗吉尼亞、南卡羅來納等也有類似規定。1664 年馬薩諸塞又規定

19　張定河：《美國政治制度的起源與演變》，北京：中國社會科學出版社，1998 年，第 413-414 頁；
　　李文麗：《早期美國人民爭取普選權的鬥爭》，山東師範大學碩士論文，2000 年，第 13 頁。

20　張定河：《美國政治制度的起源與演變》，北京：中國社會科學出版社，1998 年，第 414 頁。

21　李文麗：《早期美國人民爭取普選權的鬥爭》，山東師範大學碩士論文，2000 年，第 14-15 頁。

擁有選舉資格的人須是沒有犯過罪的。羅得島與康涅狄格則排斥一切犯人。[22] 這些都是在道德方面提出的要求。這種要求也是一有開端便會逐漸蔓延，一個地方開始了，其他地方就會跟着做出規定。其背後體現出當時人們的價值觀念具有一些共識。

財產選舉資格限制則在 17 世紀後期被引入。從財產資格限制的數量上就可以看出，它是從英國傳統移植而來的。這一資格限制，要求必須有價值 40 英鎊的財產或擁有每年能回收 40 先令利潤（5% 的利潤）的出租物或產業才能夠擁有選舉權。這與英國選舉資格的早期限定是一致的。[23] 有些殖民地將財產資格拓展為持有土地的數量，多數殖民地一般以 50 英畝或 100 英畝土地作為財產選舉資格。弗吉尼亞、東澤西、賓夕法尼亞、特拉華、馬里蘭、北卡羅來納、佐治亞等均有此規定。[24] 財產資格限制從 17 世紀下半期開始，至 18 世紀上半期，財產資格的限制也越來越高。財產資格限制據說是根據英王的命令而提出，但是財產資格的提高是因為殖民地人口數量的增長和財產的增多而做出的決定。這樣可以保障議會一直掌握在上層社會手中。[25]

在道德和財產資格限制外，還有性別、年齡、居住、種族資格等方面的限制逐步出現。年齡資格方面，各殖民地規定不一，門檻最小為 18 歲，最大為 24 歲。居住時間方面，北美殖民地也沒有統一規定。種族資格方面，殖民地早期在立法時沒有考慮限制或賦予印第安人與黑人選舉權，他們成為被忽視的群體。早期弗吉尼亞、南卡羅來納等幾個地方曾給予過黑人選舉權，但是時間很短。第一批黑人到達美洲 20 年後，弗吉尼亞就開始限制黑人選舉權。獨立戰爭前，幾乎所有的黑人都沒有選舉權，但這種限制並沒有遭到多大的阻力。這是由當時的社會現實和居住狀況所決定的。總體上來說，性別資格限制並不突出，因為農

22　李文麗：《早期美國人民爭取普選權的鬥爭》，山東師範大學碩士論文，2000 年，第 14 頁。

23　張定河：《美國政治制度的起源與演變》，北京：中國社會科學出版社，1998 年，第 415 頁。

24　李文麗：《早期美國人民爭取普選權的鬥爭》，山東師範大學碩士論文，2000 年，第 16 頁。

25　張定河：《美國政治制度的起源與演變》，北京：中國社會科學出版社，1998 年，第 415 頁。

業時代的性別分工，參政被認為是男人的事，很少有人意識到女性選舉權的必要性問題。所以，儘管女性沒有參加選舉，但是大家並不認為它是一個問題。[26]

（三）選舉權的擴大時期

這一時期，從選舉權擴展覆蓋的對象範圍來看，大致可以分為三個階段：一是白人成年男子選舉權實現階段。實際上，直到 18 世紀晚期，美國的議會選舉權仍然掌握在擁有大量金錢和土地的人手中。甚至 1787 年聯邦憲法制定以後，選舉權的資格限制也並沒有廢除。所以，儘管《獨立宣言》宣佈 "人人生而平等"，但是這種平等並沒有立即實現，它局限在少數人的範圍當中。1789 年美國第一屆國會眾議院選舉，有資格參加投票的選民約為 12 萬人，佔全國白人成年男子的 1/2 到 3/4 左右。[27] 這種狀況無疑需要予以改變。19 世紀初，傑斐遜（Thomas Jefferson）共和政治的主張激起了普通人民參與選舉的熱情，但是財產資格限制卻成為嚴重的障礙。所以，廢除財產資格限制的呼聲日漸高漲。各州逐漸取消了財產資格的限制；新澤西（1807 年）、馬里蘭（1810 年）、康涅狄格（1818 年）、馬薩諸塞（1820 年）、紐約（1821 年）等州相繼取消這種限制；羅德島（1843 年）、弗吉尼亞（1852 年）以及幾個南方州行動就較晚一些。到了美國內戰前夕，財產資格限制已經成為過去式，美國基本實現了白人成年男子的普選權。這一時期，從數字上看，1824 年成年白人男子參加投票只佔 26.9%，1828 年佔 57.6%，1832 年佔 55%，1836 年上升為 57.8%；傑克遜（Andrew Jackson）任期結束後，到 1840 年代已達 80% 以上。[28] 到 1860 年，各州都基本廢除了參

26　李文麗：《早期美國人民爭取普選權的鬥爭》，山東師範大學碩士論文，2000 年，第 16-18 頁；張定河：《美國政治制度的起源與演變》，北京：中國社會科學出版社，1998 年，第 416 頁。

27　張定河：《美國政治制度的起源與演變》，北京：中國社會科學出版社，1998 年，第 416-417 頁。

28　張定河：《美國政治制度的起源與演變》，北京：中國社會科學出版社，1998 年，第 418-419 頁；張福財：〈安德魯・傑克遜時期美國選舉制探析〉，《南通師專學報》（社會科學版），1999 年第 1 期，第 133-135 頁。

加選舉所需要的收入和財產資格。[29] 所以，從 18 世紀晚期到 19 世紀中期這一段時間是美國選舉權擴大的第一個階段，其突出特徵是白人成年男子實現了普選權。

二是婦女選舉權的實現階段。婦女爭取選舉權的鬥爭比黑人爭取選舉權的鬥爭要開始得早，但是取得重要進展的時間則要晚一些。如果說黑人選舉權的重大突破是在美國南北戰爭之後發生的，那麼婦女選舉權的鬥爭取得重大突破則主要是在 20 世紀最初 20 年。婦女選舉權鬥爭正式起始於 1848 年舉行的婦女大會。女權運動領導人伊麗莎白‧斯坦頓（Elizabeth Cady Stanton）和盧克麗霞‧莫特（Lucretia Mott）起草了一份宣言，提出了婦女選舉權的要求。美國內戰後，女權主義者為爭取選舉權多次開展了鬥爭，但都進展不大；直到 19 世紀末 20 世紀初，鬥爭才開始開花結果：從 1897 年到 1918 年，相繼有 11 個州賦予婦女選舉權。第一次世界大戰更是成為女性社會地位提升的歷史時機。一戰期間，大量美國婦女參加工作，投身社會運動。女權運動一時興起，賦予女性選舉權已經成為歷史趨勢，不可阻擋。1920 年美國憲法第十九條修正案被批准生效，禁止因性別拒絕或限制選舉權，由此，美國婦女選舉權終於完全實現了。[30]

三是黑人選舉權實現階段。黑人的選舉權經歷了從無到有、有而復失、失而復得的反覆過程。最初美國的黑人絕大多數都是生活在南方的奴隸，自身的人身自由尚沒有得到解放，就更不要說被賦予選舉權了。所以，最初奴隸沒有選舉權，也很少有人認為這是一個問題。直到內戰爆發前夕，一些新英格蘭的州才允許黑人投票；內戰結束之後，《1867 年重建法》及 1870 年的憲法第十五修正案才正式賦予黑人與白人同等

29　Thomas T. Mackie & Richard Rose, *The International Almance of Electoral History*, London: Macmillan Acamemic and Professional Ltd., 1991, p.457.

30　張定河：《美國政治制度的起源與演變》，北京：中國社會科學出版社，1998 年，第 423-424 頁；張聚國：〈從特權到普遍性權利：美國公民選舉權的擴大〉，《南開學報》（哲學社會科學版），2010 年第 1 期，第 31-41 頁。

的投票權。[31]

此後短暫的時間裏，大量黑人獲得了選舉權，美國選民人數大大增加了。但是好景不長，僅僅幾年後，南方各州白人政權即開始想方設法給黑人選舉設置障礙，以使自身的統治不受威脅。這些限制包括人頭稅、文化測驗、祖父條款和白人預選會等等。到了 1900 年左右，南方各州黑人的選舉權因為這些障礙乃至一些暴力威脅而喪失殆盡。隨後，黑人開始了漫長的爭取選舉權的鬥爭。鬥爭的形式包括開始的司法鬥爭，以及後來的直接行動。鬥爭一步一步取得勝利，直到 1965 年《投票權利法》的通過以及 1970 年國會對該法的再次修訂，才意味着黑人為爭取選舉權的鬥爭取得了最終的勝利。[32] 所以，黑人選舉權的實現從南北戰爭算起到 1970 年截止，歷經百年滄桑，是一部人身解放史，也是一部血淚鬥爭史。

此外，1971 年通過的美國憲法第二十六修正案，將美國公民行使選舉權的年齡下限降低到 18 歲，結束了將選舉權年齡限制在 21 歲以上的歷史。至此，美國選舉史上的選舉普遍性原則可以說在法律上已經得到了較全面的普及。但是在現實中，美國選舉的投票率並不高，這也是一個公認的事實。[33] 因此，在研究美國選舉的著作中，有不少都致力於解釋美國選舉投票率低下的現象。這又涉及到美國選舉原則如何落地的重大議題。

四、平等原則的落實

平等原則，通常意味着每個選民只有一個投票權，並且每票的價值相等，即一人一票、票值相等。如果一部分選民只有一個投票權，而另

---

31 Thomas T. Mackie & Richard Rose, *The International Almance of Electoral History*, London: Macmillan Acamemic and Professional Ltd., 1991, p.457.

32 張定河：《美國政治制度的起源與演變》，北京：中國社會科學出版社，1998 年，第 419-422 頁。

33 〔美〕托馬斯‧帕特森：《美國政治文化》，顧肅、呂建高譯，北京：東方出版社，2007 年，第 228 頁。

一部分選民享有兩個或兩個以上的投票權；或者每一位選民雖然都只投一票，但是每張票代表的人數差距太大，換言之也就是每票的價值不等，那麼這就是不平等選舉，違反了選舉平等的原則。美國國會選舉中關乎平等原則比較突出的問題有代表名額分配、選區劃分、黑人選舉權以及婦女選舉權等幾個方面。

（一）區域平等的演進

無論是選區劃分，還是代表名額分配，都可能會涉及區域平等問題。舉例來說，一個大選區和一個小選區，如果議員名額一樣，則兩選區選民即使能夠一人一票，卻沒辦法實現票值相等。同理，如果選區人口規模相近，但是議員分配名額不同，則選民票值相等也無法實現。所以，即使選舉是自由的，選舉的結果卻可能是不平等的。

在國會代表名額分配議題上，1787 年制憲大會確定了美國國會議員的組成原則。在討論的過程中，大州支持弗吉尼亞方案，即依各州人口總數按比例分配國會兩院席位，而小州堅持各州在國會應享有平等代表權。在爭執下，大會任命了一個新的委員會尋求妥協方案。7 月 5 日，該委員會提出了康涅狄格妥協案，其內容是，國會兩院實行不同的代表權分配方案。[34]

眾議院實行民主原則，眾議院代表名額分配的基本原則是人口比例，即一定數量的選民選舉一名眾議員，當時規定 3 萬選民組成一個國會選區，選舉一名眾議員。人口比例原則之外，制憲會議還規定人口少的州至少應有一名眾議員。而且，為了保證國會選區能夠及時反映人口的變動，制憲會議規定根據聯邦人口調查局十年一度的人口普查結果，各州自行調整國會選區。此外，1929 年，國會立法規定，眾議院議員總數固定為 435 人，從數量上確定了眾議院適度規模的概念。隨着眾議

34　王希：《原則與妥協：美國憲法的精神與實踐》（修訂本），北京：北京大學出版社，2005 年，第 96-97 頁。

院適度規模原則的確定，眾議院議員代表的人口數量便隨着人口的增加而增加。現在一個眾議員大約可以代表 50 萬選民。

參議院反映的是州權平衡。制憲會議決定，各州不論人口多少，均選舉兩名參議員。這樣，參議員就被視為州的代表，國會參議院成為聯邦政府中直接從州政府而非選民中獲得權力的一個機構。有關參議院議員人數是否採用人口比例原則，制憲代表們出現了分歧。有主張認為應該確定人口比例；但是，另一種以州平等代表權代替人口比例原則的主張最終佔了上風，為制憲會議採納。這是制憲會議上小州代表贏得的勝利。[35]

國會議員名額分配的基本原則確定後，另一個重要的議題就是選區劃分。這一議題又集中於眾院席位的劃分，最終誕生了"五分之三條款"（three-fifths clause）。這一條款源於奴隸的代表權，具體內容是指：南部的蓄奴州將其奴隸人口按五分之三的比例加入州總人口，使得它們在眾議院的代表權增加，儘管這些州也要按照該比例交付聯邦稅。最終，十三個州選出了 65 名眾議員。其中南部五州按照每 2.6 萬自由人選一名眾議員的比例，而北部八州則每 4.1 萬人選一名眾議員。[36] 隨着奴隸制的道德問題和美國版圖擴張的問題逐漸凸顯，"五分之三條款"在美國內戰後失效。

1792 年美國國會選舉採用傑斐遜方法，各州每 33000 選民可以擁有一位國會眾議員議席。當時的國會眾議員定為 105 人，各州以 33000 去除本州人口總數，所得整數商即為該州應選的國會眾議席數。1792 年至 1840 年，國會一直運用傑斐遜方法分配各州的國會眾議員人數，但伴隨人口的增長，每一個國會選區的人數也逐漸增加，到 1832 年已經增長為 47700 人；而眾議院的議席數也隨之增長至 240 個。[37]

35　蔣勁松：《美國國會史》，海口：海南出版社，1992 年，第 45-48 頁。
36　王希：《原則與妥協：美國憲法的精神與實踐》，北京：北京大學出版社，2005 年，第 102-103 頁。
37　蔣勁松：《美國國會史》，海口：海南出版社，1992 年，第 86 頁。

直到 1842 年，國會才制定了分配議席的新方法。該法的變革在於兩個方面：第一，將眾議院人數定為 223 人。以 223 去除全國選民數，所得商 70680 即為每位眾議員所代表的選民數，每州再以 70680 去除本州選民總數，所得商即為該州應選的國會眾議員人數。各州所剩選民超過 70680 的一半者，可以增選一位國會眾議員。第二，各州必須實行一個選區選舉產生一位眾議員的制度。國會選區的總數須等於該州應選的國會眾議員數，每一國會選區應從地理上連成一體。實際上，自 1800 年以來，國會曾多次努力，試圖制訂憲法修正案要求各州按選區選舉國會眾議員，但均未成功；但是多數州卻逐漸接受了一選區一名眾議員的原則。後來國會放棄了修憲方式，轉而通過 1842 年國會議席分配法，規定全國各州必須實行選區制。此後，各次國會議席分配法都規定選區制。選區制的要旨是保護選民的平等選舉權，但是，一些州議會在劃分選區時卻扭曲了這一點。[38]

20 世紀 20 年代，國會議席分配方面發生了一場劇烈的鬥爭。1920 年全國人口普查報告透露了一個驚人的事實：美國的城市人口首次超過了農村人口。根據人口比例原則，這一事實帶來的結果將是顛覆性的。而且，國會很多議員認為，眾議院的規模太龐大了。這會影響議會的辯論效率，也會導致眾議院的高度集權，同時經濟成本也會很高，所以他們反對眾議院議席規模的一再擴張，提出眾議院議席數量必須固定為 435 席。這個報告和這些議員的聲音遭到了農業州國會眾議員的狂熱反對。他們首先指責 1920 年人口普查結果不對，少算了農村人口，並試圖通過憲法修正案，禁止將未歸化的移民統計入美國人口。其次，他們還堅決反對將眾院席位固定為 435 席，因為如果眾院席數固定下來，國會席位重新分配將削減農業州席位，增加工業州席位。為此，從 1921 年到 1928 年，農業州國會議員們多次擊敗了重分國會議席的努

38　蔣勁松：《美國國會史》，海口：海南出版社，1992 年，第 87 頁。

力。1929 年，國會在胡佛（John Edgar Hoover）總統的支持下終於戰勝了農業州議員的阻撓，通過了 1929 年人口普查與重劃國會議席法。該法規定：1930 年第 71 屆國會開幕後，總統應立即向國會提交人口普查報告，列舉各州人口數字，並以國會眾議院現有規模（即 435 人）重新分配各州的國會議席。如果國會不能通過重劃國會議席法，即應執行總統提出的分配方案，直到下一度人口普查及其重劃國會議席法通過為止。[39]

（二）性別平等的實現

美國婦女爭取選舉權的歷程也是一波三折。從 1848 年美國歷史上的第一次女性權利大會算起，到 1919 年國會兩院通過第十九條憲法修正案，歷經 71 年之久。一般認為，美國婦女爭取選舉權的運動經歷了四個階段。[40]

1. 選舉權鬥爭的發起階段：19 世紀 30 年代到內戰之前

這一階段鬥爭的主要形式是集會、請願，總體上較為較溫和。19 世紀 30 年代，美國婦女積極投入廢奴運動與禁酒運動；19 世紀 40 年代後期，婦女開始投入爭取選舉權運動。這是美國歷史性的變革時期。伊麗莎白·斯坦頓在廢奴運動中表現活躍，為廢除奴隸制付出大量心血。斯坦頓發現，女性就像奴隸一樣缺少權利與自由，而這正是所有族裔的女性團結起來要求權利的恰當時刻。1848 年 7 月 19 日，美國歷史上的第一次女性權利大會在紐約塞尼卡瀑布城召開，此次會議有大約 300 人參加，其中有 40 位男性。會議最終討論通過了《情感和權利宣言》（Declaration of Sentiments and Resolutions）。宣言重申了天賦人權

39　蔣勁松：《美國國會史》，海口：海南出版社，1992 年，第 88-89 頁。
40　陳粹盈：〈試析美國婦女選舉權鬥爭的階段性及其特點〉，《齊魯學刊》，1989 年第 4 期，第 43-48 頁。

原則，要求男女平等，給婦女以選舉權。[41] 這是美國歷史上婦女第一次提出對選舉權的要求。

2. 選舉權鬥爭的興起階段：1861 年至 1869 年

這一階段受美國內戰影響，選舉權鬥爭形式趨於激進，並與廢奴運動和黑人選舉權議題交織在一起。[42] 從 1850 年開始，斯坦頓和蘇珊·安東尼（Susan B. Anthony）共同領導了美國婦女爭取選舉權的鬥爭。1861 年，美國南北戰爭爆發，大部分男子上前綫，而成千上萬的婦女承擔起農場和企業的經營管理工作，還有一部分婦女直接到戰地醫院工作。這樣，爭取婦女選舉權運動也自然而然地與保衛聯邦和廢除奴隸制的鬥爭交織在一起。[43] 這一段經歷極大改變了婦女不能“拋頭露面”的觀念，讓很多婦女開始重新認識自身的社會角色。內戰後，美國第十五條憲法修正案決定給予一切男性公民以選舉權，包括剛獲解放的黑人，而將女性排除在外，這項決定導致了女性權利運動的分裂。伊麗莎白·斯坦頓和蘇珊·B. 安東尼於 1869 年 5 月聯合建立了全國婦女參政權協會（National Woman Suffrage Association，簡稱 NWSA），她們主張選舉權不應該因種族、人種和性別的區別而有所差異。斯坦頓認為，婦女要麼應該在修正案中得到她們想要的，要麼就應該反對該修正案。由於觀念不一，一些其他婦女運動的領導者與斯坦頓產生分歧。露西·斯通（Lucy Stone）為主的保守派從 NWSA 中分裂出來，建立了美國婦女參政權協會（American Woman Suffrage Association，簡稱 AWSA），她們關心女性選舉權，但是並不反對批准第十五條憲法修正案。最終，1870 年 2 月美國國會通過了該修正案，但是並沒有減輕兩大協會之間的裂

41　Jennifer Joline Anderson, *Women's Rights Movement*, ABDO Publishing Company; ABDO Publishing; Essential Library, 2013, pp.6-14.

42　陳粹盈：〈試析美國婦女選舉權鬥爭的階段性及其特點〉，《齊魯學刊》，1989 年第 4 期，第 43-49 頁。

43　張華：《論美國婦女選舉權運動》，廣西師範大學碩士論文，2007 年，第 14 頁。

痕，她們還在女性不平等的根源、要求選舉權的途徑上產生了分歧。[44]
因此，以斯坦頓等為主的激進派主張通過聯邦憲法修正案的形式實現婦
女參政權；以露西‧斯通為首的溫和派認為以各州憲法修正案實現婦女
參政權更為可行。[45] 儘管出現了鬥爭路綫的分歧，但是兩派的最終目的
都是一樣的，都希望為婦女爭取平等的選舉權。

3. 選舉權鬥爭的發展階段：19 世紀 70 年代至 20 世紀初

這一階段選舉權鬥爭呈現組織化、成熟化的特點。[46] 選舉權鬥爭首
先在西部迅速發展。懷俄明 1870 年和 1871 年投票通過了婦女選舉權
議案。1874 年 7 月 4 日，安東尼宣讀的新的女權宣言中還要求同等陪
審權，否則婦女就不應以同等身分納稅。1878 年初，蘇珊‧安東尼
（Susan Brownnell Anthony）和伊莉莎白‧凱迪‧斯坦頓（Elizabeth Cady
Stanton）於 1878 年起草和提出婦女選舉權修正案，主張 "合眾國公民
的選舉權不得被聯邦或任何一州因性別的原因加以否定或剝奪"。這又
通常稱為 "安東尼修正案"（Anthony Amendment）。"全國婦女參政權
協會" 堅持每年向國會提交該項議案。1886 年 12 月，參議員亨利‧布
萊爾（Henry W. Blair）向參議院正式提出該項議案，儘管未獲通過，但
自此至 1896 年，該修正案幾乎每年都被提交國會，婦女獲准在有關會
議發言，這標誌着婦女選舉權鬥爭取得了一些進展。[47] 1890 年，兩大婦
女參政權協會 NWSA 和 AWSA 在 21 年的分裂後重新聯合起來，成立
了全美婦女參政權協會（National American Woman Suffrage Association，
簡稱 NAWSA）。卡瑞‧凱特在 1890 年加入 NAWSA，並在獲得州層
面的婦女選舉權上不斷努力。1894 年，她成功領導了科羅拉多州的參

---

44 Shane Mountjoy, *The Women's Rights Movement: Moving Toward Equality (Social and Political Reform Movements in American History)*, Chelsea House Publications, 2007, pp.71-79.

45 高彬：〈美國婦女爭取選舉權運動的歷史根源〉，《成都教育學院學報》，2006 年第 12 期，第 132-135 頁。

46 陳粹盈：〈試析美國婦女選舉權鬥爭的階段性及其特點〉，《齊魯學刊》，1989 年第 4 期，第 43-48 頁。

47 陳粹盈：〈試析美國婦女選舉權鬥爭的階段性及其特點〉，《齊魯學刊》，1989 年第 4 期，第 43-48 頁。

政權運動。到了 1896 年,懷俄明州、科羅拉多州、猶他州、愛達荷州都批准了完整的選舉權。哈里歐 · 斯坦頓 · 布萊奇(Harriot Stanton Blatch),斯坦頓的女兒,於 1907 年建立了婦女自助平權社團(Equality League of Self-Supporting Women),在 1910 年改名為婦女政治聯盟(Women's Political Union)。布萊奇組織了婦女參政論者們於 1910 年 5 月 21 日在紐約的第五大道上遊行,這是第一個為了引起人們對婦女選舉權的關注而進行的遊行示威。[48] 這些鬥爭獲得了民眾的同情和支持。[49] 隨着科技的發展,19 世紀末至 20 世紀初,越來越多的婦女走出家庭,取得了經濟和社會獨立。教育上女性與男性平等的地位逐步形成,女性平等意識普遍覺醒。世紀之交的進步主義運動也為女權運動營造了良好氛圍。這些都讓美國政府必須認真考慮婦女選舉權問題,[50] 促進了婦女選舉權鬥爭最後勝利的到來。

4. 選舉權鬥爭的勝利階段:1909 年到 1920 年

這一階段的特點是婦女參政改革已經頗成規模,參與人數、階層和影響力皆擴張到了勢不可擋的地步。婦女參政論者對議員甚至總統的遊說、在一次世界大戰中的貢獻,均為改革提供了有利因素。第一次世界大戰於 1914 年爆發,戰爭中男子上前綫打仗,傷亡慘重,這給婦女提供了很多就業機會。婦女除了承擔起家庭責任,還可以參加政府部門工作以及擔任以前只為男人保留的熟練工人職務。她們當工程師、做建築工人和煉鐵工人,還生產軍服、炸藥、飛機、汽車。這些以前都是男性的工作崗位,因為人力大量匱乏,不得不向婦女開放了。婦女們在工作中驗證了自身的能力,增強了參與各種工作的信心,也打開了爭取選舉權的心理閘門。所以,有評價說:婦女獲得選舉權是戰爭心理學的直接

---

48 Colleen Adams, *Women's Suffrage: a Primary Source History of the Women's Rights Movement in America*, Rosen Central Primary Source, 2003, pp.41-44.

49 高彬:〈美國婦女爭取選舉權運動的歷史根源〉,《成都教育學院學報》,2006 年第 12 期,第 132-135 頁。

50 張聚國:〈從特權到普遍性權利:美國公民選舉權的擴大〉,《南開學報》(哲學社會科學版),2010 年第 1 期,第 31-41 頁。

結果。[51] 當然，這與婦女們的努力也是有深刻聯繫的。1916 年，婦女政治聯盟與國會聯盟（Congressional Union）合併為全國婦女黨（National Woman's Party），由愛麗絲・保羅（Alice Paul）領導。保羅組織了一系列婦女運動，甚至採取了糾察、絕食等激進的方式。1919 年 6 月 4 日，參眾兩院皆同意通過憲法第十九修正案。1920 年 8 月，在 71 年艱苦卓絕的抗爭後，憲法第十九修正案獲得正式生效，婦女最終享有了選舉權。[52] 這在人類政治發展史上也是一次巨大的進步，甚至早於號稱議會之母的英國，英國婦女平等的選舉權直到 1928 年才最終實現。

（三）種族平等的實現

儘管美國黑人的選舉權在內戰之後得到了法律意義上的承認，但是享有選舉權並不等於享有平等的選舉權。在現實之中，當時美國種族主義分子想方設法剝奪黑人選舉權：第一，直接用暴力手段剝奪黑人選舉權。美國重建時期，南部湧現許多秘密團體：白茶花騎士團（或譯白山茶騎士黨）、紅衫黨、黑十字騎士團和三 K 黨等。其中影響最大的是三 K 黨，他們恐嚇黑人不要參加投票，不聽的就遭鞭打甚至處死。[53] 這讓很多黑人感到害怕，不敢行使選舉權。第二，通過制訂州法律的形式阻礙黑人行使選舉權。最先南卡羅來納州於 1882 年制訂了新選舉法，規定選舉不同職位的人要使用不同的選票和票箱，投票時不准講話，投票人必須把選票準確地投進相應票箱，錯誤了即為廢票。這對於不認識字的黑人來說是不公平的。1890 年，密西西比州規定選民必須交納 2 美元的人頭稅，並且接受文化測驗，合格者方得登記為選民。這讓貧窮而且文化程度不高的黑人們陷於不利的境地。1898 年，路易斯安娜州規

---

51 趙曉蘭：〈美國婦女爭取選舉權運動的歷史回顧與特徵〉，《歷史教學問題》，1995 第 6 期，第 23-28 頁。

52 Colleen Adams, *Women's Suffrage: a Primary Source History of the Women's Rights Movement in America*, Rosen Central Primary Source, 2003, pp.46-50.

53 趙曉蘭：〈美國黑人爭取選舉權運動探析〉，《杭州師範學院學報》，1999 年第 5 期，第 28 頁。

定只要在 1867 年 1 月 1 日以前投過票，或其祖輩在此之前是選民，便可不受財產限制和免受文化測驗。這就是臭名昭著的"祖父條款"。[54] 如此等等規定，不一而足，都是對黑人選舉權的歧視。

這種不平等的現狀令人憤慨。20 世紀 50、60 年代，美國興起了民權運動。美國南部黑人和一些白人進行了以靜坐、遊行、"進軍"等非暴力抗議手段爭取包括黑人選舉權等權利的大規模群眾運動。受此影響，黑人選舉權受剝奪的局面終於出現了不少改變。美國國會為此通過了一系列法令，專門對剝奪黑人選舉權的行為加以限制乃至禁止。1957年國會頒佈了民權法令，設立了美國民權委員會，其職權就是對剝奪選舉權行為的申訴進行調查。1964 年憲法第二十四條修正案規定，公民的投票權"不得由聯邦或任何州以未繳納任何形式的人頭稅或其他稅為理由而加以否認或剝奪"。1965 年《選舉權利法案》規定：5 年內暫停文化測驗；授權司法部對人頭稅起訴。1970 年，美國國會把暫停文化測驗的期限延長 5 年。1975 年，又延長 7 年。1982 年，又延長 25 年。[55]

黑人經歷了長期鬥爭，終於贏回了憲法早已賦予他們的選舉權。從黑人初次獲得選舉權到這個權利失而復得，其間經歷了整整 100 年時間。黑人第二次獲得了選舉權。在南方 11 個州中，1940 年時，登記為選民的黑人僅佔適齡黑人的 5%，1960 年增加到 29.1%，1966 年達到45%，1970 年猛增到 62%，而當年白人選民的登記率是 69.2%，黑、白選民的比例已相差無幾。[56] 所以，伴隨黑人平等選舉權的實現，黑人選民的隊伍不斷在加大。而黑人普遍選舉權的獲得，讓黑人成為美國政治生活中的一支重要力量。在國會選舉中，黑人都是美國各黨派不得不竭力爭取的對象。

現代選舉的平等原則的基本要求是"一人一票，同票同值"。美國

---

54 趙曉蘭：〈美國黑人爭取選舉權運動探析〉，《杭州師範學院學報》，1999 年第 5 期，第 28 頁。
55 寧溶一：《美國黑人選舉權在立法上的確立》，吉林大學碩士論文，2009 年，第 11 頁。
56 寧溶一：《美國黑人選舉權在立法上的確立》，吉林大學碩士論文，2009 年，第 11 頁。

的選舉歷程表明，在廢除了各種特權性規定並且在法律上確認平等原則之下，相關矛盾主要集中在選區劃分這一領域內。雖然美國已經從1929年開始立法固定眾議員人數，並且根據憲法的規則，每隔十年進行一次人口普查後根據人口的變化而重劃選區，但是，隨着人口流動的加速和各地理區域內人口構成的多樣化模式的形成，再加上黨派政治的機制導致的選區實際劃分過程中的不公平現象，美國國會眾議院的單一選區是否有利於平等競爭和結果公平，同樣成為一個新的爭議性問題。[57]

<h2 style="text-align:center">五、小結與啟示</h2>

整體而言，美國選舉制度的發展主要是伴隨着普遍性原則而變遷的，雖然期間也有自由原則、平等原則、直接選舉原則的不斷交織變化，但其歷史脈絡與普選制基本一致。

（一）小結

1. 直接選舉原則的演進

直接選舉原則的變化相對簡單一些。直接選舉原則是指直接參加選舉、行使選舉權利的選舉方式。當前美國參眾兩院選舉的方式都是直接選舉。但是歷史上，眾議院議員選舉的方式有過爭論，謝爾曼（Roger Sherman）、格利（Elbridge Gerry）等主張間接選舉，梅遜（George Mason）、威爾遜（Thomas Woodrow Wilson）、麥迪遜（James Madison Jr.）等人主張直接選舉，但是一經制憲會議確定為直接選舉後就沒有改變過。參議員的選舉方式也曾經是間接選舉，一開始各州自行其是，有些混亂，後來歷經兩次改革，最終也演變為直接選舉方式。最初各州既有奉行"兩院表決制"的，也有奉行"聯席投票制"的，1866年改革

---

57 〔美〕L. 桑迪·梅塞爾：《美國政黨與選舉》，陸贇譯，南京：譯林出版社，2017年，第20頁。

綜合了兩種表決方式，但仍是間接選舉的方式。直到 1913 年，三分之二的州批准了憲法第十七條修正案，規定各州參議員由每州人民選舉。在實踐中，在州議會選舉參議員前，先由該州選民預選，參議員的選舉才實質上演變為直接選舉。儘管此時還保留了間接選舉的形式，但因為州議會的選舉實質上只是對預選結果加蓋公章而已，所以州選民的預選實際上等同於正式選舉的效果。

2. 自由原則的變化

自由原則從選民個體層面來說，就是自主選擇，不受干擾或強制。在影響美國議員自由選舉的因素方面主要有暴力、資格限制和金錢政治。事實上，早期美國國會選舉並不自由。美國南北戰爭以後，黑人獲得了選舉權。但是美國種族主義者卻組建了三 K 黨、白山茶騎士黨等恐怖組織，公然威脅和阻止黑人參加投票，導致黑人選舉人數急劇減少。其次，在投票自由上，美國建國以後逐步建立起來財產、年齡、性別、種族、宗教方面的限制，這是對選舉自由的制度性限制。最後，還有金錢政治的影響。金錢對美國選舉政治的影響可謂越來越大，到了19 世紀末 20 世紀初，美國選舉腐敗更是日甚一日。政黨為了在競選中獲勝，爭相爭奪選民並企圖通過資助人來控制選舉，甚至還會篡改、偽造選票等。暴力威脅和制度限制隨着歷史的發展逐漸被消除，但是金錢政治對美國的影響至今仍然根深蒂固。

3. 普遍原則的演化

普遍原則是指無論性別、出身、種族、財產等條件，達到法定年齡都應該享有選舉權和被選舉權。普遍原則的演變經歷了選舉資格限制的從無從有、從少到多，再從多到少的過程。一開始，殖民地初期的選舉資格實際上沒有法律規定的限制，有的只是一些習俗的限制，如婦女不參加選舉會被視為理所當然。後來選舉資格的限制，從宗教與道德資格開始，又逐漸拓展到財產、性別、年齡、居住地與居住年限、種族等方面。這樣，擁有選舉權的僅為一部分人，那些沒有選舉權的人就要爭取選舉權。首先是白人成年男子實現普選權。從 18 世紀晚期到 19 世紀中期這一段時間是美國選舉權擴大的第一個階段，其突出特徵是白人成年男子實現了普選權。其次是婦女選舉權的實現。婦女爭取選舉權的鬥爭比黑人爭取選舉權的鬥爭要開始得早。婦女選舉權鬥爭可以說正式起始於 1848 年在紐約州塞尼卡福爾斯舉行的婦女大會。1920 年美國憲法第十九條修正案標誌着婦女選舉權終於在美國完全實現。最後是黑人實現普選權。黑人的選舉權經歷了從無到有、有而復失、失而復得的反覆過程。黑人選舉權的鬥爭如果從南北戰爭算起，到 1970 年鬥爭目的實現，歷經百年滄桑，是一部人身解放史，也是一部血淚鬥爭史。

4. 平等原則的演變

平等原則通常意味着一人一票、票值相等。如前所述，平等原則實際上是與普遍原則的演進相互交織的，有些平等問題的解決實際上也是以普選權的實現為表現形式。在美國的議員選舉中最重要的三個平等問題，分別是區域平等、性別平等和種族平等。首先是區域平等的演進。美國建國之初，眾議院代表名額分配的基本原則是人口比例，而參議院分配的原則是各州不論人口多少，均選舉兩名參議員。參議員的選舉原則只是在制憲會議上有過爭論，後來確定後就再無改變；而眾議院議員選舉原則卻圍繞名額分配和選區劃分歷經幾次改革。從 1792 年至 1840 年，國會一直運用傑斐遜方法分配各州的國會眾議員人數，直到 1842 年，國會才制定了分配議席的新方法，將眾議院人數定為 223 人，實行一選區選一位眾議員的制度。這樣過去八十多年後，又經過劇烈鬥爭，最後 1929 年國會立法規定，將眾議院議員總數固定為 435 人。其次是性別平等的實現。美國婦女爭取選舉權的歷程也是一波三折。如果從 19 世紀上半葉開始算起，到 1920 年最終取得勝利，其間歷經七十多年。一般認為，美國婦女爭取選舉權的運動經歷了四個階段：19 世紀 30 年代到美國內戰之前是選舉權鬥爭的發起階段，這一階段鬥爭總體上較為溫和；1861 年至 1869 年是選舉權鬥爭的興起階段，這一階段選舉權鬥爭形式趨於激進，並與黑人選舉權問題相互交織；19世紀70年代至20世紀初是選舉權鬥爭的發展階段，這一階段選舉權鬥爭呈現組織化、成熟化的特點；1909年到1920年是選舉權鬥爭的勝利階段，這一階段婦女選舉權改革已經勢不可擋。最後是種族平等的實現。黑人作為奴隸，一開始並沒有作為人的身分，所以沒有人考慮他們的選舉權問題。後來部分州的自由黑人可以參加投票，但是直到美國內戰前黑人基本上是沒有選舉權的。1861年至1865年美國內戰改變了這種局面，為了獲得戰爭的勝利，北方控制的聯邦政府不僅給予黑人以人身權利，也賦予他們以選舉權利。但是法案的通過並沒有很快轉化為現實，種族主義分子想方設法剝奪黑人選舉權，讓他們沒辦法行使選舉權，導致大量黑人沒辦法登記為選民。直到20世紀50年代中期到60年代中期美國興起的民權運動，才最終使黑人獲得了名副其實的選舉權利。

（二）啟示

1. 時間節點

回顧選舉制度的變遷可以發現幾個重要的時間節點，在美國議會選舉制度的演變過程中發揮了重要的作用。這幾個重要的時間節點為：一是獨立戰爭（制憲會議）；二是南北戰爭；三是第一次世界大戰；四是第二次世界大戰。獨立戰爭的勝利，讓美國擺脫英國的殖民統治，走上獨立的道路。獨立戰爭讓美國人民的權利意識覺醒，讓人們認識到"選舉權不僅體現了一種社會責任，更是一項能夠保護個人利益的政治權利"[58]，這促進了白人成年男子選舉權的實現。隨後的制憲會議上，確定了眾議院的直選原則和國會兩院議席分配的平等原則。南北戰爭不僅讓黑人獲得了解放的機會，也讓婦女獲得了解放的機會。所以黑人的選舉權在南北戰爭後，獲得了憲法第十三、十四和十五條修正案的支持，婦

58　晏虹：〈美國選舉權財產資格的廢除及其意義〉，《史學研究》，2006年第4期，第31頁。

女圍繞選舉權的鬥爭也此起彼伏。參議員的選舉原則在 1866 年也進行了一次重要的改革。第一次世界大戰結束後，婦女選舉權鬥爭在 1920 年終於取得了勝利。第二次世界大戰結束後興起了民權運動，最終黑人選舉權鬥爭在 20 世紀 60 年代取得了勝利。所以，從美國選舉制度的發展歷程來看，幾次戰爭均成為重要的推動因素或歷史契機。當然，戰爭作為一種歷史事件，所提供的是一種宏觀的外部環境，在這種環境中，各種因素的衝突趨於激烈化，會讓一些和平時期所隱藏的因素更加凸顯出來；但這種作用的產生最終還是依賴於主體因素的互動。

2. 影響因素

除了戰爭的因素，美國選舉制度的發展當然還有其他的影響因素。范偉認為，"影響美國人獲得選舉權的主要因素有財產、種族和性別。"[59] 這可謂也指出了美國人在獲得普選權道路上的三大障礙。這三大障礙可以說在美國建國之前就已經存在。財產是較早的選舉資格限制之一，是為了排斥窮人或無產者；種族限制和性別限制基於社會身分的限制，黑人一開始是奴隸身分，不具有獨立的人格，婦女一開始也是依附於男性，一般由家庭中的男性代表行使選舉權。選舉權的財產方面限制最早在殖民地時期就已廣泛存在，這導致了只有很少一部分人口享有或使用其選舉權。經過社會的發展變化，人們觀念產生變遷並進行持續的鬥爭，到內戰前，美國各州在憲法中廢除了選舉權的財產限制，從憲法規定上實現了白人成年男子的普選權。一般來說，正是 1857 年北卡羅來納最終為選舉權的財產資格限制畫上了句號。換言之，美國選舉權的財產資格限制在這一年才終止。[60] 所以相較而言，財產資格限制是較早得到解決的問題，但是種族問題和性別問題卻是長期以來美國選舉民主發展的絆腳石。在白人成年男子普選權實現以後，黑人選舉權和婦女選舉權問題卻沒有得到解決，婦女的選舉權問題通常被置若罔聞，黑人

59　范偉：〈美國公民選舉權的歷史演進〉，《改革與開發》，2014 年第 21 期，第 42 頁。
60　晏虹：〈美國選舉權財產資格的廢除及其意義〉，《史學研究》，2006 年第 4 期，第 33-34 頁。

的選舉權被剝奪殆盡。[61] 如前所述,黑人選舉權問題在歷經百年滄桑後於 20 世紀 60 年代才得以解決,婦女選舉權問題歷經 70 多年的鬥爭才取得勝利。總之,財產、種族和性別因素指出了推動美國選舉權發展的三大主體因素:無產者、黑人和婦女。他們一開始是政治權利方面的弱勢群體,經過自身的不懈鬥爭和諸多外部因素的綜合作用,才推動了美國選舉制度的演變與發展。

當然,在美國選舉制度的變遷方面,還有一個重要的推動因素,就是政黨政治。[62] 自美國建立以來,政黨政治在選舉制度的構建與演變方面就扮演着不可或缺的作用。在制憲會議上,"奴隸制的保留,佔人口一半的婦女、非洲裔美國人(African Americans)和美洲原住民(Native Americans)選舉權被剝奪,不平等的選舉制度" 等,都是美國不同派別政治精英們相互博弈的結果。美國內戰後,黑人選舉權議題和廢除財產資格、實行白人成年男子普選權也是南部改革者和北部力量相互鬥爭的結果。[63] 婦女選舉權鬥爭的最終勝利離不開婦女黨領導的抗爭以及威爾遜總統的支持;[64] 而參議員直選改革最早由平民黨人突出,後來參議院內部的進步主義共和黨又是其直接推動力量。這些都表明,在美國選舉制度的變遷中,政黨政治(早期是派別)自政黨在美國產生以後就一直發揮着重要作用。

61　晏虹:〈美國選舉權財產資格的廢除及其意義〉,《史學研究》,2006 年第 4 期,第 35 頁。

62　張聚國:〈從特權到普遍性權利:美國公民選舉權的擴大〉,《南開學報》(哲學社會科學版),2010 年第 1 期,第 34-35 頁。

63　雷海燕:〈美國政治選舉中的非民主因素〉,《上海行政學院學報》,2010 年第 6 期,第 22 頁;晏虹:〈美國選舉權財產資格的廢除及其意義〉,《史學研究》,2006 年第 4 期,第 35 頁。

64　恬嵋:〈美國婦女選舉權鬥爭的勝利及其實現〉,《中國婦女運動》,2010 年第 7 期,第 43-44 頁。

第三章

日本國會選舉制度的變遷模式

日本國會選舉制度經歷了一個怎樣的變遷歷程？如今又位於何處？要回答這一問題，除了對史實的詳細梳理外，更關鍵的是要確立測量選舉制度的幾個維度，如此循跡追蹤，方能定位其發展坐標。目前測量選舉制度的最為經典的框架，莫過於達爾提出的"競爭—參與"二元論。但是，達爾的框架因純粹基於歐美經驗而顯得有些狹隘。實際上，直接化和理性化亦是測量選舉制度演進的兩個重要指標。因此，本章將在豐富達爾框架的基礎上，從直接化、競爭化、包容化和理性化四個維度出發，分別考察日本國會選舉制度在這四個方面的演進，以期能描繪出日本國會選舉制度的發展圖景，並定位其當下狀態。

一、反覆權衡之後的直接選舉制度

　　所謂選舉制度直接化，是指選舉制度安排從間接選舉進化到直接選舉的一個過程。由於間接選舉是一種以下層委託代理為基礎的逐步向上收縮選舉人範圍的複選制，雖然通過授權傳遞機制其也滿足人民同意的基本原則，同時還可能具有降低制度成本、過濾選舉人素質等實際優勢，但與直接選舉相比始終仍是更不接近民主的理想形態，因為選舉權作為一種非常特殊的政治權利和公民義務，一般情況下不能委託他人代為行使。[1] 因此，從發揚民主規範的角度來看，一般認為直接選舉優於間接選舉，故直接化亦是觀測選舉制度發展的一柄標尺。

　　雖然日本從 1889 年第一部《眾議院議員選舉法》開始就實行國會直接選舉制度，但實際上在設計第一部選舉法的過程中也經歷過間接選舉和直接選舉的搖擺，只不過後來直接選舉思路佔據上風，方才最終實

1　　何俊志：《選舉政治學》，上海：復旦大學出版社，2009 年，第 39 頁。

行。1881 年，在明治天皇答應於 1890 年召開國會之後，以伊藤博文為首的政府官員便開始訪歐尋憲，最終決定採用與日本實際情況更為接近的德國道路。因此，不僅之後頒佈的明治憲法具有濃厚的普魯士憲法色彩，連第一部選舉法的起草，都是在徵求德國專家意見的基礎上，通過反覆比對德、日情況才最終形成的。

一開始，伊藤博文在訪歐期間深受格耐斯特（Heinrich Rudolf Hermann Friedrich von Gneist）的影響，因而他一直主張日本國會應採用間接選舉制度。後來伊藤博文回國組建"制度取調局"開始立憲工作之後，這一思路也一直貫穿其中。1884 年至 1885 年形成的最初的國會規則草案，就是採取一種由府縣會選舉國會議員的間接選舉方式。後來的國會議員選舉法案和國會規則案雖然略有更改，但依然採用間接選舉制度，規定先由全體有選舉權者在郡區選出 5 名以內的代表，再通過代表集會選舉出國會議員。再後來 1887 年伊藤博文甚至委託作為格耐斯特高足的毛瑟（Albert Mosse）負責起草一部採用間接選舉制的國會選舉法。[2]

但是，當時作為"制度取調局"一員的井上毅反對毛瑟的選舉法草案，認為這份草案施行後會具有許多缺陷：一來地方議會會成為政黨相互競爭傾軋的場所；二來有壓制少數的危險；三來准許國會議員兼任縣會議員，將使中央的政治爭端波及到地方。不過，毛瑟在對井上毅的回覆中還是堅持應該採用間接選舉制度，理由如下：首先，間接選舉使得整個國家政制的基礎可以置於優質的選舉人與被選舉人之上，這些人通達地方利需、實踐公共事務且多少知曉政務，同時他們還熱心謀求經濟利益並會維護國家；其次，間接選舉無需通過那種令人厭惡的有限制的選舉方法就能抑制賤民的勢力，如此還可防範因政黨煽動而帶來的民粹主義；最後，間接選舉能節約政府和個人的成本，節流之錢還可轉而發

2　〔日〕升味準之輔：《日本政治史》（第一冊），董果良譯，北京：商務印書館，1997 年，第 224 頁。

展實業。還有一名德國顧問羅耶斯勒（Carl Friedrich Hermann Roesler）持有與毛瑟對立的觀點，他主張採用有限制的直選制。在羅耶斯勒看來，日本要保持堅實有力的君主制，必須警惕中產階級的出現，因為他們會帶來反君主的自由主義，而間接選舉勢必會壯大那些富裕的中產階級的勢力。但是，他對德法所採用的那種無限制的普選制也並不贊成，因為其無法排除賤民的影響。因此，羅耶斯勒建議日本的國會選舉應該採用有限制的直接選舉制度。[3]

面對間選論和有限制的直選論之爭，立法者實際上最在意的還是中央黨爭對地方的傾軋和滲透，其中尤為擔心反對政府的自由民權派會藉選舉制度在上下大做文章，進而給政府施政帶來各種麻煩。在比較兩種選舉方案之後，立法者發現間選制有將中央和地方聯結起來的危險。"如建立由郡會或町村會複選下院議員的制度而開設國會，則在國會中成為政府的反對黨並給予政府的工作以妨礙的人，必與選出議員的各郡村的議會往復通信，互相結為一個黨派，在國會會議上反對政府，在郡村的會議上妨害地方事務，在大小政務的各個方面逞其奸計。"而且，"就這樣的選舉對政黨提供的便利而言，籠絡少數幾名郡會議員或村町會議員，使他們按照自己一方的意願辦事，比籠絡全國一般人民，使他們按照自己一方的意願辦事要容易得多。"[4] 因此，最終立法者還是選擇有限制的直選制作為選舉國會議員的辦法，亦即日本的國會選舉實踐從起始時就採用直接選舉制度。

二、自由選舉與競爭化趨勢

具體而言，在現代選舉實踐中，用以體現自由選舉的制度安排莫過於兩類：一類是有派別之分的差額選舉制，典型做法是引入競爭性政黨

3　〔日〕升味準之輔：《日本政治史》（第一冊），董果良譯，北京：商務印書館，1997 年，第 224-225 頁。

4　〔日〕升味準之輔：《日本政治史》（第一冊），董果良譯，北京：商務印書館，1997 年，第 225-226 頁。

政治；另一類是能確保選民自由表達意志的合理程序，典型做法是秘密投票。因此，要考察日本國會選舉制度在競爭性方面的演進，可以從政黨政治和秘密投票制度這兩個具體方面切入。

日本政黨起源於 19 世紀 70 年代的自由民權運動。在藩閥政府倒幕建立明治政權後，原先受封建制度蔭蔽的下層士族因改革而陷入艱難處境，日漸不滿。[5]在征韓一事上，征韓派本想通過對外擴張來轉移國內士族矛盾，但不料與內治派鬥爭失敗，只好下野出走。出走後的征韓派又分裂為兩支，一支糾眾造反，結果事敗身亡；另一支在進步知識分子的影響下開始轉向倡議西式民主，後又與反對政府重稅的農民以及部分地主豪商階層結合起來，開啟了席捲全國的自由民權運動，並迫使天皇下達開設國會的詔令。日本政黨正是在這場浩浩蕩蕩的自由民權運動中逐漸成型的。從最初 1874 年成立的 "愛國公黨"，到 1875 年各地合併成的全國性組織 "愛國社"，再到 1880 年自由民權運動高潮時期成立的 "國會期成同盟"，標誌着具有現代意義的日本政黨得以正式形成。[6]

1890 年國會開設後，活躍於眾議院的政黨勢力雖因時期不同而林林總總、名目繁多，但歸根結底無非 "吏黨"（親政府）和 "民黨"（親民眾）兩派。[7]不過，由於明治憲法框定下的帝國議會制度的保守性，使得無論是何種政見的政黨，最終都不得不回歸於體制內尋求支持和權力。因而起初還與政府勢力鬥爭激烈的民黨，慢慢也變成與吏黨相互 "提攜" 的保守存在，到後期為了爭奪權力甚至於執政時動用政府力量破壞在野黨競選，大失民主之義。而且從政黨競選的相關制度來看，政府從一開始實行選舉就通過《集會條例》《保安條例》《出版條例》和《新聞報紙條例》等一系列法律規章限制競選活動。後面幾次選舉法修改除增加競選活動限制外，還憑藉選舉管理行政化、"公營選舉" 法制化、

5　〔日〕御廚貴，佐佐木克：《倒敘日本史 01：昭和・明治》，楊珍珍譯，北京：商務印書館，2018 年，第 206-209 頁。

6　林尚立：《日本政黨政治》，上海：上海人民出版社，2016 年，第 14-16 頁。

7　二戰前日本雖然也有極少數社會主義政黨議員當選，但由於一直遭受壓制，不成氣候，故略去。

處罰條例嚴格化等措施進一步加大政府對選舉的管制。[8]

　　1900 年與 1925 年，伴隨着兩次選舉法修改出台的《治安警察法》和《治安維持法》更是將競選活動置於暴力機關的監視之下。不僅如此，政府對競選活動的厲行干預從 1890 年第一次選舉開始就出現，其後愈演愈烈。最初"超然內閣"時期主要體現在藩閥政府對民黨競選的干預，後來政黨內閣出現後，就演變成執政黨通過政府力量對在野黨競選的破壞。而在野黨為應付這一情況，又不得不採取賄選的方式拉攏選票，這進一步刺激政府通過"規制選舉"的策略來加以應對，使得競選自由愈發受限。這一趨勢發展到帝國後期的極端狀態，就變成"大政翼贊會"吞沒諸黨的軍事法西斯一黨獨裁制，此時競爭性政黨政治被完全取代。[9] 不難看出，雖然日本在首開國會選舉之後就實行競爭性政黨議會政治，但由於皇權至上的帝國政制框架，使得起初"爭奇鬥艷"的政黨形態最終也不免淪為"舉國體制"的附庸而散失民主代議的意義。從總體的趨勢來看，第二次世界大戰前日本政黨政治的競爭性是逐步衰弱的，因為政府通過或明或暗的手段壓制甚至是破壞政黨選舉活動的程度越來越強，使得政府敵對黨無法與其他政黨公平競爭，只能憑藉賄選方式謀求生機，故而選舉競爭性被大大削弱。

　　第二次世界大戰後，和平憲法的出台讓日本成為一個真正意義上的立憲君主制國家，再加上對戰前帝國時期那些用以管制和監視政黨競選的週邊條例的廢除，使得日本的政黨制度環境煥然一新。不過，戰後出台的選舉法還是堅持之前的限制競選活動的思路，並且初期的選舉管理事宜仍然由行政機關負責。直到 1947 年新憲法框架下的第一屆國會產

8　當選舉管理都交由政府時，政府很容易干預選舉進而妨害政黨競爭。因為這一時期地方行政長官都由中央任命且地方公共資源都由中央分配，所以管理選區選舉的地方官員為交換利益，會聽從某一黨派控制的中央政府的命令去"方便"自己人選舉或破壞敵對黨選舉。其中，"公營選舉"藉由向政黨競選提供公共設施來方便政府管控競選過程，日益增多的選舉處罰名目則為警察破壞競選活動提供藉口。為避免重複，相關制度細節在這裏不詳細敘述，具體可參見後文涉及選舉管理的"理性化"部分。

9　李海英：《日本國會選舉》，北京：世界知識出版社，2009 年，第 18-52 頁。

生後，盟軍司令部才要求成立專門負責各類選舉事務的全國選舉管理委員會，以維護國會選舉的公正。除要求成立選舉管理委員會之外，盟軍司令部還提出應修改選舉法中限制競選宣傳的保守規定，提升選舉自由度。針對此事，政府本拿出了一份非常滿足盟軍司令部意見的《選舉法修改綱要》，但國會的冷淡態度使這份法案不了了之，最後國會親自制訂並通過了《公職選舉法》，於 1950 年公佈。[10]《公職選舉法》整合了包括眾議院、參議院、地方議會、地方行政長官和教育委員會選舉在內的所有規定，但對於盟軍司令部提出的關於解禁競選宣傳的要求，明顯避重就輕，只放寬了對事前逐戶訪問的限制，允許候選人訪親走友，而對於言論和書面宣傳的限制卻紋絲未動。

1951 年和 1952 年《公職選舉法》的修改不僅進一步加強對競選活動的限制，而且還取消了全國選舉管理委員會並以新設的自治廳加以替代，足見其保守態度。[11] 好在隨着《公職選舉法》的發展，日本國會選舉管理機構又重新由公正的選舉管理委員會充任並延續至今，這使得選舉規制雖然絲毫不減，但仍不至於成為當政者用以打擊政敵的工具，進而破壞政黨競爭，重蹈戰前帝國時期的覆轍。因此，戰後日本的政黨競選格局大致呈現出一種強規制下的公平競爭狀態，即雖然政黨的競選自由受到嚴格約束，但這是面對所有政黨而言的，既無制度上的區別對待，同時又以相對公正的選舉管理機構設置避免執行上的偏私，故而在較大程度上有利於保證政黨在選舉競爭中的公平地位。不過需要說明的是，制度上的絕對公平主要集中在競選限制和選舉罰則這類禁止性條款上，而涉及到准入標準的規定還是明顯有利於大黨的，比如候選人提名制度和候選人保證金制度等。這也提醒我們不能對第二次世界大戰以來日本的政黨競爭水平抱有完全樂觀的評價，因為雖然其國會選舉制度基

10　《綱要》提出解禁選舉前期舉行競選活動以及逐戶訪問的規定，解除對構成選舉限制體制"兩大支柱"的言論與書面宣傳的制約，規定候選人可以自由設置個人演說會，一切有關競選活動的新聞廣告均自由化等。參見李海英：《日本國會選舉》，北京：世界知識出版社，2009 年，第 68 頁。

11　李海英：《日本國會選舉》，北京：世界知識出版社，2009 年，第 53-72 頁。

本保證了政黨競選的公正，但在候選准入上還是具有大黨偏向，不利於充分展現被選舉主體的豐富性，使得日本國會選舉制度的競爭性略受影響。

至於秘密投票制度，日本直到 1900 年選舉法修改後才開始實行。1889 年頒佈的第一部選舉法規定，投票方式據選區劃分為一人區還是二人區而採取一人單記制或二人連記制，並且都是記名投票。具體而言，在選票上除了填寫候選人姓名外，還必須寫上選舉人姓名及住址，並加蓋本人印章。[12] 1900 年，隨着資本主義經濟的發展，政府為了吸納新工商階層和向民黨議員交換支持增收田賦法案的選票而進行了選舉法修改。此次選舉法修改除了為增加新工商階層進入眾議院概率而施行的大城市獨立選區制略有失選舉平等外，其餘舉措均在不同程度上增進了民主化水平，其中較為重要的一項制度變革就是開始實行無記名投票制。這一制度保障了秘密投票原則，使得日本民眾可以在祛除外部權威壓力的情況下隨心所欲地表達自身的選舉意見，大大提高了選舉的自由化程度；但由於仍採取手寫式投票方法，對選舉人文化水平有所要求，故在一定程度上還有妨投票自由。1945 年《眾議院議員選舉法》修改本想將原先手寫式的投票方法改成標記式的，使得不識字者也可自行投票，但當時負責答疑的內務省地方局長斷然予以否定，認為手寫式投票是日本的傳統，甚至提出不能手寫者也不應該投票的觀點，因而沒有完成修改。[13] 直到 1994 年新修訂的選舉法出台，日本才最終應用了標記式投票方法。不難看出，日本的秘密投票原則實際上很早就得到貫徹，但其在增進無文化者的投票自由方面一直持比較保守的態度，使得標記式投票方法在晚近才得以推行。不過從今天的角度來看，日本的選舉投票制度早已達至民主規範，其加強了日本國會選舉制度的競爭化水平。

在選舉競爭模式方面，日本曾經在相當長的一段時間內採用相對多

12　李海英：《日本國會選舉》，北京：世界知識出版社，2009 年，第 17 頁。

13　李海英：《日本國會選舉》，北京：世界知識出版社，2009 年，第 58 頁。

數決制的選舉制度。不過與其他相對多數決制不同的是，日本國會眾議院選舉的相對多數決制的選區規模並不固定。從 1947 年開始穩定下來的計票模式，被學術界稱為是單記名非讓渡投票制（SNTV）。從 1994年開始，日本國會的選舉制度都融入了比例代表制的成分，從而成為著名的混合選舉制度的國家。不過，與德國的混合選舉制度不同的是，在日本國會的混合選舉制度中，多數決制和比例代表制是獨立運行的，分別計算選票和席位。

日本的選舉自由和競爭原則在經歷初引入時期的劇烈波動之後，從1955 年開始逐漸進入了相對穩定狀態。這種選舉競爭的穩定狀態，主要體現為競爭性選舉之下的自民黨 "一黨獨大" 體制。顯然，"一黨獨大" 體制的形成，與這一時期的選舉制度之間有着直接的關係。有日本國內學者認為，從政治發展的角度看，這種 "一黨獨大" 體制及其對應的選民投票行為表現出的 "支持性參與" 模式的結合，是日本在這一時期能夠保持經濟增長和促進平等分配的政治基礎。[14]

三、包容化與選舉權的開放

選舉作為實現現代民主的一種制度工具，以民主價值為依歸。因此，能否讓全體人民平等地擁有選舉權利以表達政治意見，是衡量選舉制度狀態的一個重要標準。這實際上就是達爾框架中所謂的 "參與"，亦可稱之為包容性，其以選舉普遍原則和選舉平等原則為規範：前者強調選舉權利應遍及大眾，後者強調選舉權能應人人無別。因此，要考察日本國會選舉制度在包容化維度的演進，需要着重關注與選舉資格和選舉權能相關的規定。

幕府末期，外國勢力的入侵打破了日本的政治格局。原先處於政治邊緣地位的天皇和諸藩開始趁機崛起，轉攘夷為倒幕，最後聯手推翻了

---

14 〔日〕蒲島郁夫：《戰後日本政治的軌迹：自民黨體制的形成與變遷》，郭定平等譯，上海：上海人民出版社，2014 年，第 19 頁。

幕府統治，並於 1868 年建立了以明治天皇為核心的藩閥政府，史稱明治維新。作為日本現代化的起點，明治維新後的日本政治出現了一些新景象，其中包括議會政治雛形的形成。1868 年閏四月頒佈的《政體書》規定，新政府採取太政官體制，"天下之權力全歸於太政官"，太政官下設議政、行政、神祇、會計、軍務、外國、刑部七官。其中，議政官為立法機構，以從宮、公卿、諸侯中任命的議定和從諸藩士中任命的參與組成作為決議機關的上局，以每府、縣、藩各推舉的一名貢士（代表）組成作為諮詢機關的下局，以實行輿論公議。同年十月又制定了藩治職制，以中央政府任命的執政與參與取代原先各藩理政的門閥世襲的家老，"體察朝權，輔佐藩主"；同時為使各藩的國政與家政分離，還令各藩推舉 "乘奉朝命，代表藩論" 的公議人一名，組成公議所。[15] 不難看出，此時日本雖尚無選舉意義上的議會，但在國家層面已然形成具有代表性的議會形態，當然政治權利只向部分上層貴族開放，並不囊括普通民眾，而且權力十分有限。即便如此，這一制度仍然難逃曇花一現的命運。1869 年 7 月，政府便改變《政體書》中具有三權分立色彩的太政官制，重新恢復千年前的大寶、養老古制，直到 1871 年 7 月廢藩置縣改革成功後，才又改成左、正、右三院形態的太政官制，但此太政官已非同從前。[16]

　　實際上，日本的國會選舉制度直到 1889 年明治憲法頒佈才真正確立。早在明治維新初期，明治天皇就曾許下立憲的五條誓約，但後來立憲之事一直未提上日程，並且政制也從最初三權分立的太政官制改為日趨保守。此舉本就使某些自由民權派不滿，後來下野征韓派的融入，更是直接引發遍及全國的自由民權運動，要求政府實行民主立憲改革。在

---

15 〔日〕升味準之輔：《日本政治史》（第一冊），董果良譯，北京：商務印書館，1997 年，第 102-103 頁。

16 〔日〕升味準之輔：《日本政治史》（第一冊），董果良譯，北京：商務印書館，1997 年，第 103、114 頁。三院太政官制具體表現為：正院由天皇總領，在太政大臣、左右大臣輔弼，參議與參與下處理政務；右院分外務、大藏、兵部、司法、文部、工部、宮內、神祇八省，各司其職；左院由議長總領，為正院的諮詢機關，審議立法。

這股趨勢的裹挾下，天皇先於 1875 年下達關於實行立憲政體的詔書，並旋即開設了府縣會（地方議會），讓人民參與地方政事。但此舉並未讓人民滿意，反而使民意與持續的自由民權運動匯流，使得國會論日益甚囂塵上。後來自由民權派抓住一個政府販賣國產的事件，將其與開設國會的要求結合起來大肆製造輿論，致使物議沸騰，最終迫使天皇於 1881 年下達 1890 年將開設國會的詔書。[17]1883 年，政府派遣以伊藤博文為首的代表團前往歐洲列國考察憲法，以為日憲的制訂提供藍本。考察期間，伊藤博文受德國國家理論影響，決心仿效將君主主義與議會主義結合起來的普魯士憲法，以 "鞏固皇室的基礎和大權不墜"。[18]1884 年代表團歸國後，伊藤博文着手建立了 "制度取調局"，為準備制訂憲法進行了包括設立內閣制度在內的一系列改革，[19] 至 1886 年開始起草憲法，終於 1889 年頒佈。在制憲過程中，政府除考慮該採取何種政體之外，最關心的莫過於該搭配何種國會選舉制度。經反覆斟酌，伊藤博文等人於 1887 年起草了《眾議院議員選舉法》，亦於 1889 年通過。

明治憲法（《大日本帝國憲法》）確立了天皇主權原則，規定 "天皇在帝國議會的協贊下行使立法權"，而 "帝國議會由貴族院和眾議院組成"。根據《貴族院令》的規定，貴族院議員的產生有兩種方式：主要方式是從皇族及華族（世襲的公、侯、伯、子、男爵）中選舉產生；還有一種方式是通過天皇任命。任命對象包括於國有功者、有學識者，以及府縣層面相互推舉出的多納稅者。雖然憲法基本賦予貴族院與眾議院以同等職權（除貴族院有預算先議權之外），但貴族院不可解散，且貴族院議員可世襲。[20] 由此可以看出，雖然明治憲法開啟了日本的國會選舉制度，但其構造具有明顯的貴族偏重色彩，而且貴族院建制與國家

---

17 〔日〕御廚貴，佐佐木克：《倒敘日本史 01：昭和・明治》，楊珍珍譯，北京：商務印書館，2018 年，第 235 頁。

18 〔日〕升味準之輔：《日本政治史》（第一冊），董果良譯，北京：商務印書館，1997 年，第 212 頁。

19 湯重南、王仲濤：《日本近現代史・近代卷》，北京：現代出版社，2013 年，第 219 頁。

20 〔日〕遠山茂樹：《日本近現代史》（第一卷），鄒有恆譯，北京：商務印書館，1983 年，第 88-89 頁。張宇：《日本政治現代化發展進程研究》，山西大學碩士論文，2013 年，第 13 頁。

勳爵制度聯繫起來，成為上層新老貴族調和與捍衛利益的處所。

至於眾議院議員的選舉，《眾議院議員選舉法》規定了詳盡的選舉人、被選舉人資格和選區劃分方式。選舉人資格包括："第一，日本的男性臣民，年齡滿 25 歲以上者。第二，在編制選舉人名冊時已把本府縣定為原籍，且定居滿一年以上並仍繼續居住下去者。第三，在選舉人名冊編成時已在本府縣交納 15 日元以上直接國稅一年以上並將繼續交納者，但對於所得稅，要限於在選舉人名冊編成時已交納三年以上並將繼續交納者。" 被選舉人資格除年齡限定於 30 歲以上，其餘條件均與選舉人資格相同。但是，華族、現役軍人、瘋癲白痴以及一定程度的破產或犯罪者不具有選舉權和被選舉權；國家公職人員、轄區內地方官吏、選區內與選舉管理相關的市町村職員以及神職人員不具有被選舉權。[21] 選區採用小選區制劃分方式，將全國 716 個郡分成 257 個選區，每 18 萬人選出一名議員，超過 18 萬人選出兩名議員，最後劃出一人區 214 個，二人區 43 個，共計選出 300 名眾議院議員。對於為什麼要將納稅資格定為 15 日元，作為選舉法起草人之一的林田龜太郎說："除了因為 300 名議員要有約 45 萬選舉人外，另無其他用意。" 後來 1890 年第一次眾議院選舉也證明，選舉法規定的選舉人門檻確實能將選舉人數限制在 45 萬左右，首次眾議院選舉中，有選舉權者共 453000 人，約佔全國總人口的 1.1%。[22] 不難看出，此時即便是眾議院選舉，其包容化程度仍然很差，因為全國只有約 1% 的人口能夠參與選舉，女性和無產者被排除在外。[23]

明治憲法框架下的《眾議院議員選舉法》一直施行了十年才進行第一次修改。為進一步促進工商業發展且讓民黨議員更加支持政府的增收

21　李海英：《日本國會選舉》，北京：世界知識出版社，2009 年，第 17 頁。

22　〔日〕升味準之輔：《日本政治史》（第一冊），董果良譯，北京：商務印書館，1997 年，第 226-227 頁。

23　事實表明，1890 年第一次大選中，過半數眾議院議員是地主，且多為中小地主階層出身；而貴族院議員中佔多額納稅者議員半數以上的是五十町步以上的大地主。參見〔日〕遠山茂樹：《日本近現代史》（第一卷），鄒有恆譯，北京：商務印書館，1983 年，第 100 頁。

田賦法案，伊藤內閣在第十二屆（特別）國會上提出了眾議院議員選舉修改案。修改主要圍繞着擴大選舉權而展開，內容包括："一切城市（市部）均作為獨立選舉區，每 5 萬人選出 1 名議員；郡部（各郡）是府縣級大選舉區，每 10 萬人選出 1 名議員。這樣，市部（47 個市）的議員將為 113 名，郡部的議員將為 356 名。加上島嶼獨立選舉區的 3 名議員，議員的總數將達 472 人。在選舉資格方面，將原來的交納直接國稅 15 日元以上，改為交納田賦或地稅 5 日元以上或所得稅和營業稅 3 日元以上。這樣，有權投票者的人數預計達 200 萬人，即增加到原有人數的 5 倍。"[24] 這個提案雖然以修正案形式在眾議院通過，但政府並不想接受這個修正案，故通過貴族院使其成為廢案。在第十三屆國會上，這個提案又幾乎原封不動地被提出，但經眾議院和貴族院幾輪修正後，又因兩院無法達成一致而被廢除。直到第十四屆國會這部選舉修改案第三次被提出後，經兩院修改和協商，才最終以 151 票對 126 票在眾議院通過，並於 1900 年公佈。最後確定的修改內容為：實行大選區制，以府縣為單位劃分選區。人口 3 萬人以上的市部劃分為獨立選區，每 3 萬人選出一名議員；人口不足 3 萬人的市部和郡部則是每 13 萬人選出一名議員。議員的總數為 369 人。選舉人資格為 25 歲以上的交納直接國稅 10 日元以上的男子，取消"以選區為原籍"的規定。被選舉人資格為 30 歲以上的男子，廢除對被選舉人納稅資格的限定。在"不具備被選舉資格"一項中增加了"小學教師"這一身分，理由是"為避免承擔義務教育的教師為政治提供服務、或為其本人及關係親密的候選人進行不當宣傳，以確保選舉的公平"。[25] 最終通過的選舉法修改案雖然比原案保守得多，但還是進一步擴大了選舉人和被選舉人範圍，加強了選舉的普遍性；不過，政府為了吸納新工商階層而採取的偏重於大城市的選舉

24　〔日〕升味準之輔：《日本政治史》（第二冊），董果良譯，北京：商務印書館，1997 年，第 305 頁。
25　〔日〕升味準之輔：《日本政治史》（第二冊），董果良譯，北京：商務印書館，1997 年，第 316-317 頁。李海英：《日本國會選舉》，北京：世界知識出版社，2009 年，第 22 頁。

政策，卻破壞了城鄉間的選舉平等。所以總體而言，此次選舉法修改並未大幅增進日本國會選舉制度的包容化水平。

1912 年，明治天皇逝世後，皇太子嘉仁親王繼位，改元大正，自此日本開始進入大正時代。這一時期是日本明治維新以來一個前所未有的盛世。一方面明治維新所開啟的各種現代化改革在此時已日趨成熟和穩定，另一方面第一次世界大戰在歐洲爆發也給外商投資日本創造機遇。在內外有利條件的交織下，日本資本主義經濟獲得長足發展，同時日益壯大的中產階層也開始不斷要求一個以普選為中心的民主政治。再加上第一次世界大戰結束後國際上開始盛行民族自決風潮，使得日本民主主義運動日益壯大，史稱大正民主運動。正是在這一股民主潮流的衝擊下，日本政府對《眾議院議員選舉法》進行了第二次修改。1919 年，原敬內閣組閣後隨即向國會提出選舉法修改案。修改內容主要包括兩方面：一是擴大選舉權，將選舉資格從交納直接國稅 10 日元以上下降到 3 日元以上；二是恢復小選區制，以郡為單位來劃分選區。前一項改革主要是為了因應當時已廣泛開展的普選運動，後一項改革主要是為了防止社會主義者進入國會。[26] 這份選舉法修改案在兩院均取得共識，最後順利通過並頒佈執行。在選舉法修改後的第一次大選中，總議席增加到了 464 個，同時全國有投票資格的人數也由原先的 142 萬人增加到 307 萬人，不過這也僅佔總人口的 4.6%。[27] 因此，此次選舉法修改雖然再次擴大了選舉人範圍，但還遠達不到民主主義運動所要求的普選。

廢除納稅資格意義上的《普選法》直到 1925 年才正式出台。原敬首相去世後，元老院唯二的西園寺和松方推薦清浦成立以貴族院研究會為中心的"貴族院內閣"。面對這一"特權內閣"，此前執政的政友會內部對其有不同態度。主張與清浦內閣相互提攜的保守派成員最後被主

26　〔日〕升味準之輔：《日本政治史》（第二冊），董果良譯，北京：商務印書館，1997 年，第 517-
　　518 頁。〔日〕御廚貴，佐佐木克：《倒敘日本史 01：昭和・明治》，楊珍珍譯，北京：商務印書
　　館，2018 年，第 47 頁。
27　〔日〕升味準之輔：《日本政治史》（第二冊），董果良譯，北京：商務印書館，1997 年，第 521 頁。

張反對清浦內閣的激進派成員退黨,重新組成作為清浦內閣友黨的政友本黨。而以剩餘激進派成員為主的政友會則聯合另外兩個民黨(憲政會和革新俱樂部)展開了護憲運動,在清浦內閣解散國會重新進行選舉後,護憲三派共獲得 284 個議席,成為多數。其中憲政會獲得的議席最多,成為第一大黨。面對這一情況,松方去世後,當時僅存的元老西園寺只得奏請天皇,讓憲政會黨魁加藤出來組中間內閣。[28] 護憲三派內閣一經成立隨即起草《普選法》,後通過樞密院、眾議院、貴族院的三道關卡和層層妥協,方才最終問世。在選舉資格方面,《普選法》徹底廢除了選舉人的納稅資格限制,除"因貧困為生活而接受公私救助或扶助者"之外,年滿 25 歲的男性國民均擁有選舉權;被選舉人資格仍然是年滿 30 歲的男性國民,不過《普選法》加上了一個全新的候選人申報登記制度,並規定必須交納 2000 日元的保證金委託管理,未獲法定票數者其保證金將被沒收。在選區劃分方面,《普選法》首次採用 3-5 人的中選區制。雖然官方給出的說法是過去實行的大選區制和小選區制都有其缺點,故折中採用中選區制,但實際上是為了使組閣的三黨都覺得自己能在選區中當選。[29] 不可否認,相比之前幾次修改的《眾議院議員選舉法》而言,此次出台的《普選法》具有劃時代意義,因為其結束了以納稅資格限制選舉權的保守規定,大大增強了選舉普遍性。不過,雖然這部選舉法被冠以"普選"的名號,但其實際上還是把女性整體地排除在外,這與現代意義上的"普選"相比,仍然具有相當的距離;而且,即便男子選舉權已不受納稅資格限制,但其較高的年齡門檻仍然體現出制約色彩,因為從歐美近代的選舉立法實踐來看,選舉人年齡資格一般與民法規定的成人年齡(日本為 20 歲)一致,而《普選法》規定

---

28 〔日〕升味準之輔:《日本政治史》(第三冊),郭洪茂譯,北京:商務印書館,1997 年,第 569-570 頁。

29 〔日〕升味準之輔:《日本政治史》(第三冊),郭洪茂譯,北京:商務印書館,1997 年,第 570-573 頁。張靜:《日本選舉法中的選舉平等原則及其實踐》,南京師範大學碩士論文,2014 年,第 4 頁。李海英:《日本國會選舉》,北京:世界知識出版社,2009 年,第 36 頁。

的 25 歲門檻明顯遠高於此；[30] 再加上 "保證金制" 對候選人資格的變相限制，使其民主進步性被進一步削弱。

隨着 20 世紀 30 年代日本走上對外侵略道路，極右翼軍國主義勢力日益猖獗。為擺脫持續戰爭所帶來的內外交困狀態，近衛內閣試圖效仿德、意建立法西斯體制，推行以所謂的 "國防國家" 為目標的 "新體制運動"。在這場運動中，社會大眾黨、政友會、民政黨等黨派先後解散，而以近衛為首任總裁的 "大政翼贊會" 於 1940 年成立，最終形成代替政黨議會政治的軍事法西斯 "總力戰" 體制。[31] 這一狀態一直持續到第二次世界大戰結束後才發生變化。1945 年，日本戰敗投降後，美國佔領軍正式接管日本並要求日本重新制憲。除了來自美國方面的壓力外，日本本國國民也強烈要求制訂一部和平民主憲法，以維護和平並保障公民基本權利。在內外雙重壓力下，日本政府成立調查委員會，並於 1946 年提出憲法修改草案。但是，由於這份草案遠比想像中的保守，使得以麥克阿瑟（Douglas MacArthur）為首的盟軍司令部不滿，最後親自動手起草了一份 "麥克阿瑟草案"。日美圍繞 "麥克阿瑟草案" 進行多次協商修改後最終定稿，在經過兩院審議、樞密院諮詢和天皇認可後，於 1946 年 11 月 3 日公佈，史稱和平憲法（《日本國憲法》）。

和平憲法首先將天皇主權原則改成國民主權原則，規定天皇僅作為日本國的象徵，行憲定國事，但無國政權能；其次，開啟國會、內閣和法院分領立法權、行政權和司法權的三權分立模式，同時規定民選的國會為國家最高權力機關，並採用國會多數黨領袖組閣的議會政黨內閣制；最後，為謀求和平，不保持海陸空軍及其他戰爭力量，自願放棄交

30　李海英：《日本國會選舉》，北京：世界知識出版社，2009 年，第 35 頁。

31　1942 年東條英機任首相後，其內閣組建了 "翼贊政治體制協議會"，專門用以推薦眾議院議員候選人。對翼贊候選人，政府從臨時黨費中撥款加以援助；而非翼贊候選人，政府則通過警察、憲兵大肆妨礙競選。最終選舉結果中，翼贊候選人當選率高達 81.8%。雖然仍有 84 位非翼贊候選人當選議員，但最終還是與翼贊議員一起組成了 "翼贊政治會"（8 名非翼贊議員除外），使眾議院實質上成為一黨制。參見李海英：《日本國會選舉》，北京：世界知識出版社，2009 年，第 51-52 頁。

戰權。除了構成政制基礎框架的上述三點外，和平憲法還對國民基本權利有着詳細的規定。其中，和平憲法明確廢除了自明治維新以來一直存續的華族制度，同時規定國家勳獎不伴隨任何特權且無法世襲，強調法律面前人人平等。此舉打破了以勳爵制為基礎的貴族院制度，將國會兩院改成參議院和眾議院，均以國民選舉產生兩院議員，大大增強了選舉的平等性。此外，和平憲法雖然沒有明確規定國會議員選舉中選舉人和被選舉人的資格，但強調了平等的基本原則，提出不得以人種、信仰、性別、社會身分、門第、教育、財產或收入多少為原因區分國民的選舉權利。[32] 這不僅進一步重申了選舉的平等原則，同時也賦予女性以選舉權和被選舉權，其與 1925 年通過的針對男性的《普選法》相比，真正實現了國民意義上的普選。至於具體的選舉資格，早在 1945 年就通過的《眾議院議員選舉法》規定，年滿 20 歲的男女均享有選舉權，年滿 25 歲的男女均享有被選舉權。[33] 而 1947 年通過的《參議院議員選舉法》除了將被選舉人年齡門檻提高到 30 歲之外，其餘選舉資格均與眾議院選舉一致。[34] 至此，日本國會選舉制度的包容化程度基本達成了現代選舉規範所要求的普遍和平等原則。但之所以說 "基本"，是因為此時的選舉制度仍然保留着被選舉人的 "保證金制"。此舉雖不直接限制被選舉人資格，卻有財產上的變相限定之嫌，故還不完全滿足選舉權利的普遍原則。而且在之後的選舉法修改中，"保證金制" 不僅沒有被取消，

---

32 參見《日本國憲法》，載肖世澤編著：《日本國會》，北京：時事出版社，1990 年，第 235-250 頁。

33 〔日〕升味準之輔：《日本政治史》（第四冊），董果良譯，北京：商務印書館，1997 年，第 896 頁。徐萬勝，潘遠強，董琦《戰後日本政治》，天津：南開大學出版社，2009 年，第 188 頁。

34 2015 年《公職選舉法》修改（2016 年施行），將選舉投票年齡從 20 歲下降到 18 歲，不過此時法定成人年齡依然為 20 歲，直到 2018 年《民法》修改（2022 年施行），法定成人年齡才變為 18 歲。參見：劉軍國：〈日本國會通過《公職選舉法》修正案〉，《人民日報》，2015 年 6 月 18 日，第 21 版；人民網：〈日本修法將成人年齡由 20 歲下調至 18 歲〉，http://m.people.cn/n4/2018/0531/c58-11070897.html。

其金額還不斷提高，這意味着日本國會選舉制度在包容性方面的回潮之勢。[35]

　　除 "保證金制" 之外，這股回潮還體現在選區定額不均衡的問題上。所謂 "選區定額不均衡"，是指不同選區產生的議員的平均選舉人數存在差異的現象。這種現象雖然不是因制度歧視而產生的，但從結果上看，仍然違背了現代選舉規範所要求的平等原則，造成 "同票不同值" 的後果。實際上，第二次世界大戰前的日本國會議員選舉也都或多或少地存在這種現象，只是不同選區議員的選舉人數比例基本都控制在兩倍以內，沒有出現過大的懸殊。而第二次世界大戰後，隨着日本城市化和工業化的迅速發展，大量農村人口湧入城市，使得選區定額不均衡急劇擴大。為此，日本政府曾多次修改選區定額，日本最高法院也將選區議員定額與選舉人口比例超過兩倍以上者判為違憲，但始終沒能從根本上解決問題。雖然有學者認為日本一直無法比較好地解決這一問題是因為 "同票同值" 原則的現實抽象性沒有充分引起選民注意進而推動變革，但更多學者還是將矛頭指向 "五五體制" 中雄踞日本政壇幾十年的自民黨，[36] 認為是自民黨為了保持自己的執政地位，故意不正面改革選區劃分制度。1993 年，持續了近四十載的 "五五體制" 崩潰，八黨聯合政府取代了自民黨政府，並於次年進行了選舉制度改革，將運行多年的中選區制改成了小選區比例代表制。雖然改革後小選區間比例超過兩倍的選區仍有 52 個，但其中最小的島根三區和最大的神奈川十四區的差別也僅有 2.31 倍，相比改革前動輒三四倍的差距而言還是有較大改

35　1950 年出台的《公職選舉法》規定的保證金比之前提高了近 6 倍，眾議院或參議院地方選區候選人每人交納 10 萬日元，參議院全國選區候選人每人交納 20 萬日元；1986 年又將前者從 10 萬日元提高到 200 萬日元，後者從 20 萬日元提高到 400 萬日元。1994 年選舉法修改再次提高了保證金額，小選區議員候選人的保證金為 300 萬日元 / 人，比例代表制選區議員候選人的保證金為 600 萬日元 / 人（被重複推薦者為 300 萬日元 / 人）。參見李海英：《日本國會選舉》，北京：世界知識出版社，2009 年，第 70-74、84 頁。

36　有關 "五五體制" 與日本自民黨的具體形成過程，可參見徐萬勝，潘遠強，董琦：《戰後日本政治》，天津：南開大學出版社，2009 年，第 76-91 頁。

善。[37] 因此，這一事實也在相當程度上印證了日本選區定額不均衡問題的自民黨責任論。

四、理性化與選舉管理

相比直接化、競爭化和包容化來說，理性化是存在感最低的維度，因為制度演進一般都會伴隨着理性化。當一項制度被創設出來並經過實踐回饋後，制度設計者往往會根據面臨的問題和不足對制度進行修正，使其在接下來的運行中能更好地發揮作用，這種不斷追求制度更加合理有效的過程實際上就是理性化。對選舉制度而言，理性化主要體現在選舉管理上，因為選舉制度最核心的目標就是實現選舉，所以其理性化過程莫過於通過優化選舉管理制度來使選舉更好地完成。雖然日本國會選舉制度的理性化趨勢不難想見，但仍需梳理其選舉管理制度的演進，如此方有助於較為全面地把握日本國會選舉制度的變遷歷程。

1889 年第一部《眾議院議員選舉法》定下了日本選舉管理的基調。從管理主體上看，日本的選舉管理機構是各級行政機關。其中，在全國層面統籌管理選舉事務的是內務省；而在選區層面進行具體管理的機構則是選區所在行政區劃的政府。從候選人管理上看，此時尚未設立申請候選制度，所有符合被選舉人資格且有意參加競選者都可以直接成為候選人，管理相對寬鬆。不過，有關候選人開展競選活動的限制卻是十分嚴格的。雖然在選舉法中只禁止競選活動在投票站內進行，也沒有限定競選經費的最高額度，但實際上相關規定早就在涉及集會、保安、出版、新聞等的一系列法律規章中註明，嚴控國民的言論與行動自由。從投票管理上看，相關工作由市區町村的行政長官負責。投票站一般設立在市政府、區政府或町村公務所內，但在地區行政長官的授意下，投票站也可以設立在其指定場所。此外，地區行政長官還會從該選區的選舉

37　李海英：《日本國會選舉》，北京：世界知識出版社，2009 年，第 89-92 頁。董璠輿：《日本國會》，北京：中國民主法制出版社，1990 年，第 192-193 頁。

人中選任若干名擔任投票委員，一般町村 2-5 人，市區 7 人，並着選舉會職員負責具體的投票事務，比如為無法親自寫票的選舉人代為執筆等。當選條件採用同一選區內獲票最多者當選的多數決制，但如果出現同票情況，則以年長者當選；如果出生年日也相同，則通過抽籤決定。最後從選舉執法上看，選舉法規定了一系列與選舉相關的違法犯罪行為，包括欺詐登記、欺詐投票、賄選、以暴力手段強迫或騷擾他人投票等。在 6 個月的訴訟時效內，若當選者因選舉違法犯罪行為被懲處，則當選無效；若因情節嚴重被監禁或再犯者，還將處以 3-7 年內剝奪選舉權與被選舉權的懲罰。[38] 不難看出，日本第一部選舉法中有關選舉管理的規定雖然基本覆蓋了選舉涉及的幾個重要方面，但在細節上略顯粗糙，有些地方存在語焉不詳之處，例如候選人確認、選區選舉組織體系等，可見其理性化水平還頗為不足。

　　1900 年修改的選舉法完善了當選條件和選舉組織體系方面的相關規定。在當選條件上，除滿足原先已有的多數原則外，還增加了“法定投票”的底綫原則，即獲得多數選票的候選人的票數還必須超過選區內登記選舉人總數的 20%，否則當選無效；在選舉組織體系上，修改法規定“眾議院議員選舉的投票管理工作由市町村長負責，郡市長擔任開票管理者，地方行政長官擔任選舉會長負責統轄選舉事務”，這進一步明晰了選區選舉管理的組織體系及其相應權責。此外，為遏制日益壯大的工人運動，國會還同時通過了《治安警察法》，將國民的言論與行動自由置於警察的嚴屬監控之下，使得候選人的競選活動更受約束。1919年選舉法進行了第二次修改，但此次修改的內容並沒有關於選舉管理的部分，直到 1925 年《普選法》出台之後，日本的選舉管理規定才又出現了一些新的變化：第一，《普選法》增加了候選人申報登記制度，並要求交納選舉保證金。第二，日本首次將對競選活動的限制從週邊法規

38　李海英：《日本國會選舉》，北京：世界知識出版社，2009 年，第 17-18 頁。

納入到選舉法中。《普選法》對競選活動的限制條款包括："規定能夠從事競選活動人員的身分及其從事競選活動的內容；規定選舉事務所、休息所的數量；禁止在選舉日期之前逐戶訪問；限制第三者從事競選活動；限制文字或圖畫類的書面宣傳；規定競選活動費用的最高限額；等等。"對於在申報登記成為候選人之前能否進行競選活動，日本內務省和司法廳所作出的行政解釋也是屬行禁止。第三，《普選法》新增了"公營選舉"的內容，規定選舉期間候選人可以免費使用一些公共基礎設施，包括郵政、學校場地等。第四，《普選法》進一步細化選舉管理的組織體系，並加強行政機關的選舉管理權限。具體包括：明確設立選舉管理機構和競選管制機構，前者由內務省地方廳擔任，後者由同級警保局擔任；允許地方長官、市町村長和其他官吏干預選舉過程，確立地方行政一把手在選區選舉管理中的最高領導者和最高裁決者地位；將制訂選舉實施細則的權力歸於敕令或省令等行政命令。第五，《普選法》增大對選舉違法犯罪的處罰力度，在"當選無效"方面增加了連坐制，規定"選舉事務長犯收買罪被罰，則該候選人當選無效"；同時出台了《治安維持法》，用以加強對國民行動的監控，尤其是那些意圖顛覆當時體制和私有財產制度的社會主義者。[39]總體來說，1900 年和 1925 年兩次選舉法修改明顯增進了日本國會選舉制度的理性化水平，不過主要體現在對選舉活動的控制方面。

從 1925 年開始，日本在《普選法》規制下共舉行了三次大選。這幾次選舉表現出的顯著趨勢是，各種選舉干預與選舉腐敗事件曾出不窮，政界貪污與瀆職問題屢遭曝光，使得國民對選舉革新的呼聲日益高漲。正是在這一背景下，日本於 1934 年再次進行選舉法修改。此次修改主要圍繞破除選舉腐敗這一核心目標展開，故而其對選舉活動的管制也達到了一個史無前例的高度，在後來甚至被稱為"取締主義"的選舉

39　李海英：《日本國會選舉》，北京：世界知識出版社，2009 年，第 23-40 頁，第 48 頁。

管理模式。具體來說，此次選舉法修改主要有幾個方面的改變：第一，進一步細化對競選活動的限制，包括：明確規定在申請登記成為候選人之前不得進行競選活動；禁止選舉演說會之外的一切宣傳，包括逐戶訪問、個別接見、電話宣訪及報刊廣告（用報刊刊登選舉演說會的召開信息除外）等；嚴格限制選舉演說會的規模，規定每次登場的演說者不得超過 4 人，若候選人或其代理人不出場，則每次登場人數不得超過 3 人；禁止在選舉結束後逐戶訪問進行選後致意。第二，將競選活動費用的最高限額降低到 9000 日元，並規定候選人必須製作詳細的收支賬簿，以供國民觀閱。第三，修改選舉處罰條例，包括：增強對賄選、干預選舉等違法犯罪行為的處罰力度，並專門設立嚴懲選舉掮客的有關規定；擴大 "當選無效" 連坐制的範圍，只要是選舉活動的主要組織者因選舉違法犯罪被罰，候選人的當選均無效。第四，收縮 "公營選舉" 的支出範圍，並且在某些方面開始具有強制化色彩。比如：只有候選人和選舉事務長有資格申報免費郵寄，且郵寄內容僅限於選舉公報和召開選舉演說會的通知；地方行政長官應組織發行刊有候選人政見的公文和選舉公報，但除此之外的任何私人發佈都被明令禁止，違者處以嚴厲懲罰。第五，設立選舉整肅委員會以控制選舉過程，進一步增強行政機關在選舉管理方面的權勢。[40] 可以看出，此次選舉法修改再次提高了日本國會選舉制度在選舉規制方面的理性化水平，使其達到戰前帝國時期的巔峰，但也為後來的軍事法西斯獨裁制埋下了隱患。

第二次世界大戰後，隨着憲制框架的變化，日本國會選舉制度在民主化方面取得了新突破。但具體到選舉管理上，其基本還是沿襲戰前帝國時期那種選舉規制化思路，唯一有所改變的，是選舉管理主體突破了行政化的桎梏，被更為公正的選舉管理委員會替代，使得嚴苛的選舉規制不至於成為當政者打擊異己的工具，因而與戰前帝國時期的行政規制

40　李海英：《日本國會選舉》，北京：世界知識出版社，2009 年，第 48-49 頁。

式選舉管理相比還是有明顯區別。在選舉規制方面，1945年日本被佔領軍接管後，盟軍司令部隨即發出讓日本進行民主化改革的指示。幣原內閣在獲知美國方面的意思後，很快就起草了一份具有較強民主改革色彩的眾議院選舉法修改案，其中一項關鍵改革內容就是解除過去選舉法對競選活動的各種限制。但是，這份修改案在提交國會審議時，議員們竟然出奇一致地反對有關解除競選活動限制的內容，因此，最後通過的選舉法修改案在這方面幾無作為。

後來於1947年再次修改的《眾議院議員選舉法》以及同年通過的《參議院議員選舉法》也都沒能改變這一狀況，直到1950年《公職選舉法》出台才在一定程度上放寬了對競選活動的限制，不過也僅限於候選人能對親朋好友進行選舉前訪問這種較為無足輕重的內容。後來1951年和1952年的《公職選舉法》修改更是索性向之前倒退，大加限制競選活動中的言論與行動自由，提高候選人保證金額度，還增加了諸如縮短競選公告時間、縮短候選人申請時間等管制選舉的新舉措。[41]經過1950年至1952年創立、修改與再修改三個發展階段，《公職選舉法》中有關選舉規制的基調已大致奠定，後續雖然還有幾次修改，但不僅沒有弱化日本國會選舉管理中的規制化色彩，反而有愈演愈烈之勢。目前《公職選舉法》中有關選舉規制的內容包括：第一，嚴格限制政黨或政治團體提名候選人的資格，比如要提名眾議院小選區候選人，政黨或政治團體需滿足國會議員5人以上或最近一次國會選舉得票總數達有效投票總數2%以上的要求。第二，高額的候選人保證金制及嚴苛的保證金免沒收標準，比如眾議院小選區候選人需交納300萬日元保證金，若其最後得票數沒有超過有效投票總數的1/10，則保證金將被沒收。第三，嚴格限制競選活動：規定只有成為候選人才有資格設立選舉事務所，數量為一人一個（地域選區）或一黨一個（比例代表區），設置次

41　李海英：《日本國會選舉》，北京：世界知識出版社，2009年，第53-72頁。

數為每天一次，且位置不能移動；選舉日當天，選舉事務所只能設立在距投票所入口 300 米以外的區域；禁止因競選活動設立休息所或其他類似設施；禁止選舉事務關聯者、特定公務員、教育工作者及無選舉資格者進行競選活動；禁止與競選有關的家庭拜訪；禁止開展署名活動、造勢活動與連呼行為；禁止發表人氣投票；禁止提供飲料食物；對包括汽車、船舶、擴音器及文書、海報、書冊、網絡、電視、演講等在內的方方面面的競選宣傳都有詳細且嚴格的限制，總共約三十條規定，其中有些與"公營選舉"相結合。第四，對競選資金的收支範圍、會計賬務及申報工作等都有細緻的規定。第五，詳細列舉各種選舉違法犯罪行為，視情節輕重處以罰款、當選無效、剝奪選舉權利甚至監禁等刑罰，其中"當選無效"連坐制的範圍擴大到競選活動負責人、出納負責人、候選人秘書甚至候選人近親屬等。[42]

至於較為公正的選舉管理機構，其在戰後不長時間內就建立並且陸續完善起來。具體而言，在日本戰敗初期的過渡階段，國會選舉管理事務仍然由內務省和地方各級政府負責，保持着戰前帝國時期那種選舉管理行政化色彩。直到 1947 年，新憲法框架下的第一屆國會議員產生後，盟軍司令部指示日本成立新的選舉管理系統——選舉管理委員會，其作為各政黨推薦人選組成的合議制機關，在內閣總理大臣的直接管轄下，負責管理與國家和地方選舉投票、國民審查、政黨政治結社等相關的事務。[43] 這是選舉管理委員會制度在日本的首次施行，雖然後來一度被選舉管理機構的行政化復辟給取代，但最終日本還是採取選舉管理委員會制度並且保持至今。[44] 當前日本的選舉管理委員會體系具有如下特點：第一，眾議院和參議院的比例代表區選舉由中央選舉管理會

42　參見《公職選舉法》，載朱艷聖編：《世界主要政黨規章制度文獻·日本》，北京：中央編譯出版社，2016 年，第 105-318 頁。

43　田桓：《日本戰後體制改革》，北京：經濟科學出版社，1990 年，第 130 頁。

44　1952 年《公職選舉法》修改取消了全國選舉管理委員會，代之以新設的行政機構——自治廳。參見李海英：《日本國會選舉》，北京：世界知識出版社，2009 年，第 72 頁。

管理，眾議院和參議院的地域選區選舉由都道府縣選舉管理委員會管理。第二，中央選舉管理會由 5 名委員組成，其是國會從國會議員之外具有參議院被選舉權者中指名，再經由內閣總理大臣任命而產生的，任期 3 年，為兼職制；同一政黨或政治團體的委員人數不得超過兩個，若有違，則內閣總理大臣將通過抽籤罷免兩人之外的委員；委員長代表中央選舉管理會負責其事務，由委員互選產生；中央選舉管理會會議需有半數以上委員出席方能召開，議事採用多數決制，當贊成與反對人數相等時，由委員長決定；中央選舉管理會的日常事務由總務省負責。第三，都道府縣選舉管理委員會由 4 名委員構成，經地方議會選舉產生。第四，在某些特定方面，中央選舉管理會對地方選舉管理委員會具有技術建議、勸告、要求資料、糾正指示和制定受託事務執行標準的權利。第五，選舉管理委員會具有保證選舉公開公正、努力提高選舉人政治常識、儘快通知選舉人選舉結果和在選舉日給予選舉人必要選舉時間的義務。第六，在每次國會選舉中，設立選舉會（負責比例代表區選舉）和選舉分會（負責地域選區選舉）管理具體選舉事務；選舉長由中央選舉管理會從有選舉權者中選任，選舉分會長由都道府縣選舉管理委員會從有選舉權者中選任；選舉（分）會的場所和時間由相關選舉管理委員會指定並事前頒佈。[45]

五、小結與討論

通過梳理日本國會選舉制度在包容化、競爭化、直接化和理性化四個維度的演進，筆者發現：包容化水平從 1889 年首開國會選舉以來不斷提高，1925 年實現男子普選，1945 年實現全民普選，不過候選人保證金制和選區定額不均衡問題的存在，使得第二次世界大戰後日本國會選舉制度的包容性還有所欠缺；競爭化水平總體上以 1945 年為界呈現

45　參見《公職選舉法》，載朱艷聖編：《世界主要政黨規章制度文獻・日本》，北京：中央編譯出版社，2016 年，第 105-318 頁。

出先減後增的趨勢，雖然早在 1900 年就開啟了秘密投票制度，但大日本帝國時期的政黨選舉競爭被日益嚴苛的行政規制破壞，直到第二次世界大戰後建立較為公正的選舉管理機構，才將政黨競選置於一個公平的規制環境中，不過候選准入具有明顯的大黨偏向，這是目前日本國會選舉制度在競爭性方面存在的問題；直接化從 1889 年首開國會選舉時就已經實現，不過在最初制度設計時並非毫無爭議，制度設計者們曾就採用有限制的直選制還是複選制進行了多次交鋒，後來為割斷中央政局與地方政局的關聯才捨棄最初屬意的複選制；理性化水平在制度演進過程中自然是不斷提高的，不過日本國會選舉制度的理性化主要體現在選舉規制上，唯一有所區別的地方在於選舉管理主體的不同，戰前帝國時期是一種行政規制理性化，戰後將選舉管理機構改為選舉管理委員會後，則變成了一種公正規制理性化，這中間暗含了選舉管理公正性的轉向。綜上，日本國會選舉制度的四維演進趨勢可見圖 2。

不難看出，日本國會選舉制度的演進過程是先開啟直接選舉，然後日益提高其包容化程度並憑藉秘密投票制度部分實現選舉競爭，最後再通過對政黨競爭的保障來實現相對充分的選舉自由，且這一切都始終置於不斷理性化的選舉規制之下，以確保制度實踐的秩序。概括起來，

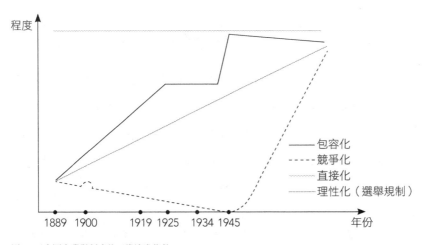

圖 2：日本國會選舉制度的四維演進趨勢

日本國會選舉制度的演進，遵循的是一種規制理性化保障下的 "直接化——包容化——競爭化" 逐次遞進的模式。這種模式先在限定精英的條件下讓越來越多的國民進行民主演練，既鍛煉了國民的民主素養，又規避了不成熟民主所可能引發的治理風險；等國民具有基本的民主實踐經驗之後，再放開精英之間的有序競爭，進而實現真正的民主選舉。雖然從結果上看，日本這套國會選舉制度的演進模式無疑是成功的，但其在多大程度上能向外移植，仍然需要我們慎重考慮。畢竟作為先導條件的直接化可能適用於日本這種國土面積較小的國家，但是否同樣適用於國土面積較大者，可能還需要更多的理論考量和實證支撐。

第四章

墨西哥選舉制度的
變遷模式

與英國和美國的選舉制度起步模式略有不同的是，墨西哥在建制之初在憲法上確立的是一種間接選舉制度，不過在實踐中很快就過渡為直接選舉制度。因此在基本類型分類中筆者仍然把墨西哥作為第一種基本類型。由於其畢竟經歷過非常短暫的間接選舉制度，因此也可以將其視為介於類型一與類型二之間的一種過渡案例。但是，墨西哥歷史上的間接選舉制度與直接選舉制度之間又出現過交替現象，與這種交替現象相伴的還有競爭空間與選舉模式的變化。從墨西哥的選舉制度變遷歷程中，我們更多地看到的是選舉制度各項變量之間及各變量自身的複雜變化過程。

一、間接選舉與直接選舉的交替與趨勢

墨西哥的選舉經歷了間接選舉和直接選舉不斷更替的歷史階段，目前總統選舉實行公民投票直接普選制；眾議院的 300 席根據多數制（單一選區制）直接選舉產生，其餘 200 席由各政黨根據比例代表制選舉分配產生；參議院 128 個席位由不分區議員以及分區直選議員組成。

《1824 年墨西哥合眾國聯邦憲法》宣佈墨西哥完全獨立、實行共和制和聯邦制，這部憲法與美國憲法很相似。全國分為 19 個州和 4 個地區，均享有充分自治權；國家立法權屬於參議院和眾議院組成的議會；參議院由各州立法會議推選，每州選 2 名，每隔 2 年改選一半；眾議院由間接選舉產生，每 8 萬居民產生 1 名，每隔 2 年選舉一次；行政權屬於總統，任期 4 年且不得連選連任。[1] 在憲法意義上，墨西哥在 1824 年就已經確立起了眾議院議員的間接選舉制度。

---

1 〔美〕艾・巴・托馬斯：《拉丁美洲史》，壽進文譯，北京：商務印書館，1973 年，第 1258 頁。

但是，1836 年，何塞・胡斯托・科羅（José Justo Corro）政府強行頒佈"七項立憲法律"，正式宣佈國家實行中央集權制，取消各州自治權。這次法律修改也規定了國會眾議員由直接選舉產生，但同時規定參議員由政府部長和最高法院的法官們選舉產生。法律首次對公民選舉權規定了財產限制，宣佈只有來自固定資產或資本的年收入超過 100 比索的公民才擁有選舉權。[2]

但是，1842 年底，一個由 80 名高級僧侶、大地主、採礦工業家和將軍代表組成的"名流委員會"取代了國會，並於 1843 年 6 月頒佈了一部名為《墨西哥共和國基本組織法》的新法律。這次變革在保留了中央集權制的同時，又將眾議員由直接選舉改為間接選舉；同時規定參議院設 63 個席位，其中 2/3 由各州議會選舉產生，另外 1/3 則由眾議院、總統和最高法院共同確定，憲法還規定年收入在一定比索以上的公民才具有選舉資格。[3] 顯然，1836 年和 1843 年憲法的規定，在制度上相對 1824 年憲法的規定而言是走向了倒退。

1854 年，墨西哥自由派在蓋雷羅州州長胡安・阿爾瓦雷斯（Juan Álvarez）的領導下發動起義推翻了專制統治，1855 年自由派開始執掌政權。1857 年 2 月 5 日，墨西制憲會議通過新憲法——《墨西哥共和國政治憲法》，並於 1857 年 9 月生效。新憲法宣佈墨西哥為代議制民主共和國，實行三權分立。立法權由以人口數為基礎選舉產生的一院制議會（眾議院）行使，議員任期 2 年。[4]

1872 年，胡亞雷斯（Benito Pablo Juárez García）逝世後，政權落入美國支持的考迪羅（Caudillo）統治者迪亞斯（José de la Cruz Porfirio Díaz Mori）手中，開始了長達 30 多年的獨裁統治。迪亞斯在第二次執

2　〔美〕艾・巴・托馬斯：《拉丁美洲史》，壽進文譯，北京：商務印書館，1973 年，第 1265-1266 頁。

3　〔美〕艾・巴・托馬斯：《拉丁美洲史》，壽進文譯，北京：商務印書館，1973 年，第 1271-1272 頁。

4　〔美〕艾・巴・托馬斯：《拉丁美洲史》，壽進文譯，北京：商務印書館，1973 年，第 1287 頁。

政期間，有效阻止了他的任何政敵進入國會，到 1888 年國會實際上變成了一個蓋橡皮圖章的機構。每一個候選人是當選還是重新當選都必須得到迪亞斯的事先批准。當時馴順的國會批准了憲法修正條例，使得迪亞斯能夠"順應"民意在 1888 年、1892 年、1898 年、1904 年和 1910 年重新當選（1892 年修改憲法使得總統任期延長到一屆 6 年）。墨西哥以前存在的反對派報紙大肆批評政府的情形不再有，此時受到嚴密控制。[5] 1874 年墨西哥議會修改了憲法，恢復參議院，同時規定參議員和眾議員分別由間接和直接選舉產生。1910 年墨西哥資產階級民主革命爆發，並於次年推翻迪亞斯政權，1917 年頒佈資產階級民主憲法《墨西哥合眾國憲法》，該年 5 月生效，重新確認了總統和眾議院議員的直接選舉制度。

20 世紀 50 年代末 60 年代初，墨西哥國內外政治局勢發生變化。1958 年至 1959 年爆發的教師和鐵路工人罷工，以及古巴革命等都在墨西哥引發一系列政治反應，這些因素推動選舉制度改革向前發展。1963 年 6 月，洛佩斯（Andrés Manuel López Obrador）總統頒佈新選舉法，規定按照多數票選舉，建立"黨眾議員制"（又稱政黨代表制），即反對黨只要在全國選舉中得票率達到 2.5%，就可以在眾議院中擁有 5 名黨眾議員席位。得票率每增加 0.5%，可增加一個席位，但最多不能超過 20 名。[6]

1977 年波蒂略（José López Portillo）總統頒佈《政治組織和選舉程序法》，主要內容有：取消"黨眾議員制"，代之以"比例眾議員制"，將眾議院席位擴大到 400 席，其中 300 席由簡單多數方式選舉產生，每選區一個，並按照所得選票比例將其中 100 席分配給反對黨；放寬對政黨登記程序的限制，為新政黨登記提供便利。[7]

5　徐世澄：《墨西哥革命制度黨的興衰》，北京：世界知識出版社，2009 年，第 35 頁。
6　徐世澄：《墨西哥革命制度黨的興衰》，北京：世界知識出版社，2009 年，第 22、42 頁。
7　〔英〕萊斯利‧貝瑟爾主編：《劍橋拉丁美洲史》（第七卷），北京：經濟管理出版社，1996 年，第 148 頁。

1996 年選舉改革的主要內容有：規定沒有政黨可以擁有超過 2/3 的選票；聯邦選舉委員會成為獨立機構；聯邦選舉法庭具有自主性；聯邦特區選民可以選舉自己的地方政府，直接選舉墨西哥城的市長；根據比例代表制擴大參議員數量；政黨可以在廣播電台和電視台獲得更多免費宣傳的機會；降低農村地區的高比例代表；重構 300 個選舉區等。[8]截至當前，墨西哥的選舉已經是以直接選舉為主的制度安排，尤其是國家領導人的選舉。

二、寡頭競爭模式的逐漸開放

（一）有限競爭與寡頭化

　　迪亞斯自 1876 年起就控制着墨西哥的政局，直到 1911 年被推翻，當年出現了相對自由的總統選舉，佛朗西斯科·馬德羅（Francisco Ignacio Madero González）在選舉中獲勝。[9] 1918 年卡蘭薩（Venustiano Carranza）總統頒佈選舉法之後便一直沿用至今。按照《1918 年選舉法》的規定，墨西哥選舉的控制權和監督權都掌握在州、市兩級政府手裏，為地方軍事首領干預選舉提供了方便，這反映了當時墨西哥國內權力分散的特點。一些"革命"將軍只要拉起上百人的隊伍，就可以登記為某某政黨，從而獲得參與政治競爭的權利。他們還常常搶先行動，甚至提前一兩年就開始為自己造勢，將緊張的競選活動延長一兩年，造成長時期的政局動蕩。到 1945 年末，墨西哥已經存在好幾個公認的政治力量，比如國家行動黨、辛納基主義者以及數個想成立政黨的左派組織。這一時期存在有限的選舉競爭。

　　1929 年，由 1000 多個政黨組織合併成立了墨西哥革命制度黨，建

8　王文仙：〈淺析墨西哥選舉制度改革歷程及其影響〉，《拉丁美洲研究》，2018 年第 2 期，第 126-137 頁。

9　〔美〕彼得·H. 史密斯：《論拉美的民主》，譚道明譯，南京：譯林出版社，2013 年，第 33 頁。

立起霸權主義政黨體制。[10] 自那時起，墨西哥就存在着週期性選舉，但這些選舉既不公正也不自由。選舉結果早成定局，官方候選人鐵定會獲勝。[11] 為了實現對選舉進程的集中領導，鼓勵建立全國性的、穩定的政黨，以打破過去那種以奪權為目的的短命政黨的傳統，也為了打消其他政治力量的疑慮，為即將來臨的 1946 年總統選舉做好準備，卡馬喬（Manuel Ávila Camacho）政府決定對選舉法進行改革。經國會批准，該法於 1945 年 12 月 31 日公佈。[12]

1945 年選舉法修正案的基本內容包括以下幾條：一，撤銷州、市政府制定選舉名冊、確定選舉、計算選票的權力，並將這些權力轉交聯邦政府，由聯邦政府對選舉過程進行集中領導。二，制定有關選舉站工作人員任命的規章，使之按照各參選政黨之間的協定辦事，廢除過去那種讓先行投票的公民管理投票站的作法。三，規定只有全國性政黨才能參加選舉競爭，以反對那些逃避聯邦政府控制的權力中心。四，參選政黨必須進行登記，要向登記處呈交其成員的名單，使那些實際上的反對派服從內政部的控制，由內政部決定其登記是否合法。臨近選舉時，聯邦政府又頒佈了具體的條例，規定了各參選政黨所必須達到的最起碼的條件：參選政黨的黨員數不得少於 1 萬，至少在全國的州有其組織，每個州的黨員不得少於 300 人；參選政黨的公共行為必須符合憲法的規定；有自己的政治綱領；與外國政黨沒有聯繫。[13]

1945 年選舉法修正案的頒佈，將墨西哥選舉政治最一般的輪廓描繪了出來，它為墨西哥政治力量對比變化的合法化、政治生活的進一步制度化提供了法律依據。但是一個顯著的事實是，從 1945 年選舉法修正案頒佈之後，一直到 20 世紀 80 年代初，革命制度黨在墨西哥選舉政治中一直處於霸權地位。1946 年至 1982 年期間，革命制度黨（PRI）

10　唐君、辛易主編：《國外政黨執政鏡鑒》，杭州：浙江人民出版社，2005 年，第 215 頁。
11　劉文龍：《墨西哥通史》，上海：上海社會科學院出版社，2013 年。
12　曾昭耀：《政治穩定與現代化──墨西哥政治模式的歷史考察》，北京：東方出版社，1996 年。
13　劉國發：《墨西哥漸進主義民主轉型過程研究》，武漢大學博士論文，2014 年，第 46 頁。

在總統選舉中的平均得票率為 83.38%，得票率最低的時候也超過了 70%。[14] 而在國會議員選舉中，革命制度黨更是佔盡了優勢，在長達幾十年的時間裏，沒有輸過一場參議員選舉，在眾議員選舉中也是一黨獨大，根本沒有哪個政黨能與它競爭眾議員職位，唯一重要的反對黨國家行動黨（PAN），也僅僅是象徵性地贏得幾個眾議員職位。總之，在 20 世紀 80 年代之前，革命制度黨在墨西哥選舉政治中確立了一黨霸權的政黨競爭格局，墨西哥選舉呈現寡頭化狀態。

革命制度黨在實現政治穩定和經濟發展的同時，忽視了中產階級的利益，並引發了城市大眾運動，旨在通過體制外的管道解決自身的問題。[15] 為了擴大眾議院的代表性、吸納各個合法組織以將其政治能量更多地通過合法途徑參與國家政治生活，墨西哥於 1963 年通過修改憲法的方式進行了新的改革，建立了政黨代表制。根據這一次憲法修改的規定，凡參加全國性選舉的政黨，只要在選舉中獲得 2.5% 的選票，就可以獲得 5 名眾議院的席位；如果所獲的選票每增加半個百分點，則再增加一個席位，但是最多不超過 20 個席位。[16] 由此，墨西哥開始了向競爭性選舉發展的艱難歷程。

（二）向民主轉型：走向競爭擴大化的選舉制度改革

在促進競爭性選舉發展、擴大反對派代表性的選舉改革過程中，墨西哥大概經歷了以下四個重要階段：

1. 政治競爭體系開放階段 —— 開始容許反對派參與競選

1976 年，墨西哥進口替代工業化策略遇到瓶頸，經濟出現危機。此時，國家行動黨（PAN）再也不願扮演忠誠的反對黨角色，索性放棄推出總統候選人，選擇政治冷漠，這使得 1976 年總統選舉的選票上

---

14 劉國發：《墨西哥漸進主義民主轉型過程研究》，武漢大學博士論文，2014 年，第 46 頁。

15 田小紅：〈20 世紀 80 年代以來墨西哥的社會運動與民主轉型〉，《當代世界社會主義問題》，2014 年第 4 期，第 105-115 頁。

16 Story D, *The Mexico Ruling Party*, Praeger Publishers, 1986, pp.46-48.

只有波蒂略（José Guillermo Abel López Portillo y Pacheco）一人，這次選舉的投票率也創歷史新低，僅為 62%。[17] 這些因素促使革命制度黨的總統候選人波蒂略上任後，不得不着手處理革命制度黨的統治合法性危機。

波蒂略意識到，政府只有鼓勵反對黨參加競選，允許意識形態的多樣化、進一步營造民主氛圍，才能維護其統治的合法性。為此，他於 1977 年 11 月 31 日頒佈了新的選舉法——《政治組織和選舉程序法》（LOPPE）。該選舉法在原有的基礎上做了以下幾個方面的變動：一，放寬政黨登記的資格，為更多政黨參與選舉創造條件，規定在全國擁有 65000 名黨員，在全國半數以上的州中每個州擁有 3000 名黨員，或在全國半數以上的選區中每個選區擁有至少 300 名黨員的政黨，均可受理登記。而未達到上述規定條件的黨，若能在選舉中獲得 1.5% 的選票，也可受理正式登記。二，將比例代表制的設計引進眾議院選舉，將原來的 "黨派眾議員制" 改為 "比例眾議員制"，並把眾議院議席增加至 400 個，其中 300 席由全國 300 個選區的多數票產生，另外 100 席則由獲准登記的、不包括執政黨在內的其他政黨，按照在全國選舉的得票比例加以分配。任何未能在 300 個單一選區中獲得 60 席的小黨，只要能獲得全國 1.5% 的選票，均可獲得席位。三，未能成立正式政黨的團體可以組成全國政治聯盟，以準政黨的資格參加選舉。[18] 波蒂略總統的改革在規定上放寬不少，使各種意識形態的反對黨均有參與競選的機會，通過選舉放寬民主的方式，避免了社會衝突和政治動蕩，一定程度上推動了墨西哥政黨制度和競爭性選舉的發展。

17　Grayson G. W., "Evolution of Mexico and Other Single-Party States," *International Studies Review*, 2007, 9(2), pp.322–367.

18　Domínguez J. I., Mccann J. A., "Shaping Mexico's Electoral Arena: The Construction of Partisan Cleavages in the 1988 and 1991 National Elections," *American Political Science Review*, 1995, 89(1), pp.34-48.

2. 政治競爭體制化階段 —— 通過體制化改革加強對反對派的 控制

這一階段的選舉改革發生於 1986 年。以奇瓦瓦州州長選舉為代表的選舉抗議運動促使德拉馬德里（Miguel de la Madrid）政府開始實施選舉制度改革。德拉馬德里政府於 1986 年頒佈了《聯邦選舉法》，將國會眾議院席位從 1977 年的 400 個增至 500 個，反對黨席位的數量雖有一定程度的增加，但其在眾議院中的比重並未上升。同時，《聯邦選舉法》強化了政府對選舉進程的控制，如該選舉法規定：聯邦政府有權任命聯邦選舉委員會下屬各選舉機構的負責人。此外，聯邦選舉法還規定：獲得最高得票數的政黨，即使未達到 51% 以上選票、未能獲得 251個席位，也可以自動補足 251 席。此條款進一步鞏固了革命制度黨一黨獨大的局面，對墨西哥民主化的發展極為不利。[19] 總之，德拉馬德里政府新頒佈的聯邦選舉法，更多地體現為革命制度黨對政治進程的一種強有力控制。選舉改革完全由革命制度黨主導，在確保其主導地位的前提下給予反對黨相對較大的活動空間，而非讓渡實質性的統治權力。改革並不意味着革命制度黨希望啟動向民主體制的轉型，而是要增強現行政治體制的整合能力，把新興的反對派納入體制之內，轉移民眾的不滿情緒。[20] 也有研究者認為，墨西哥 1988 年的選舉改革是一種既要保證執政黨的多數地位，又為反對黨的力量積蓄提供了一定空間的改革。因為該選舉法在規定獲得最高票數的政黨即使未獲得過半數選票也要補足 251席的同時，也規定了如果第一大黨的選票超過 70% 時，其所獲得的席位也不能超過 350 席。[21]

19　Klesner J. L., "Electoral Competition and the New Party System in Mexico," *Latin American Politics & Society,* 2005, 47(2), pp.103-142.

20　田小紅：《墨西哥政黨政治的變遷和政治轉型研究》，南開大學博士論文，2015 年，第 153 頁。

21　何俊志：〈混合選舉制的興起與當代選舉制度的新發展〉，《經濟社會體制比較》，2007 年第 6 期，第 65-71 頁。

3. 政治競爭擴大化階段 —— 擴大反對黨的代表性

伴隨着 1988 年總統選舉的到來，墨西哥的選舉制度改革獲得走向深化的動力。在選舉中遭受重創的革命制度黨面對歷史性的抉擇：要麼開放政治體系，允許更高程度的大眾參與和更廣泛的外部監督；要麼採取更多的鎮壓行動，壓制國內的反對派。在民主化浪潮席捲拉美的大背景下，在墨西哥經濟對外依賴程度加深的整體趨勢中，強力鎮壓不是一個具有可行性的選項。革命制度黨意識到只有順應歷史趨勢，進一步深化政治改革，才有可能延續執政地位。

在這一背景下，薩利納斯（Carlos Salinas de Gortari）執政期間（1988-1994 年）實施了選舉改革。此時，選舉舞弊陰影始終籠罩在薩利納斯政府頭上。國家行動黨主席路易斯·阿爾瓦雷斯（Luis H. Álvarez）指出，薩利納斯政府唯有成為推動國家走向民主化的過渡政府，才能使自己具有合法性。[22] 薩利納斯承諾使國家經濟增長，但是，在 1988 年大選之後成立的國家眾議院，執政黨不再控制 2/3 多數席位，也就無法獨立修改或通過新自由主義經濟改革所必需的重要法案。[23]

1990 年 8 月，國會通過《聯邦選舉機構與程序法規》（COFIPE），焦點在於減少選舉舞弊的發生。首先，《聯邦選舉機構與程序法規》廢除信譽掃地的聯邦選舉院（CFE），改由聯邦選舉委員會（IFE）負責選務工作，其成員來源更為多樣化，包括來自參、眾議院各兩名代表，根據政黨得票比例所分配的代表，以及 6 名獨立的專業理事；其次，由聯邦選舉法院（TFE）負責處理選舉舞弊的申訴案件，該院成員由總統提名，經眾議員 2/3 同意得以任命；第三，革命制度黨同意與反對黨合作重新編寫選舉人名冊；第四，各政黨可以在每個投票點提供 2 名監票人員，工作人員由抽籤方式挑選出來；第五，印發附有防偽功能的選民

22 Aguilera G., "Party Discipline, Electoral Competition, and Banking Reforms in Democratic Mexico," *Comparative Politics*, 2012, 44(4), pp.421-438.

23 田小紅：《墨西哥政黨政治的變遷和政治轉型研究》，南開大學博士論文，2015 年，第 153-154 頁。

證;第六,設立國家選舉督察員,由聯邦選舉委員會負責培訓。[24]

為深化改革,薩利納斯政府在 1993 年再次啟動選舉制度改革。第一,該改革進一步擴大了反對黨在國會的代表性。根據新規定,1/4 的參議院席位屬得票數第二多的政黨,這意味着這些席位必然歸屬反對黨。同時,改革限定一個政黨至多可以獲得 315 個眾議院席位(相當於席位總數的 63%),這就意味着革命制度黨不可能再控制眾議院的 2/3 席位(完成修憲所必需的席位數量)。第二,選舉過程更加透明化,選舉機構更具獨立性。聯邦選舉委員會和選舉檢查機構專門負責監管選舉事宜。儘管外國觀察團仍未獲准監督選舉,但修改後的選舉法允許反對黨和墨西哥國民觀察員監督選民登記和選民驗證事宜。

1994 年,金融危機爆發,再度沉重打擊了墨西哥。與此同時,薩帕塔民族解放軍(EZLN)發動武裝鬥爭,革命制度黨總統候選人遇刺,都使墨西哥的政治氣氛趨於緊張。這些不利因素迫使薩利納斯政府進行任內的第三次選舉制度改革,以確保 1994 年大選順利進行。革命制度黨以三大黨共同推行的社會賢達取代原先由總統任命產生的委員,進一步放鬆對聯邦選舉委員會的控制,從而使該機構更具獨立性。選舉舞弊被列為刑事犯罪。政府設立選舉檢察官機構,專門負責調查此類罪行。國際觀察團第一次獲得監督墨西哥選舉的資格。[25]

4. 政治競爭體系形成階段 —— 政治競爭實現規範化

這一時期的改革是在賽迪略(Ernesto Zedillo Ponce de León)政府時期(1994-2000 年),改革由革命制度黨 "自導自演" 變為政黨合作推動。1995 年,革命制度黨、國家行動黨、民主革命黨、勞工黨共同擬定改革方案,方案於次年在國會通過。方案的主要內容為:第一,1/4 的參議院議席通過比例代表制產生,任何政黨不得控制超過 60% 的眾議院席位。第二,墨西哥城市市長由選舉產生,不再由總統任命。第

24　田小紅:《墨西哥政黨政治的變遷和政治轉型研究》,南開大學博士論文,2015 年,第 154 頁。
25　田小紅:《墨西哥政黨政治的變遷和政治轉型研究》,南開大學博士論文,2015 年,第 155 頁。

三，聯邦選舉委員會變為一個獨立機構，由眾議院選舉產生。第四，聯邦選舉法庭成立，用以解決聯邦選舉委員會和政黨之間的選舉爭議、確認總統選舉結果、宣佈總統選舉獲勝者、應對有關聯邦投票結果的爭議和提供地方選舉爭端的最終裁決。[26]

2000 年的墨西哥選舉是墨西哥政治轉型的轉折點，宣告了革命制度黨長達 71 年的威權統治時代結束。儘管革命制度黨依然保持議會第一大黨的地位，但是墨西哥一黨威權時代終告結束，多黨競爭格局已然開啟。2006 年 7 月的墨西哥大選，右翼國家行動黨（PAN）候選人費利佩‧卡爾德龍（Felipe de Jesús Calderón Hinojosa）以 0.58% 的微弱優勢擊敗了中左翼民主革命黨（PRD）候選人洛佩斯‧奧夫拉多爾（Andrés Manuel López Obrador），贏得了總統職位。時隔 12 年，歷經兩任國家行動黨總統，至 2012 年 7 月 1 日總統大選，革命制度黨東山再起，年輕帥氣的革命制度黨領袖涅托（Enrique Peña Nieto）不負眾望，以 38.2% 的選票當選總統，墨西哥政權實現了"二次政黨輪替"。在 2012 年議會選舉中，革命制度黨在參眾兩院分別獲 52 席和 207 席，未能獲得多數席位，革命制度黨、國家行動黨和民主革命黨在議會裏呈三足鼎立的格局。從這些情況來看，墨西哥建立起了多黨競爭的選舉制度，實現了民主轉型。[27]

革命制度黨所採取的上述一系列選舉改革使墨西哥的選舉體制進一步走向公開化與透明化，選舉制度改革有力地促進了墨西哥的政治轉型。有利於政治競爭的選舉制度改革使反對黨贏得愈來愈大的活動空間，來自左派和右派的反對黨開始在各級選舉中對執政黨提出愈來愈強有力的挑戰。在競爭性選舉的作用下，墨西哥逐漸由威權政體轉型為近似民主政體，而正是近似民主政體的形成，才使墨西哥反對黨獲得了實現民主轉型的真正機會。

26　田小紅：《墨西哥政黨政治的變遷和政治轉型研究》，南開大學博士論文，2015 年，第 155-156 頁。

27　田小紅：《墨西哥政黨政治的變遷和政治轉型研究》，南開大學博士論文，2015 年，第 160 頁。

三、包容化與選舉權的擴展

選舉權是民主的根基，憲法以及競爭化、理性化的維度為墨西哥的選舉制度變遷和民主轉型提供了大的制度背景和框架，下文將梳理選舉權是如何在墨西哥進行擴展的。在 19 世紀末的寡頭競爭時期，選舉受到嚴格限制，只有精英階層的成員才有選舉權，平均只有 2% 左右的人才會參加選舉。[28] 例如 1836 年，何塞·胡斯托·科羅政府強行頒佈"七項立憲法律"，正式宣佈國家實行中央集權制，取消各州自治權，規定國會眾議員由直接選舉產生，但參議員由政府部長和最高法院的法官們選舉產生。法律首次對公民選舉權進行財產限制規定，宣佈只有擁有固定資產或資本的年收入超過 100 比索的公民才擁有選舉權。1842 年底，一個由 80 名高級僧侶、大地主、採礦工業家和將軍等代表組成的"名流委員會"取代了國會，並於翌年 6 月頒佈名為"墨西哥共和國政治組織基礎"的憲法，同樣對選民的財產基礎作了規定。

1910 年墨西哥革命不僅是一個行政集權制度化的過程，也是一個民眾政治參與逐漸受到控制的過程。這一過程包含兩大內容，一是依靠庇護主義恩惠的分配使得普通民眾成為威權政體的受益者；一是在憲法和選舉組織等層面保證公民的選舉權。《1917 年憲法》中對公民身分的要求是：擁有墨西哥國籍，已婚者年滿 18 週歲，未婚者年滿 21 週歲；並且，有誠實的謀生手段。公民享有的權利包括：在普選中投票；在所有須經普選的職位上，以及在具備法律規定的資格的情況下，獲委任出任任何其他職位或委員會；等等。需要特別指出的是，憲法規定教士不得享有選舉權、被選舉權和政治目的的結社權，為的是打擊教權主義勢力，維護憲法的民主特質。[29]

根據 1917 年憲法，有合法職業的成年男性開始獲得選舉權。較受

---

28 〔美〕彼得·H. 史密斯：《論拉美的民主》，譚道明譯，南京：譯林出版社，2013 年，第 219 頁。
29 劉文龍：《墨西哥通史》，上海：上海社會科學院出版社，2014 年，第 273 頁。

關注的是墨西哥女性的投票權，從 19 世紀開始爭取，直到 1947 年女性開始得到在地方選舉的投票權，全國層面選舉的權利是 1953 年確定的。也是從這一年開始，墨西哥開始實現了普選。

女性的政治權利最早在迪亞斯時代（1876-1911 年）就開始得到關注，女性開始組織擴大其公民權利，包括選舉權。但實際上，即使是 1917 年憲法也沒有賦予女性選舉權。1937 年，墨西哥女權主義者對憲法中關於誰有資格獲得公民身分的措辭提出了質疑——憲法沒有明確規定 "男人和女人"。1937 年，瑪麗亞·加西亞（María del Refugio García）作為婦女權利候選人的唯一陣綫，在她的家鄉烏魯阿潘地區參加競選。加西亞以巨大的優勢獲勝，但是由於政府沒有修改憲法，所以她沒有得到席位。1937 年 8 月，加西亞在墨西哥城的卡德納斯（Lázaro Cárdenas del Río）總統官邸外進行了 11 天的絕食抗議。卡德納斯的回應是承諾在當年 9 月修改憲法第 34 條。[30] 到 12 月，國會通過了這項修正案，婦女獲得了完全的公民權。然而，直到 1953 年，墨西哥女性才獲得選舉權。目前，墨西哥女性在參議院和眾議院分別佔 49% 和 49.2% 的席位。此外，有五名婦女競選墨西哥城市長，克勞迪亞·希恩鮑姆（Claudia Sheinbaum）成為第一位管理墨西哥城的女性。

1996 年的改革推進了保護公民選舉權利的進程，賦予公民可以挑戰選舉當局及政治黨派侵犯其選舉權利的行為和決議的權利。在法律上，墨西哥大體上符合選舉民主制的標準，特別是在國家一級。選舉的組織和管理由聯邦選舉委員會進行。近年來，對州一級選舉機構的監督有所增加。還有一種選舉法庭制度，一般比刑事法庭更為專業和獨立。如果公民和黨員的政治或選舉權利受到侵犯，他們可以向這些法院提出上訴。選民必須通過 INE 登記才能獲得選民身分證。

2005 年 6 月下旬，墨西哥國會批准了一項重大選舉改革，賦予居

30　Helen Rappaport, *Encyclopedia of Women Social Reformers*, Santa Barbara, Calif. ABC-CLIO, pp.249-250.

住在國外的墨西哥公民投票選舉總統的權利。目前至少有 700 萬墨西哥人居住在美國，海外墨西哥人預計將投出 100 萬到 500 萬張選票——1994 年墨西哥總統大選的選票為 3500 萬張。[31] 居住在國外的墨西哥人（約佔總人口的 10%）被允許投票給總統，但投票率極低，部分原因是登記過程困難。超過 1100 萬墨西哥人生活在國外，但只有 10 萬人參加了 2018 年的選舉。[32] 同年，共有 89,978,701 人申請了投票所需的身分證，約佔墨西哥人口的 72.7%。

四、理性化與選舉管理

民主化需要去除一黨制操縱和控制選舉結果的能力，建立公平、競爭性、週期性的選舉體制，其中一個關鍵過程就是建立公正、中立的選舉組織機構，以及建立一個同樣公正中立的、由法院和其他非政治組織構成的解決選舉爭端的機構。這些機構的建立為在墨西哥聯邦和州一級進行的公平、競爭性的選舉奠定了基礎，即保證了在組織選舉過程中的公正性。為此，墨西哥分別建立了聯邦選舉委員會（Federal Electoral Institute，簡稱 IFE）和聯邦選舉法庭（Federal Electoral Tribunal，簡稱 TRIFE）。

（一）聯邦選舉委員會（Federal Electoral Institute, IFE）

聯邦選舉委員會是按照 1946 年選舉法的精神建立的公共機構，負責聯邦選舉的準備、進行和監督。在革命制度黨統治的黃金時代，聯邦選舉委員會是政府和執政黨對選舉進行控制的主要工具。20 世紀 80 年代後，隨着政黨競爭日益激烈，聯邦選舉委員會有時不能正常履行職能，因此改革選舉委員會已成為當務之急。選舉委員會的性質、組成、

---

31   Mexico: Voting Rights and Emigration, https://migration.ucdavis.edu/mn/more.php?id=989.

32   Wolfgang Muno, Jorg Faust, Martin Thunert, "Sustainable Governance Indicators 2019: Mexico Report," 2019.

職能的改變成為反對黨與政府之間政治改革談判過程中的一個重要問題，成為選舉制度改革的核心內容之一。

墨西哥政黨制度曾經被認為是典型的霸權政黨制度。處於霸權地位的黨獲得霸權地位的主要手段是所謂的"非競爭性選舉"。對選舉的組織和監督是政府政治控制機制的一部分，正是在這種控制的基礎上，政府的專制統治才得以建立。1918年通過的選舉法賦予地方當局組織選舉的權力，對黨派活動和候選人的註冊過程限制很少。按照1946年的選舉法，聯邦選舉進程的準備、進行和監督由聯邦選舉委員會負責，委員會由行政機關、立法機關和全國性政黨的代表組成，這保證了將選舉方面的權力集中在政府手中。[33]

政府對選舉組織機構的控制使得墨西哥的選舉舞弊叢生，為消除反對黨和選民的怨聲，墨西哥聯邦選舉委員會的職能一直處於不斷修改和完善的過程中。1949年，最高法院取代司法部，負責調查選舉投訴，並負責對責任人的懲處。該措施結束了把選舉職能和權力完全集中在行政機關手中的狀況，司法機關承擔了一定的責任。1951年的改革改變了聯邦選舉委員會的組成：把行政機關的代表減為1名（內政部長），把政黨代表增加到3名。當然，這種改變還遠不能改變該機構的權力平衡。全國選民的註冊、地方選舉委員會成員的任命、選區的劃定、選舉結果的確認等仍完全由聯邦選舉委員會控制。

1963年的改革在增加"黨派眾議員"條款的同時，也對聯邦選舉委員會進行改革，把在聯邦選舉委員會中擁有代表的政黨增加到3個，但革命制度黨和政府仍保持在該機構中的多數。1973年的選舉改革把"黨派眾議員"從20名增加到25名，在議會獲得議席的門檻降為在選舉中獲得1.5%的選票。改革後，在議會中有4個政黨擁有了席位，這在聯邦選舉委員會的組成上有所反應。在該委員會中，所有政黨都擁有

33　袁東振：《論墨西哥經濟轉型時期的政治變革》，中國社會科學院博士論文，2002年，第49-50頁。

代表。在委員會的 7 個委員中，革命制度黨有 4 個，而反對黨有 3 個，但 3 個反對黨中有 2 個（PSP 和 PARM）支持革命制度黨，因此在實際上，委員會中有 6 票支持革命制度黨，反對票只有 1 票。PAN 是當時唯一獨立的反對黨。為了阻止 PAN 採取反體制的退出戰略，墨西哥對選舉法做了如下規定：全國性政黨有義務參加聯邦選舉委員會。[34]

1977 年的改革提高了聯邦選舉委員會的地位，除了以前享有的權力外，它還獲得了新的職能：負責政黨的註冊或取消註冊、政黨公共資金的管理、批准競選聯盟和候選人註冊、確定比例代表制的選舉規則、計算比例代表制的選票。聯邦選舉委員會獲得的這些新職權提高了它作為選舉機構的重要性，至少使它在形式上獲得了獨立於內政部的地位（儘管對選舉事務真正的控制權仍掌握在政府手中）。1977 年的改革還改變了委員會的組成，除內政部長（仍作為委員會的主席）和議會兩院的代表、每個獲得註冊的全國性政黨各有 1 名代表外，還有 1 名公共"公證員"（Notary），他的職務是技術秘書。[35] 因此從理論上說，政府在委員會中只穩獲 5 席，而反對黨有 6 席，但政府在委員會中獲得了 3 個"衛星黨"的支持，並以此保證了對聯邦選舉委員會的控制。

聯邦選舉委員會作為一個自治機構，主要負責在確定、合法、公正、客觀和職業等原則下組織聯邦選舉，這些原則是在 1990 年墨西哥憲法第 41 款明確提出的。聯邦選舉委員會由 9 名議員組成的總理事會指導，這九名議員是下議院根據 2/3 多數投票原則選舉結果，並根據議會團體在"與社會廣泛協商"後產生的；除理事會主席任期為 6 年外，其他理事成員任期為 9 年。議員是唯一有權在議會的決定中發言和投票的人，儘管該委員會還包括議會團體在國會的代表和每個國家政黨的代

34　Jean-Farneios Purd'home, "the Institute Federal Electoral (IFE): Building an Impartial Electoral Authority," in *Governing Mexico: Political Parties and Elections*, pp.142-144.

35　Jean-Farneios Purd'home, "the Institute Federal Electoral (IFE): Building an Impartial Electoral Authority," in *Governing Mexico: Political Parties and Elections*, pp.144-145.

表（他們只有發言的權利）。[36]

聯邦選舉委員會創設和改革的關鍵要素就是實現獨立，獨立於政府和"官方"黨，尤其是在一黨制背景下革命制度黨能夠操縱選舉結果，因為他們控制了選舉過程中的每一步。例如，革命制度黨越來越被指責操縱選舉結果，尤其是 1988 年總統選舉中普遍存在的舞弊指控，在這次選舉中雖然革命制度黨獲得了選舉勝利，但選舉結果受到高度質疑，一是因為選舉過程高度競爭化，二是選舉結果不符合多數選區的實際情況。1988 年選舉後的衝突推動了一個改革進程，力求在聯邦一級保證可信、合法、自由和公平的選舉，於是這次選舉成為了 1990 年開始並在 1994 年加速進行選舉改革的催化劑。[37]

1990 年，聯邦選舉委員會在成立之初依然從屬政府的影響，因為其委員由內政部大臣擔任。而且，當時的行政官理事（magistrate-councillors）是在總統提名後由下議院指定。轉折點發生在 1996 年，聯邦選舉委員會對其總理事會進行了改革，改成了現在的一個理事會主席加八名理事成員的結構，同時改革了理事會成員的產生方式，這一產生方式沿用至今。[38]

在實現自身自治後，聯邦選舉委員會開始致力於選舉公平，尤其是競選過程中各黨派獲取財政資源和媒體資源的公平性問題。革命制度黨把持的一黨體制下，官方黨在選舉競爭中擁有不成比例的優勢，尤其是其依賴於佔絕對優勢的公共資源，使得其財政資源遙遙領先，成為把控、影響選舉結果的重要手段。根據憲法第 41 款第 11 條的規定，聯邦選舉委員會有權力將公共資金重新分配給各國家政治黨派團體。對公共資金重新分配的目的是確保各黨派的正常及長期性活動，重新分配的原

36　José María Serna de la Garza, *The Constitution of Mexico: A Contextual Analysis*, Hart Publishing, 2013, p.22.

37　José María Serna de la Garza, *The Constitution of Mexico: A Contextual Analysis*, Hart Publishing, 2013, p.23.

38　José María Serna de la Garza, *The Constitution of Mexico: A Contextual Analysis*, Hart Publishing, 2013, p.24.

則主要是 30/70 原則，即根據平等性原則分配 30%，剩下的 70% 根據眾議院前期選舉中各黨派獲得選票的份額按比例劃分。[39]

除重新分配公共資金外，基於財政資源公平性的考量，憲法還規定了一系列有關選舉資金中私人讚助來源的限制或禁例。一般來說，私人讚助的資金來源不能超過公共資金的 10%。同時，憲法第 41 款還規定了聯邦議會有權以法令的形式限制政黨在競選活動中的支出、對支持者的讚助上限設限、競選活動或過程的時間、其他一些控制各政黨財政資源來源和使用的程序，等等。最關鍵的是，聯邦選舉委員會有權力對政黨是否遵循上述法令或限制進行監督，並對不遵循的政黨及其行為進行懲罰。20 世紀 90 年代以來墨西哥選舉委員會在競選資金管理方面的改革雖然取得了一定的成就，但是一些研究表明，選舉委員會推動的立法在執行過程中對非法競選資金的管控方面仍然面臨着不少執行力的問題。[40]

2007 年憲法改革（第 41 款第 4 條）進一步增強了聯邦選舉委員會監管政黨財政資源的權力，表現為在聯邦選舉委員會內部成立了一個專門性的技術機構處理相關事宜，其調查權限不止於銀行、信貸機構甚至財政保密機構。本次改革還深入到政黨提名本黨候選人的內部過程，限制提名過程中相關的財政開支，以防止候選人尋求不法的財政支持來源、減少提名過程中財力的影響作用。

墨西哥的選舉公平問題還涉及政黨所能擁有或汲取的媒體資源問題。憲法第 41 款第 11 條指出，政黨應當擁有長期性的獲取大眾媒體的權利。在 2007 年之前，獲取途徑有二：一是通過在國家所有的廣播時間各黨派的分配；二是各黨派可以直接向私有化的電話和廣播公司購買廣播時間。2007 年的改革禁止了購買行為，將獲取途徑限制為聯

---

39 José María Serna de la Garza, *The Constitution of Mexico: A Contextual Analysis*, Hart Publishing, 2013, pp.25-26.

40 Jacqueline Peschard, "Control over Party and Campaign Finance in Mexico," *Mexican Studies/Estudios Mexicanos*, Winter 2006, Vol. 22, No. 1, pp.83-106.

邦選舉委員會的分配，而且只有這唯一的途徑為合法的，分配的原則由憲法第 41 款第 3 條的 A 部分規定。之所以進行這樣的改革，是因為 2006 年的選舉中出現一些廣播和電視公司以偏見形式支持或反對某些政黨和候選人，造成選舉過程中的宣傳不公平，加之各政黨和候選人為增強自身獲勝概率大肆購買廣播宣傳，使得選舉成本耗費巨大，造成資源浪費。在 2006 年的總統選舉中，大約 1.53 億美元，即相當於 IFE 撥給各政黨用於競選的公共資金的 95%，直接進入了廣播和電視公司的腰包。[41]

實際上，這一規定是為了滿足左翼政黨民主革命黨（PRD）的要求。在 2006 年總統大選期間，民主革命黨的候選人成為一些商業組織資助的敵對媒體活動的目標。值得注意的是，憲法權利保護令對這一規定提出了質疑，認為它違反了言論自由和其他基本權利，這進而引發了一場關於違憲憲法改革可能性的辯論。面對這樣的質疑，2011 年 3 月 28 日，最高法院以 7 票贊成、4 票反對的結果宣佈，憲法權利保護令的行動不是審查憲法改革是否符合憲法的適當法律手段，因此駁回了此案。即使如此，仍然有很多意見認為這一規定實質上違反了言論自由的基本精神，使得只有政黨有權進行自我宣傳，任何公民個體都將無權利表達自己的訴求和觀點。[42]

聯邦選舉委員會的建立，對於促進選舉過程的公正性和有效性、推進民主改革進程發揮了重要作用。例如，聯邦選舉委員會在 2004 年對選區進行了公正和專業的重新劃分，這次的選區重劃是基於每個人投票平等的原則，而不是為了刻意的政治利益。除此之外，在選舉過程中，聯邦選舉委員會還允許每個政黨代表參加每一階段的工作，創造了一個包容的選舉過程，鼓勵透明度高的選舉。而且，聯邦選舉委員會制定

41 José María Serna de la Garza, *The Constitution of Mexico: A Contextual Analysis*, Hart Publishing, 2013, p.27.

42 José María Serna de la Garza, *The Constitution of Mexico: A Contextual Analysis*, Hart Publishing, 2013, p.25.

了詳細的戰略和方案來指導選舉日的準備工作，包括在全國約 13 萬個投票站挑選和培訓官員。在選舉與政體關係研究中，1929 年到 1997 年的墨西哥政體被認為是一種典型的選舉威權政體，而墨西哥選舉威權政體得以維持的一個重要條件，就是獨大型政黨對競選資金的操控。[43] 如此看來，20 世紀 90 年代以來墨西哥聯邦選舉委員會所推動的競選資金管理規範的改革，顯然也是墨西哥選舉威權政體走向終結的一個重要條件。

在 2014 年的選舉改革中，國會將聯邦選舉委員會改革為國家選舉委員會，新機構負責組織地方和聯邦選舉，聚焦於以下職責：監督競選活動、監管選情調查、監管初選結果、監督選舉過程。另外，國家選舉委員會還負責新的地方選舉官員的任命。[44]

綜上所述，聯邦選舉委員會有權力和職責監督選舉過程中政黨和候選人是否遵從憲法對有關選舉細則的規定，在促進選舉公平的政治進程中發揮了關鍵作用。然而，這些權力和職責同時帶來了聯邦選舉委員會工作負擔過重的問題，尤其是隨着改革不斷賦予其監督幾乎所有政黨、候選人的所有行為的責任。整體而言，墨西哥的聯邦委員會及國家選舉委員會的設立，對於推動墨西哥選舉管理的理性化起到了非常重要的作用，尤其是在 2000 年之後通過規範選舉而保證自由競選方面的作用極其明顯。但是某些方面的不足引出的意外後果也同樣值得重視，例如，民主化以來，墨西哥選舉競爭中出現了大量的極端化政黨。一些研究認為，之所以會在墨西哥的政黨初選過程中就產生出極端化的候選人，主要的原因在於墨西哥的選舉管理對初選規範不足，從而導致信息披露嚴重不足。[45]

---

43 Joy Langston, Scott Morgenstern, "Campaigning in an Electoral Authoritarian Regime: The Case of Mexico," *Comparative Politics*, January 2009, Vol. 41, No. 2, pp.165-181.

44 José María Serna de la Garza, *The Constitution of Mexico: A Contextual Analysis*, Hart Publishing, 2013, p.27.

45 Kathleen Bruhn, "Electing Extremists? Party Primaries and Legislative Candidates in Mexico," *Comparative Politics*, July 2013, Vol. 45, No. 4, pp.398-417.

（二）聯邦選舉法庭（Federal Electoral Tribunal, TRIFE）

雖然墨西哥在憲法層面上早在 1917 年就已經確立了司法獨立的原則，但是最高法院長期從屬、依附於總統和革命制度黨。作為最高司法權力的一個組成部分，聯邦選舉法庭的成立，是為了從有政治偏見的實體（所謂由立法者組成的"選舉團"）手中剝奪認證選舉和解決選舉爭端的權力。如今，聯邦選舉法庭已成為聯邦司法權力的一部分，由七個裁判官組成，裁判官經過最高法院提名後再經參議院以 2/3 多數原則選舉產生。裁判官的任期為九年，而且不得再次當選。聯邦選舉法庭由一個長期性的高級法庭和五個地區性法庭構成，高級法庭也是上訴法庭。[46]

聯邦選舉法庭的起源可以追溯到 1986 年的憲法改革，當時設立了選舉法庭（當時的名稱為 Tribunal de lo Contencioso Electoral，職責是審理聯邦選舉以外的選舉爭端）。問題是，選舉法院的決定可以由每一分庭的選舉團加以審查和修改，使得選舉團仍然是核證選舉的最後裁決人。經過改革，聯邦選舉法庭才成為唯一有權力核查選舉過程中合法性和合憲性的實體機構。除有權核查聯邦和州選舉機構中的爭端外，聯邦選舉法庭還可以審理公民對選舉權威組織侵犯其政治和選舉權利的行為以及決議提請的訴訟。[47]

1996 年，最高法院被授予權力審查聯邦和州選舉法的合憲性，通過所謂的"不合憲行動"。採取這一行動是為了解決一般規範（包含州憲法法律的概念）和聯邦憲法之間可能存在的矛盾。這項行動必須在在《聯邦和州選舉法》的基礎上，在《聯邦和州選舉法》中登記的各政黨的受質疑的國家領導地位公佈後 30 天內提出；或由在州選舉當局登記

---

46 José María Serna de la Garza, *The Constitution of Mexico: A Contextual Analysis*, Hart Publishing, 2013, p.28.

47 José María Serna de la Garza, *The Constitution of Mexico: A Contextual Analysis*, Hart Publishing, 2013, p.28.

的各政黨的州領導人就各自的州立法機關通過的選舉法提出意見。

聯邦選舉法庭在墨西哥民主化變遷的過程中扮演着關鍵作用，貢獻主要體現在 1996 年創立的兩項改革事宜：一是對憲法性選舉的修訂（Constitutional-Electoral Revision），另一是對公民政治選舉權利的保護。

第一項改革事宜體現在憲法第 116 款第 4 條，主要是反對黨在尋求州和市級選舉中具有公平、真正競爭性選舉結果而進行政治協商、議價的成果，從而在聯邦憲法標準層面確立了州選舉需要依據的法律規則。其主要內容如下：

> 組織國家選舉的指導原則應是確定性、公正性、獨立性、合法性和客觀性；在各州組織選舉和解決選舉爭端的當局在運作上應具有自治權，在決定上應具有獨立性；國家法律應規定補救辦法和程序，以挑戰非法的行政行為和決議；國家法律還應建立機制，保障各政黨平等利用大眾傳播媒介；國家法律應制定標準，規定政黨在政治競選中的開支限額；以及對支持者捐款的限制；州法應規定哪些行為構成選舉罪並規定相應的處罰。（Article 116. IV）[48]

第二項改革涉及 1996 年關於憲法性選舉的修正事項，即 Juicio de Revision Constitutional Electoral (Proceeding for Constitutional-Electoral Revision)。通過這一改革，聯邦選舉法庭可以聽取對負責組織和證明選舉的各州選舉當局的最後行動和決議的申訴；或解決由此產生的爭議，這些爭議可能與有關選舉程序的發展或選舉的最終結果有關（Article 86-93, 99）。改革的目標是挑戰違憲行為以及解決各州選舉當局關於各種選舉過程中的糾紛，這些選舉包括州長、州議員、聯邦行政區政府首長及議員、市政地方層面的議員等。需要注意的是，聯邦選舉法庭權力

48　José María Serna de la Garza, *The Constitution of Mexico: A Contextual Analysis*, Hart Publishing, 2013, p.29.

的增加，造成其與聯邦在干預地方衝突中的緊張關係。[49]

整體而言，1996 年之後的改革提升了司法機關的權力地位，在選舉爭議裁決方面同樣起到了比較重要的制約行政權和革命制度黨的作用，從而為墨西哥的轉型提供了穩定的制度條件。[50] 但是同時也引出了一些新的爭議。根據聯邦選舉法庭的案例法 "抽象條款"，聯邦選舉法庭可以作廢其認為不符合憲法基本精神的州選舉產生的選舉結果，儘管憲法並沒有明文規定。這一案例法是 2000 年由民主革命黨提出的，當時是為了針對塔巴斯科州長的當選。於是，聯邦選舉法庭廢黜了這一選舉結果，命令塔巴斯科州立法機關任命一名臨時州長，並於 6 個月後召集了新的選舉。聯邦選舉法庭可以解釋和應用憲法原則中組織州選舉內容的情況，引起了聯邦選舉法庭權力是否過大的爭論。爭論的結果是 2007 年對憲法第 99 款進行了修正，內容如下：聯邦選舉法庭的高級法庭和地區性法庭都只能在明文法規範圍內宣佈選舉無效。[51]

不過，2007 年的這一憲法修正並未終結關於聯邦選舉法庭權力範圍的爭議，一方面聯邦選舉法庭認為這一憲法修正案使得它無法再引用 "抽象條款" 宣佈州選舉無效，另一方面又繼續行使 "抽象條款" 權力。比如在 2007 年，聯邦選舉法庭高等法院確認了米卻肯州選舉法庭的一項裁決，該裁決宣佈米卻肯州 Yurecuaro 市的選舉無效，原因是在競選中使用了宗教符號和元素，這違反了州選舉法以及聯邦憲法和州憲法。這場辯論遠未結束，它反映了選舉法庭本身對其作用和憲法解釋權力範圍的概念之間的緊張關係；以及政治行動者企圖通過政治進程對法庭加以限制的努力。[52]

---

49 José María Serna de la Garza, *The Constitution of Mexico: A Contextual Analysis*, Hart Publishing, 2013, p.29.

50 Jodi Finkel, "Supreme Court Decisions on Electoral Rules after Mexico's 1994 Judicial Reform: An Empowered Court," *Journal of Latin American Studies*, Nov. 2003, Vol. 35, No. 4, pp.777-799.

51 José María Serna de la Garza, *The Constitution of Mexico: A Contextual Analysis*, Hart Publishing, 2013, p.29.

52 José María Serna de la Garza, *The Constitution of Mexico: A Contextual Analysis*, Hart Publishing, 2013, p.29.

儘管如此，聯邦選舉委員會和聯邦選舉法庭的成立、改革等都在推動墨西哥選舉制度的理性化、平等化和選舉結果的可信度，一方面得到民眾的支持，提高了政府的合法性；另一方面，也促進了墨西哥民主制度的發展。民主制度的建立及其質素離不開一個重要維度——選舉權的擴展，即哪些人有參加政治選舉的權利，這涉及選舉權在不同群體間的擴展和變化。一般來說，墨西哥的選舉被認為是自由和公正的。投訴涉及賄選和一些小問題，比如武裝團體盜竊了 34 個投票箱。還有研究發現，在墨西哥向民主轉型的過程中，尤其是在那些庇護網絡比較強勁的農村地區，選舉競爭程度提升會帶來暴力犯罪程度的提升。[53] 由此表明在選舉制度理性化的過程中，一個國家除了需要建立基本的制度框架外，還需要針對特殊的國情而出台一些針對特定行為的集中治理模式，否則選舉管理的基本制度會在某些地方失效。

五、小結

　　本章系統梳理、總結了墨西哥的選舉制度如何演變的基本情況，根據上文內容可以發現，墨西哥的選舉制度變遷經歷了有限競爭、寡頭化、包容化和競爭擴大化的階段，目前已經形成相對穩定的選舉制度架構。具體來說，有四點內容：

　　第一，墨西哥的選舉總體上呈現出從間接選舉到直接選舉演化的趨勢，在這一過程中也時有交替，經過多次選舉法的改革和調整，目前國家層面多數選舉都採用了直接選舉方式，包括總統選舉、眾議院單一選區（300 議席）選舉和參議院的分區直選議員選舉等。

　　第二，墨西哥在《1917 年憲法》後經歷了一段有限競爭化的選舉格局時期，隨着 1929 年墨西哥革命制度黨建立起霸權主義政黨體制，墨西哥進入了長達數十年的寡頭化的選舉階段。歷經多次重大選舉改

53　Andrés Villarreal, "Political Competition and Violence in Mexico: Hierarchical Social Control in Local Patronage Structures," *American Sociological Review*, Aug. 2002, Vol. 67, No. 4, pp.477-498.

革，墨西哥的政治體系不斷開放，以法律改革制度化了政治競爭，並逐漸擴大了反對黨的代表性，通過制度改革一步步實現了競爭的規範化。可以說，墨西哥的選舉最主要的特色之一就是歷經寡頭化之後競爭的不斷擴大化。

第三，作為民主基石和民主改革核心的選舉權的擴展，在墨西哥得到很好的體現。墨西哥立國之初對選民資格要求嚴格，1917 年開始賦予成年男子選舉權，仍然伴有財產或職業的限制。經過改革人士的努力，墨西哥終於在 1953 年實現了女性的選舉權，這對增加選舉制度的包容性至關重要。鑒於墨西哥獨特的國情，2005 年賦予海外墨西哥人的選舉權，進一步增強了墨西哥選舉制度的包容性。

第四，為保證選舉競爭的規範，提升選舉結果的合法性等，墨西哥針對選舉管理機構和裁決選舉爭議的選舉法庭進行了多次改革，在選舉理性化的道路上不斷前進，取得了較好的成果。

第五章

法國選舉制度的變遷

法國議會選舉制度的源頭，可以上溯到 1302 年召開的三級會議。自大革命開始，法國選舉制度的變遷經歷了一個複雜的循環往復的過程。不穩定成為法國選舉制度的一個顯著特徵。不同的政治派系和社會力量為了獲取官職，更為了按照各自的原則而調動所有資源來改造社會或維持現狀，想盡辦法利用選舉制度。因此，選舉制度隨着波雲詭譎的政治鬥爭而千變萬化。在第五共和國之前，連續存在三十年（1889-1919 年）的選舉制度只有一種；運行約十八年的選舉制度只有兩種；而在其餘的一百多年中，沒有哪種選舉制度的生命超過了十二年。1831 年之前多採用複數選區制；之後一直到 1945 年少量使用複數選區制，而單一選舉制成為主流；1945 年後複數選區制又被重新啟用。儘管如此，被視為現代選舉的一些原則得以實施和存續。[1] 由於法國選舉制度的變遷過程非常複雜，一些研究者將其整體發展分成了七個階段：一，1789 年之前的舊制度選舉；二，1789 年至 1815 年期間的革命和拿破崙（Napoléon Bonaparte）時期的選舉；三，1815 年至 1830 年期間的復辟時期的選舉；四，1831 年至 1845 年期間的七月王朝時期的選舉；五，1848 年至 1849 年期間的二月革命和第二共和國時期的選舉；六，1871 年至 1936 年期間的第二帝國和第三共和國期間的選舉；七，1945 年之後第四共和國和第五共和國期間的選舉。[2] 雖然選舉制度隨着政體的變化在不斷變化，但是整體的發展仍然是沿着選舉包容化、競爭化、直接化、理性化這四個維度在展開。

1　Peter Campbell, *French Electoral Systems and Elections since 1789*, London: Archon Books, 1965, pp.17-19.

2　Daniele Caramani, *Elections in Western Europe since 1815: Electoral Results by Constituencies*, New York: Macmillan Reference Ltd., 2000, p.292.

一、從間接選舉到直接選舉

　　在法國舊制度下的三級議會的漫長演化過程中，其基本選舉模式是教士和貴族以直接選舉為主，第三等級的代表以間接選舉為主。[3]1789 年6 月，法國大革命期間的第三等級聯合少數教士貴族代表組成 "國民議會"，目的是限制國王的權力。7 月 9 日，國民議會改為制憲議會，隨後否決了兩院制議會的方案，採用一院制。8 月 26 日，制憲議會通過《人權與公民權宣言》。但隨後進行基本政治制度的設計時，在最初提出的方案中，國民會議的代表要經過一個三級選舉過程：納稅人選舉市鎮會議的選舉人；市鎮的選舉人再派出各區，由各區選舉產生國民議會的代表。[4]12 月 22 日制憲議會通過選舉法，實行兩級選舉制。在這種兩級選舉制下，一切有選舉權的公民都參加各區的初級會議的選舉，選出選舉人和市鎮政府的成員，而後再由這些選舉人選出國民議會的代表。[5]

　　這種兩級選舉制在隨後的 1791 年憲法中得到了確認。憲法規定，積極公民有選舉權，他們首先在城市或區一級展開初級會議，以相對多數選出 1% 的人為選舉人。這些選舉人組成省級選舉會議，以投票的絕對多數選出代表及其候補代表。各省選出的議員不再代表本省，而是代表全國。根據憲法，國王不再是上帝的代表，而是國民的代表，因此憲法將立法權委託給王國和國民議會。憲法規定，國王不能解散議會，但擁有暫時否決權。事實上，這就導致立法議會的權力受到國王壓制。

　　為了反對專政，1793 年國民公會部分通過了一部較為民主的憲法草案，史稱 "孔多塞憲法草案" 或 "吉倫特派憲法草案"。1793 年憲法設計的 "兩次選舉制"，不完全同於之前的兩級選舉制，新的選舉程序比較接近直接選舉，採用一院制即立法團，它是全國最高立法權力機

3　Daniele Caramani, *Elections in Western Europe since 1815: Electoral Results by Constituencies*, New York: Macmillan Reference Ltd., 2000, p.293.

4　〔英〕阿克頓：《法國大革命講稿》，秋風譯，貴陽：貴州人民出版社，2004 年，第 128 頁。

5　郭華榕：《法國政治制度史》，北京：人民出版社，2015 年，第 69 頁。

關，議員經兩次選舉產生。在新的兩級選舉制下，公民在初級會議中選出一批"被推薦人"，然後省政府從中挑選，組成一張候選人名單，最後再回到初級會議，由選民投票選出議員。同時，設立共和國執行會議，作為中央政府。24 名執行會議成員由公民在初級會議中直接選舉產生。具體程序是，初級會議選出一批"被推薦人"，然後由省政府從中挑選、公佈 83 名候選人名單，並遞交立法團最終挑選 24 人形成一份全國候選人名單，最後由初級會議投票選出。[6]

熱月政變後，熱月派及其支持者主張制定新憲法，建立溫和的共和制。1795 年 9 月 6 日，由溫和共和派主導的制憲會員會起草的新憲法獲得公民投票的通過。1795 年憲法在法國歷史上首次實行議會兩院制。立法團即整個議會，由 205 人構成的元老院和 500 人構成的五百人院組成。選舉程序又回到了最初的兩級選舉制，初級會議選出參加省級選舉會議的選舉人，然後由他們選出立法團兩院的議員。[7]

1799 年憲法改變了議會的構成：元老院規模大幅縮小，初時為 60 人，後增至 80 人，且終身任職；立法團成為議會的一個分院，規模減小至 300 人。憲法改變了行政區劃，設立省和專區，替代之前設立的市區。議員的選舉制度相應跟着改變，成為三級選舉制。在新的選舉程序下，每個專區選出一個 1/10 公民的專區名單；然後從每個省的專區名單上的公民中選出 1/10，成為省級名單；從省級名單上的公民中選出 1/10，成為全國名單；最後，將全國名單交由元老院。[8]第一帝國建立後，皇帝加強了對權力的掌控。1802 年 8 月 4 日，元老院組織法令改變了元老院的產生方式。法令規定，由皇帝從各省選民團提供的候選人名單中選擇 80 人，組成元老院。這種層層遞進的方式，事實上削弱了選民團的地位和作用。

6 　郭華榕：《法國政治制度史》，北京：人民出版社，2015 年，第 110、117 頁。

7 　洪波：《法國政治制度變遷：從大革命到第五共和國》，北京：中國社會科學出版社，1993 年，第 326 頁。

8 　郭華榕：《法國政治制度史》，北京：人民出版社，2015 年，第 200-201 頁。

1813 年，第六次反法同盟在萊比錫打敗拿破崙，並於 1814 年 3 月攻入法國，要求法國投降、拿破崙退位。隨之，路易十八登基，波旁王朝復辟。1814 年 6 月 4 日，路易十八公佈了一部憲章，即 1814 年憲章。根據憲章規定，議會由貴族院和眾議院組成，兩院和國王共同擁有立法權，但是議會在國王之下，國王有權決定兩院的召開、延期和解散。貴族院成員由國王任命，並決定是否終身任職或可否繼承。眾議員由間接選舉產生，由選民在選民團中選出。與 1799 年憲法相比，1814 年憲章加強了選民團的作用。

波旁王朝第二次復辟後，自由派在眾議院和政府中佔據了優勢。內政大臣萊內（Joseph Henri Joachim Lainé）就是君主立憲派人士。1817 年 2 月 5 日，以他命名的 "萊內選舉法"（Loi Lainé）規定，每省選民各自組成一個選民團，直接選舉眾議員。如果選民團超過 600 人，則分為選民組，但每個選民組不得少於 300 人。選民組和選民團同樣直接選舉眾議員。有研究表明，在此前的法國長期採用的間接選舉制度，在選舉代表時有着非常明顯的階級效用。早在大革命時期用間接選舉產生的議員中，雖然是由農民選舉產生議員，但是律師在其中的比例就高達 52%。[9]

一般認為，從 1871 年開始，法國已經正式終結了間接選舉制度，此後的選舉雖然在其他方面可能還會有反覆，但是直接選舉作為一項基本原則，已經在法國議會選舉中正式得以確立。[10] 在國會下院的直接選舉原則得到確認之後，法國選舉制度接下來的歷史主要圍繞着總統選舉制度而有一些變化。1852 年廢除總統制而改行帝制之後，總統選舉制度被廢除，一直到 1875 年憲法才規定總統由間接選舉產生。總統間接選舉制度一直延續到 1962 年，才改為直接選舉。而參議院則至今仍然

9　Adam Przewoski, *Why Bother with Elections?* Cambridge: Polity Press, 2018, p.37.

10　Andrew McLaren Carstairs, *A Short History of Electoral Systems in Western Europe*, London: George Allen & Unwin Ltd., 1980, p.175.

維持間接選舉制度。

目前法國參議員的間接選舉方式也頗具特色。其基本的制度為每省一個選舉團，由本省選出的國民議會議員、省議會議員以及市鎮議會議員代表組成。憲法同時規定要確保法國“各領土單位”和居住在國外的法國公民，在參議院中都有代表。具體的選舉方法又分三種：一，在分得 4 個議席以下的省份，採用“兩輪多數投票制”。在第一輪投票中，獲得票數一半以上的選票，或者得票數等於或者大於登記選民數 1/4 即為當選。在第二輪投票中，由在第一輪中獲得法定票數的候選人進行競選，獲得相對多數者當選，得票相等時則長者當選。二，在分得 5 個以上議席的大省，採用比例代表制。選舉人只投候選人名單的票。議席分配則按照最大均數法在獲勝名單中分配。得票數不足投票總數 5% 的名單，不參加議席分配。三，居住在國外的法國公民，由他們的代表組成“最高會議”。該會議對世界各地的法國公民提出的候選人進行表決，按分得的議席數選出參議員。[11]

二、包容化與普遍選舉

一般而言，普選都會經歷一個漫長的過程才會成為不言自明的信仰。然而，法國普選觀念上的早熟與制度上的延緩是並存的。[12] 法國的普選觀念是在經歷一個斷裂後突然出現的，但在法律史和制度史上，普選的實現過程卻跌宕起伏。法國大革命後一直到 19 世紀 50 年代，圍繞選舉的主要問題就是誰應該有投票權，亦即普選議題，而誰是能夠獲勝的候選人則是相對次要的。[13]

1788 年，路易十六決定在 1789 年 5 月召開三級會議，以因應全國的財政稅收問題。根據 1789 年 1 月法令，年滿 25 歲的貴族男性選出

---

11 《世界議會辭典》，北京：中國廣播電視出版社，1987 年，第 317-318 頁。

12 〔法〕皮埃爾·羅桑瓦龍：《公民的加冕禮：法國普選史》，呂一民譯，上海：上海人民出版社，2005 年，第 365-367 頁。

13 Peter Campbell, *French Electoral Systems and Elections since 1789*, London: Archon Books, 1965, p.19.

330 名貴族代表；領薪神職人員與全體教士和修會的代表選出教士代表
326 名；第三等級選出的代表共 661 名，但只有年滿 25 歲且交納直接
稅的男性有選舉權。如果按照傳統的階級投票規則，貴族和教士擁有兩
票而第三等級只有一票，那麼新的稅收很可能由第三等級承擔。因此，
圍繞投票方式的問題從一開始就爆發了。1789 年 6 月，第三等級在西
耶斯（Emmanuel-Joseph Sieyès）的提議下，邀請其他兩個階級的代表加
入，自行成立 "國民議會"，並進行 "網球場宣誓"，宣佈不制定憲法
就不解散國民議會。隨後，共有 200 多名貴族和教士代表相繼加入。7
月 9 日，國民議會更名為 "國民制憲議會"，開始發揮立法功能。

　　在制定會議關於選舉權問題的討論中，西耶斯提出要將公民分為積
極公民和消極公民。1789 年 12 月 22 日，制憲議會基於西耶斯等人把
公民分為積極公民和消極公民、限定選民和候選人財產資格的主張，制
定了一部選舉法，實行限制性的選舉。與三級會議的選舉相比，該選
舉法對選舉資格的限定更為嚴格。其中，選舉資格的積極要件包括：
年滿 25 歲的男性，每年繳納相當於三天薪水額度的直接稅，即按戶頭
的軍役稅、人頭稅以及按收入的二十分之一稅，在同一地區居住至少 1
年，宣誓忠於法律和合法當局等。符合這些條件的人被稱為積極公民，
大約 430 萬人。他們可以參加初級會議選舉，選出選舉人和市鎮政府
成員。婦女等消極公民不享有選舉權，大約 300 萬人。選舉人需繳納等
於當地 10 日工資的直接稅，才能在省級選舉會議中選舉議員等國家職
務。而議員的當選條件更高，要繳納相當於 26-52 天的直接稅。[14] 但是激
進派如羅布斯比爾（Maximilien François Marie lsidore de Robespierre）、
馬拉（Jean-Paul Marat）、孔多塞（Marie Jean Antoine Nicolas de Caritat,
marquis de Condorcet）等人反對財產選舉，甚至提出要賦予女性選
舉權。而且巴黎一些區的市民也因為對選舉權的財產限制而發出了

14　郭華榕：《法國政治制度史》，北京：人民出版社，2015 年，第 69 頁。

抗議。[15]

　　但是，1791 年 9 月基於君主立憲的憲法進一步確認了選舉的有限性。成為積極公民的條件更具有限制性。男性法國人，年滿 25 歲，在當地有固定住所，交納相當於 3 個工作日價值的直接稅，參加國民衛隊，已作公民宣誓，符合這些條件才享有選舉權。此外，除婦女外，新增家僕、被起訴者、破產者、不參加國民衛隊或不作公民宣誓的人都不享有選舉權。積極公民有權在初級會議中選出選舉人。1791 年憲法規定，選舉人分為三類：一是住在人口 6000 人以上城市中的所有者、用益人（財產在納稅冊上估計為 200 天工作日的收入）和房屋承租人（住宅估計相當於 150 天工作日的收入）；二是住在人口 6000 人以下城市中的所有者、用益人（財產在納稅冊上估計為 150 天工作日的收入）和房屋承租人（住宅估計相當於 100 天工作日的收入）；三是農村的所有者、用益人（財產估計相當於 150 天工作日的收入）、農場主、分成制佃農（財產估計相當於 400 天工作日的收入）。[16] 參加選舉人會議，需要交納相當於 10 個工作日價值的稅；交納 1 銀馬克稅額（相當於 50 金法郎）的積極公民，則有當選議員的資格。[17]

　　1792 年 8 月的革命推翻君主制統治，並召集新的“國民公會”。8 月 11 日，國民公會通過清查選民的法令，廢除積極公民和消極公民的區分，取消選舉資格的財產限制，試圖推行男性普選。年滿 21 歲、居住滿一年且非家僕的男性可以成為選舉人。當選議員的年齡為 25 歲以上。選舉人和議員都必須宣誓維護自由平等。由此看來，新的選舉制度已經很接近男性普選制，但事實上，婦女、家僕依然沒有獲得選舉權，不少公民都不能或不敢參加投票，“有反動思想者”與“可疑的公民”也不享有選舉權。從結果來看，議員構成多為資產者以及前議員、律師

15　洪波：《法國政治制度變遷：從大革命到第五共和國》，北京：中國社會科學出版社，1993 年，第 324 頁。

16　郭華榕：《法國政治制度史》，北京：人民出版社，2015 年，第 79 頁。

17　吳國慶：《當代各國政治體制：法國》，蘭州：蘭州大學出版社，1998 年，第 180 頁。

和官員，其中工人議員只有兩名。[18]

國民公會內部兩大派，即吉倫特派（La Gironde）和山嶽派（La Montagne）之間的鬥爭曾一度使國民公會陷入僵局。1793 年，由於對抗第一次反法同盟的軍事失敗和國內社會、經濟困難，吉倫特派被山嶽派淘汰。6 月，山嶽派起草了新憲法，規定了一種新的男性普選制度。該憲法規定，所有年滿 21 歲、在法國居住滿一年的男性都可被賦予選舉權，從而降低選舉資格的各項限制標準。遺憾的是 1793 年憲法正式取消了積極公民與消極公民的區分而確立了成年男性的普選權，但是因為熱月政變雅各賓專政被推翻而未能實施。[19]

1795 年 8 月，國民公會又通過了一部新憲法，亦稱共和三年憲法。1795 年憲法首次採用了兩院制，規定議會分為由 250 人組成的元老院和由 500 人組成的五百人院。元老院議員的當選條件是年滿 40 歲且在法國居住 15 年以上的已婚選民，五百人院議員則須是 30 歲以上且在法國居住滿 10 年的選民。對選民資格的規定倒退到了 1793 年之前，恢復了財產選舉：年滿 21 歲、交納直接稅且居住滿一年的男性才能成為選民，而且選民只能組成初級會議，選舉產生選舉人。[20]

此後，選舉資格在財產、年齡、教育等方面的限制在不同程度上有所提高。例如，根據 1814 年憲章，選民應該年滿 30 歲，交納 300 法郎以上的直接稅；議員的當選資格為年滿 40 歲，交納 1000 法郎以上的直接稅。[21] 1817 年 2 月 5 日 "萊內選舉法" 規定，年滿 30 歲且交納 300 法郎直接稅的法國人可以選舉本省的議員。1818 年 3 月 25 日，另一項選舉法規定，年滿 40 歲且交納 1000 法郎直接稅才能當選為眾議員。此後，議會還於 1820 年通過 "雙重投票法"，規定最富有的選舉人在選舉

18　郭華榕：《法國政治制度史》，北京：人民出版社，2015 年，第 98-99 頁。

19　洪波：《法國政治制度變遷：從大革命到第五共和國》，北京：中國社會科學出版社，1993 年，第 326 頁。

20　洪波：《法國政治制度變遷：從大革命到第五共和國》，北京：中國社會科學出版社，1993 年，第 326 頁。

21　郭華榕：《法國政治制度史》，北京：人民出版社，2015 年，第 234 頁。

議員時可以投兩次票：交納 300 法郎以上直接稅的選民組成選舉團，每區選出一名眾議員；另一次是從最富有的選民中抽出 1/4 組成選舉團，在省一級選舉眾議員。[22]

但 1830 年 8 月憲章和 1831 選舉法又在一定程度上放寬了選舉資格的限制。憲章降低了選舉資格的年齡限制，規定選民須滿 25 歲，而眾議員須滿 30 歲。1831 年 3 月市鎮議會選舉法擴大享有選舉權的選民範圍，規定國民衛隊軍官和年金 600 法郎的正規軍退休軍官也享有選舉權。1831 年 4 月眾議院議員選舉法則進一步在居住、年齡、財產等方面開放了選舉權。按規定，選民必須是年滿 20 歲且交納 200 法郎直接稅的公民，如果選區選民人數不足 150 人，那麼納稅不足 200 法郎的公民可以補充。法蘭西學會成員、部分退休軍官等一部分人，交納 100 法郎也可稱為選民。此外，30 歲以上且交納 500 法郎直接稅的可當選為議員，若符合該年齡和稅收限制的候選人不足 50 人，將由低於相應納稅額者補充。[23] 此項改革擴大了七月王朝的選民基礎。1842 年和 1847 年曾有過兩次進行選舉改革的嘗試，致力於進一步降低選舉資格的限制，但均被眾議院否決。1844 年，路易·菲利普（Louis-Philippe）重拾查理十世的作法，宣佈營業稅不作為選舉的財產資格。但是整體而言，這一時期的法國對選民資格的限制仍然較多。在 1830 年至 1848 年期間，享有投票權的選民只佔 21 歲以上成年男性的 2.8%。[24]

1848 年，臨時政府出台的選舉法規定了普選制，並在此基礎上選舉產生 "國民大會"。國民大會同時作為制憲議會起草了新憲法，即 1848 年憲法。由此，第二共和國開啟了法國選舉制度史上的新篇章，恢復並確認了普選原則。根據規定，選舉是直接的、普遍的，並以秘密

22　洪波：《法國政治制度變遷：從大革命到第五共和國》，北京：中國社會科學出版社，1993 年，第 328 頁。

23　Peter Campbell, *French Electoral Systems and Elections since 1789*, London: Archon Books, 1965, p.62；郭華榕：《法國政治制度史》，北京：人民出版社，2015 年，第 267-269 頁。

24　Graeme Gill, *Bourgeoisie, State, and Democracy: Russia, Britain, France, Germany, and the USA*, Oxford: Oxford University Press, 2008, p.111.

投票方式進行；凡年滿 21 歲，沒有被剝奪政治權和公民權的法國人，均為不受任何選舉資格限制的選民；凡年滿 25 歲的選民均可以當選為議員，而不受居住資格的限制。此外，不僅議員由普選產生，共和國總統也由普選產生。這是法國歷史上第一次總統選舉。選舉以人口為基礎，以省為單位，採用名單投票的方式。1849 年選舉法延續了憲法所採用的選舉制度。當年的選舉中，約 1 千萬人註冊為選民，其中約不到 70% 的人參與了投票。[25]

但普選很快就遭到了挑戰。1849 年，保守派在選舉中取得大勝，贏得了大約 500 個席位。儘管如此，激進派在補選中的勝利，卻使保守派對普選導致社會主義革命的可能性感到害怕。隨即政治轉向保守。國民大會於 1850 年 5 月 31 日頒佈新選舉法，將選舉資格限定為：在當地居住年滿 3 年，交納屬人稅或養路捐（或者完成 4 日勞役）。農業工人、城鄉免交屬人稅的貧民等許多工人被剝奪了選舉權，從而導致約 280 萬人因為這些限制而喪失了選舉權。[26] 由於這次修法是普選的一次大倒退，而且憲法確立的制度導致總統與議會的衝突，1851 年 12 月總統拿破崙三世（Napoléon III）發動政變解散國民大會，廢除 1850 年選舉法，並於 1852 年 2 月 2 日公佈選舉，恢復了 1849 年所確立的普選原則，規定只要在本市鎮居住年滿 6 個月者即享有選舉權；年滿 25 歲的公民，無論身居何處，都有被選舉權。[27]

1871 年 2 月，臨時政府依據 1849 年選舉法，在一片政治混亂中選舉產生了國民議會。1872 年 7 月，議會通過軍事法律。第 5 條規定，凡入伍者不得參加任何投票，從而剝奪了軍人的選舉權。1875 年國民議會先後制定了五部法，即 2 月 24 日《關於參議院組織的憲法性質法律》、2 月 25 日《關於公共權力組織的憲法性質法律》、7 月 16 日《關

25　Peter Campbell, *French Electoral Systems and Elections since 1789*, London: Archon Books, 1965, p.66.
26　張芝聯主編：《法國通史》，瀋陽：遼寧大學出版社，2000 年，第 385 頁。
27　張芝聯主編：《法國通史》，瀋陽：遼寧大學出版社，2000 年，第 395 頁。

於公共權力關係的憲法性質法律》、8 月 2 日《關於參議員選舉的組織法律》、11 月 30 日《關於眾議員選舉的組織法律》。[28] 根據五部法的規定，第三共和國採用議會制，凡年滿 21 歲的法國男性公民均有選舉權，年滿 25 歲可當選眾議員，年滿 40 歲可當選參議員。女性和軍人依舊沒有獲得選舉權。但是，部長、國務秘書、大使、全權公使、塞納省長、警察局長、最高法院第一院長和總檢察長、審計法院第一院長和總檢察長、巴黎上訴法院第一院長和總檢察長、大主教與助教等公職人員不能參與議員選舉。在第三共和國執政的七十年中，選舉制度經歷了數次變革，並有其他被否決的改革議案，但選舉參與率卻非常高，大多數選舉的投票率都保持在 76% 至 84% 之間。[29]

二戰後期，考慮到歐洲其他一些國家的女性都已經獲得選舉權，以及法國女性在二戰中所作出的貢獻，1944 年 4 月 21 日，戴高樂（Charles André Joseph Marie de Gaulle）領導的法蘭西民族解放委員會頒佈了一項法令，規定"婦女和男子享有平等的選舉權和被選舉權"。同年 10 月 5 日，臨時政府宣佈給予婦女以選舉權。1945 年 4 月至 5 月的市鎮選舉中，婦女參加投票的原則得到貫徹。8 月 17 日，臨時政府頒佈法律，規定婦女與軍人從此擁有選舉權。1945 年 10 月 21 日的公民投票和制憲議會選舉，年滿 21 歲的男女參加了投票。這是自 1789 年發表《人權宣言》以來法國女性在歷史上首次獲得與男子同等的選舉權。但是有 20% 的選民沒有投票，其中大部分是剛獲得選舉權的婦女。[30]

事實上，早在法國大革命時期就有一些政治家和革命家倡導婦女選舉權，最著名的是孔多塞。其 1790 年 7 月 3 日發表的《論給女性以公民權》和 1793 年的《人類精神進步史概觀》都指出了女性在參政議政方面的能力，主張給予法國女性公民權和選舉權。但孔多塞的觀點並未

28　郭華榕：《法國政治制度史》，北京：人民出版社，2015 年，第 415 頁。

29　Peter Campbell, *French Electoral Systems and Elections since 1789*, London: Archon Books, 1965, p.69.

30　郭華榕：《法國政治制度史》，北京：人民出版社，2015 年，第 497 頁。

被廣泛接受。法蘭西第三共和國時期，關於婦女參政和被給予同男子一樣權利的呼聲再次高漲，並有過許多關於女性選舉權的方案被提出，但都被參議院否決了。[31] 至於為什麼法國承認婦女選舉權的時間比承認男性選舉權的時間晚，也比其他一些自由民主國家和非民主國家晚，羅桑瓦龍（Pierre Rosanvallon）認為，"取決於選舉權的哲學和政治基礎的原因，（法國）婦女的投票是以比美國、英國以及許多其他國家要早熟的方式取得的。"[32] 英美國家對於婦女選舉權的論證建基於婦女的特殊性和功利主義的民主取向，恰恰對婦女的偏見反而促使她們能夠更早獲得選舉權；而法國則是由於婦女的特殊性而剝奪了她們的選舉權，因為她們無法作為一個抽象的個體而被納入普遍性的公共政治中。

至於年齡資格，法國 1972 年 8 月的調查表明，多數人主張把選民的年齡降至 18 歲，以確保青年享有政治參與的權利。在客觀的形勢需要和輿論壓力下，1974 年 7 月 5 日德斯坦（Valéry René Marie Georges Giscard d'Estaing）總統頒佈法令，因應了這一主張。這項改革使法國選民數量由 1973 年的 3060 萬上升到 1978 年的 3520 萬，即使除開人口增長的因素，它也使青年選民猛增了 300 多萬。[33] 此外，為了保證選舉的普遍性，法蘭西第五共和國還規定，無論哪種選舉的投票日都定在星期日；因職業、健康或居住國外等原因不能按時前往投票的選民，可委託他人代為投票。

31　吳國慶：《當代各國政治體制：法國》，蘭州：蘭州大學出版社，1998 年，第 182 頁。

32　〔法〕皮埃爾・羅桑瓦龍：《公民的加冕禮：法國普選史》，呂一民譯，上海：上海人民出版社，2005 年，第 324 頁。

33　吳國慶：《當代各國政治體制：法國》，蘭州：蘭州大學出版社，1998 年，第 182 頁。

表 4：法國國會選舉權的擴展

年份	登記選民（單位：千）	登記率（單位：%）	投票率（單位：%）
1874	9948	25.6	80.8
1886	10181	26.2	77.5
1902	10863	27.9	77.6
1919	11436	29.2	71.3
1932	11741	28.2	83.5
1945	24623	61.4	79.1
1958	27736	62.1	77.1
1962	27535	59.5	68.7
1968	28171	56.7	80.1

來源：Samuel H.Beer, *Modern Political Development*, New York: Random House, 1974, p.132.

選舉權的普遍原則同時也包含了對某些特定人群的選舉權的限制。法國國會選舉對於被選舉權的限制包括以下幾個方面：一、精神病患者，被判徒刑並依法剝奪政治權利的人，因財政問題被宣告破產、禁止經營企業，或正受財產清算的人，沒有依法服兵役的人，不享有被選舉權；二、現任各省省長或離任不滿三年的省長在該省管轄範圍內的選區不享有被選舉權；三、現任或離任不滿六個月的法官及各類行政官員在自己區內的選區不享有被選舉權。[34]

另外，由於 1992 年通過的《馬斯特里赫特條約》（le traité de Maastricht）確立了歐洲公民身分，所有擁有歐盟成員國國籍的在法國的外國公民，都可以參與法國的市議會選舉和歐洲議會選舉。不過，憲法第 88 條規定，非法國國籍的歐洲公民不能當選為市長或副市長。

34　許振洲：《法國議會》，北京：華夏出版社，2002 年，第 77-78 頁。

三、自由選舉與模式變化

在現代國家的選舉中，確保自由選舉的一個重要條件就是秘密投票原則。法國在 1789 年通過的選舉法中就已經通過了秘密投票的原則，1791 年的立法也再次確認了這一原則。但是雅各賓等派別對此加以指責，認為會導致投票局勢難以控制。1793 年的法國憲法則規定，選舉人可以自願選擇以公開還是秘密的方式進行投票。[35] 直到 1848 年選舉時，才比較系統全面地確立起了秘密投票的制度。

選舉競爭的開啟還需要確立自由結社制度和競選規則。由於缺乏必要的經濟和社會基礎，文化思想領域也存在激烈的紛爭，以及法律上對政黨的限制，法國現代意義上的政黨的誕生是比較晚近的事。[36] 1791 年 6 月 14 日國民制憲議會通過《勒沙普利埃法》，禁止結社和罷工。1864 年 5 月 25 日法律通過修改《刑法典》，基本恢復了結社和罷工權利。1884 年 3 月 21 日法律宣佈廢除《勒沙普利埃法》與《刑法》第 416 條，承認勞資雙方各自有權組織行業聯合會，但依然未對政治俱樂部與宗教團體解禁。[37] 結社自由獲得政治和法律上的保證，是 1901 年結社法頒佈後得到實現的。1901 年 4 月眾議院通過、6 月 14 日參議院批准、7 月 1 日頒佈施行了《關於結社契約的法律》。該法規定，社團可以自由成立，無須事先批准或聲明，只需事先在社團所在地省政府或專區政府辦理註冊即可。[38] 該法頒佈後，立即掀起了組建政黨的一波高潮。激進與激進社會黨、民主共和聯盟、法蘭西社會黨、法國社會黨、工人國際法國支部等政黨相繼成立。由此，法國現代意義上的政黨政治才在 20 世紀初成型。

35　何敬中：《英、法、德議會選舉制度比較研究》，中國社會科學院研究生院博士論文，2003 年，第 38 頁。

36　吳國慶：《法國政黨和政黨制度》，社會科學文獻出版社，2008 年，第 39-40 頁。

37　郭華榕：《法國政治制度史》，北京：人民出版社，2015 年，第 430 頁。

38　李姿姿，趙超：《世界主要政黨規章制度文獻：法國》，北京：中央編譯出版社，2016 年，第 108 頁。

事實上，在此之前，一大批政治派系早已在大革命中誕生，並積極地在議會內外進行政治活動和鬥爭。早期的派系鬥爭形態多樣，每個政治派別內部又分裂為多個派系。上台執政的派系猶如走馬觀花。從大革命以來，君主立憲派、吉倫特派、山嶽派、平原派、熱月黨、波拿巴派、保王派、立憲派、共和派、溫和共和派等派系先後掌權。但他們並不都是通過選舉競爭上台，有的是國王任命，有的是議會多數，還有的是議會少數。隨着工業革命的完成和大工業的發展，各派政治力量逐漸形成為兩大陣營，但陣營內部的力量依然較為鬆散。隨着選舉政治生態的逐漸形成，不少派別都曾經試圖通過修改選舉規則、減少競爭空間而擴展自身並限制對手。例如，在熱月黨人執政時期，為了減少王黨通過選舉重新上台的機會，曾經頒佈法令規定，在即將產生的新的立法機構中，須有 2/3 的議員是原國民公會議員。[39]

隨着 1848 年實現男性普選，尤其是 1870 年第二帝國滅亡以後，普選議題所造成的壓力已經比較微弱，進而各派將政治鬥爭的焦點轉移到議席分配上。[40] 為了尋求最公平、當然也是對自己最有利的選區劃分、投票方式和議席分配方式，各階級、階層和集團勢力之間及其內部四分五裂，鬥爭激烈，難以形成一股強大而穩定的政治力量，多元化和極化成為法國政黨政治的一個顯著特徵。結果是選舉本身成為他們爭權奪利的工具，進而選舉制度呈現出明顯的可變性、多樣性和複雜性（見表 5）。

從此表可以看出，法國的選舉制度紛繁複雜，在不同時期出於不同目的採用了多種選舉制度。從選區類型來看，單一選區和複數選區都曾被採用，但主要是單一選區制。實行複數選區制的時間總共不過三四十年，而作為法國現行選區制的單一選區制，早在男性普選實現以前的 1820 年到 1848 年之間就已經被採用。1831 年到 1945 年之間，有 24 次大選採用的是單一選區制，只有 6 次選舉採用了複數選區。[41]

39　呂一民：《法國通史》，上海：上海社會科學院出版社，2002 年，第 129 頁。

40　Peter Campbell, *French Electoral Systems and Elections since 1789*, London: Archon Books, 1965, p.21.

41　Peter Campbell, *French Electoral Systems and Elections since 1789*, London: Archon Books, 1965, p.19.

表 5：法國選舉制度的變化

時間	選區類型	投票方式	席位分配
1848	複數選區	一輪	簡單多數決
1849	複數選區	一輪	簡單多數決
1852	單一選區	二輪	第一輪：絕對多數；第二輪：相對多數
1871	複數選區	一輪	簡單多數決
1873	複數選區	二輪	第一輪：絕對多數；第二輪：相對多數
1875	單一選區	二輪	第一輪：絕對多數；第二輪：相對多數
1885	複數選區	二輪	第一輪：絕對多數；第二輪：相對多數
1889	單一選區	二輪	第一輪：絕對多數；第二輪：相對多數
1919	複數選區	一輪	名單制；獲絕對多數的候選人首先當選；如果還有剩餘席位，則按商數分給各名單；如果還有席位，則按最高平均數分配
1927	單一選區	一輪	第一輪：絕對多數；第二輪：相對多數
1945	複數選區	一輪	封閉政黨名單比例代表制：按商數和最高平均數法
1946	複數選區	一輪	開放政黨名單比例代表制：按最高平均數法
1951	複數選區	一輪	巴黎地區：政黨名單比例代表制，最大餘額法 各省：政黨名單制；獲絕對多數的名單贏得所有席位；如果是政黨聯盟贏得所有席位，則在盟友之間按最高平均數的比例制分配席位；如果沒有名單獲得絕對多數，所有席位按最高平均數的比例制分配
1958	單一選區	二輪	第一輪：絕對多數；第二輪：相對多數
1985	複數選區	一輪	政黨名單比例代表制
1990	單一選區	二輪	第一輪：絕對多數；第二輪：相對多數

來源：Peter Campbell, *French Electoral Systems and Elections since 1789*, London: Archon Books, 1965, p.134；郭華榕：《法國政治史》，北京：人民出版社，2015 年，第 537-538 頁。

1848 年憲法和 1949 年選舉法採用了複數選區相對多數決制。結果導致溫和共和派在 1848 年總統選舉和 1949 年議會選舉中接連遭遇慘敗。尤其是君主派即秩序黨，包括正統派、奧爾良派與波拿巴派等，在議會選舉中大勝。他們把第二共和國的制度推向保守，最終導致 1852 年第二帝國的誕生。

1852 年選舉法的改革採用了單一選區二輪決選制。在這一新的制度下，如果在第一輪選舉中候選人獲得絕對多數的選票，並且此票數不少於登記選民 1/4 的選票，那麼該候選人當選。否則進入第二輪選舉，在這輪選舉獲得相對多數票的候選人可以當選。值得注意的是，此時的第二輪選舉中的候選人是所有參加選舉的候選人，而不是後來規定的得票數排前列的候選人。[42] 根據規定，每個省（Department）被分成若干選區，即省區（Arrondissement）。每個選區選舉一名議員；每 35000 名選民產生一名代表。這些選區根據地方行政區劃而定，選區的範圍是由政府任意決定的，目的是為了保證官方候選人當選。因此，政府決定了選舉競爭性是否能夠充分展開。

例如，政府在一些地方設置了城鄉混合選區，藉助農民的選票壓倒在城市中享有廣泛支持的共和派。波拿巴派就是通過這種辦法獲得選票。一開始，由於政府的嚴格控制，只有極少選區需要進入第二輪。1857 年政府獲得 262 個席位，而反對派只獲得 5 個席位。由於拿破崙三世 19 世紀 60 年代一系列的自由改革，1863 年議會選舉曾出現競選運動，結果反對派獲得了 33 個席位。到 1869 年選舉時，有 58 個席位需要進入第二輪票決。最終反對派所獲席位增加 59 個至 92 席。[43] 1870 年 5 月 21 日，《確定帝國憲法的元老院法令》規定選民不按名單投票，允許候選人獨自競選。儘管越來越多的選民贊成帝國的政治革新，但這

---

42   Daniele Caramani, *Elections in Western Europe since 1815: Electoral Results by Constituencies*, New York: Macmillan Reference Ltd., 2000, p.300.

43   Peter Campbell, *French Electoral Systems and Elections since 1789*, London: Archon Books, 1965, p.68.

依然沒能挽救第二帝國。

　　1871 年 1 月 28 日法德簽訂停戰協定，以便在 2 月份舉行議會選舉，而後決定戰爭是否繼續。2 月 8 日的選舉採用了 1849 年 3 月 15 日選舉法的制度，但是由於時間太短，根本未能夠充分展開競選。除了和平議題外，其他議題的相關意見很少得到表達，而且 1/3 國土被德軍佔領，多數選民生活在農村。因而，偏保守的候選人成為大多數。645 名當選議員平均年齡為 52 歲，其中君主派約 400 人，波拿巴派約 20 人，保守陣營佔據了大多數議席。[44]

　　儘管如此，議會補選卻表明君主派的力量在衰落。由於只需獲得相對多數，共和派在 1871 年 7 月 2 日的議會補選中取得了驚人的勝利，共獲得 100 個席位，波拿巴派約獲 20 席，而君主派只獲得 12 席。1872 年 6 月，諾爾、索姆、約納省舉行議會部分選舉，結果激進共和派獲勝。[45] 這使得君主派感到震驚。於是，1873 年選舉制度又被恢復為 1852 年的二輪決選制，並一直沿用至 1919 年。君主派試圖利用二輪決選制保住席位，但反而促使共和派獲得更多選票和席位。

　　1875 年將以省作為選區改為單一選區制，即以省區作為選區，得到了兩派的支持。君主派認為，地方大亨和教士能夠在單一選區發揮更大的影響力，共和派則缺乏足夠支持，因而單一選區更有利於君主派；左翼共和派同樣支持單一選區，因為農村更偏保守的選民壓制了他們在城市的優勢。[46]

　　根據規定，每個區產生一個代表名額，居民超過 10 萬人的區應該分割為多個選區。由於大量農村區的人口遠不足 10 萬人，結果將會使農村區被過度代表，人口更多的北方的代表名額反而少於人口更少的南方的代表名額，也就是說選舉結果可能更有利於君主派。但事實恰恰相

44　郭華榕：《法國政治制度史》，北京：人民出版社，2015 年，第 405 頁。
45　郭華榕：《法國政治制度史》，北京：人民出版社，2015 年，第 405、409 頁。
46　Peter Campbell, *French Electoral Systems and Elections since 1789*, London: Archon Books, 1965, p.71.

反。1876 年 2 月至 3 月，眾議員選舉舉行。以君主派為主的保守派獲得約 44% 的選票，分配到 155 個約 30% 的席位；共和派則獲得 371 個席位，約佔 70%。君主派之所以會輸，是因為內部的正統派、奧爾良派和波拿巴派等各派之間相互分裂，寧願讓共和黨贏，也不願聯合提出令各方滿意的候選人。[47] 由於 1873 年 5 月選出的總統麥克馬洪（Marie Edme Patrice Maurice de Mac-Mahon）屬保守派，以及 1876 年 1 月參議院選舉右翼獲得 119 個席位而成為多數，共和的眾議院和保守的總統與參議院之間形成了對峙。1877 年選舉，共和派再次獲勝，贏得約 60% 的席位，共 318 個。此後共和派一度想通過選舉改革來促進議會制，但被參議院否決。

由於法國農民放棄對皇帝與波拿巴主義的迷信，轉而支持共和，共和派在 1879 年 1 月參議院選舉中獲得了勝利。[48] 1881 年眾議院選舉，共和派大勝，獲得了超過 80% 的席位。1885 年參議院終於通過選舉改革的提案，恢復了省作為選區。每個省按每 7 萬法國籍居民選舉一名議員，如果最後剩餘人口超過 35000 人，則再給一個名額。候選人既可以獨自競選，也可以通過政黨名單競選。選舉人握有多張選票（與席位數相同），可以任意投出多少張選票，也可以投給不同名單的候選人，但是不能投給同一候選人超過一張選票。這次選舉，共和派最大程度地利用了複數選區二輪決選制的特點。在 1885 年的第一輪選舉中，共和派贏得 56% 的選票，獲得 127 個席位，而保守派卻獲得 177 席；在第二輪選舉中，落後的共和派候選人表現非常團結，並與激進派形成了聯盟，結果獲得了 56% 的選票和 64.5% 的席位。

1889 年 2 月 13 日，議會兩院在共和派的主導下與總統共同推行了一部法律，恢復單一選區制。這次選舉改革中，大部分政治家都變更了立場：以前支持單一選區的保守派，現在支持複數選區；以前支持複數

47　Peter Campbell, *French Electoral Systems and Elections since 1789*, London: Archon Books, 1965, p.72.
48　郭華榕：《法國政治制度史》，北京：人民出版社，2015 年，第 426 頁。

選區的共和派則改為支持單一選區。[49]

1889 年 9 月選舉，共和派獲得 62.5% 的席位，共 350 個，保守派獲得 30% 共 168 個席位，而布朗熱派只獲得 42 個席位。這次選舉再次表明，保守派勢力快速衰退，難以重新獲得民眾的支持。二輪決選制對共和制的鞏固起到了重要的作用。四十多年的實踐表明，二輪決選制具有兩方面的能力。第一輪選舉有利於各黨派充分展開競爭和民意的充分表達，第二輪選舉則對大黨或處於策略性地位的政黨更有助益。

正是在此期間，左翼的激進黨成為二輪決選制下的贏家，長時間處於第一大黨的地位。1902 年眾議院選舉中，左翼聯盟一共獲得 343 個席位，超過了半數，其中佔主導地位的激進黨 238 席。右翼聯盟共獲得 246 個席位。1906 年的選舉結果，左翼聯盟的席位進一步增加，其中激進黨獲得 209 席。激進黨人克里孟梭（Georges Benjamin Clemenceau）上台後的政策導致了左翼聯盟的瓦解，但 1910 年和 1914 年兩次選舉中，激進黨仍分別獲得了 263 個和 232 個議席。[50]

20 世紀初，現代政黨剛剛興起，存在諸多不成熟的地方。處於劣勢地位的右翼政黨企圖通過選舉改革來強化政黨組織，削弱地方的影響力。為此，一些人希望恢復複數選區制，而另外一些則推崇比例代表制。1910 年採用複數選區和混合選舉制的改革方案在眾議院通過，但隨後被參議院否決。1914 年一戰爆發，使選舉改革的議題暫時被擱置。一戰後，激進黨和統一社會黨等左翼政黨的力量顯著下降。1919年，參議院最終通過了偏向多數的混合選舉制的改革方案，重新採用複數選區制。這是法國歷史上第一次採用比例代表制。

在新的選舉制度下，一個省即為一個選區，但也有一些省份被分成兩個或更多數量的選區。候選人可以獨自參選，也可以作為政黨名單成員參選。通常只進行一輪投票，除非選民投票率沒有超過登記選民的

---

49   Peter Campbell, *French Electoral Systems and Elections since 1789*, London: Archon Books, 1965, p.80.
50   吳國慶：《法國政黨和政黨制度》，北京：社會科學文獻出版社，2008 年，第 60-61 頁。

1/3，或者政黨名單所獲票數平均數沒有超過選舉商數。分配席位分為三個步驟：首先，獲得絕對多數選票的候選人當選。其次，如果還有剩餘席位，或沒有候選人和政黨名單獲得絕對多數，具體的分配辦法是：用選民投出的有效票數除以席位得到一個選舉商數；再用政黨名單所獲票數的平均數相對於選舉商數的整數倍數，即為該政黨所獲席位數。如果單個候選人的選票數低於政黨名單中的候選人所獲選票，那麼只有等後者分配到席位之後，才輪到單個候選人。最後，如果還有剩餘席位，則政黨名單的平均票數最高的政黨獲得所有剩餘席位。各黨的席位數確定以後，按照該黨候選人名單上的票數高低依次分配。[51]

這樣的制度設計更有利於大黨，而小黨則非常吃虧。某些政黨名單獲得了不少選票，但是由於政黨名單的平均票數沒有超過選舉商數，所以一個席位也沒有獲得。單獨候選人在理論上有獲勝的機會，但即使所獲票數超過了選舉商數但少於政黨名單成員的票數，實際上單獨候選人根本沒有當選的機會。錢端升和皮特・坎貝爾（Peter Campbell）所舉的例子都證明了這點。[52] 1927 年選舉法重新採用了單一選區二輪決選制，並將二輪選舉之間的間隔時間縮短為一週。該選舉制度一直沿用到了 1945 年。

1945 年 4 月和 5 月，臨時政府舉行市鎮選舉。8 月 17 日，臨時政府頒佈法律，規定採用封閉式政黨名單比例代表制。根據規定，候選人必須是政黨名單成員，每個名單的候選人數須與席位數相同，候選人不能在多個省或某個省的多個名單中參選，選民只對名單投票，而不是選候選人。計票公式採用了與 1919 年的分配方法大不相同的狄特法（D'Hondt Method）。[53] 在比例代表制的各種計票方式中，這種計票方式

51　錢端升：《法國的政府》，北京：北京大學出版社，2009 年，第 124 頁；Peter Campbell, *French Electoral Systems and Elections since 1789*, London: Archon Books, 1965, p.93.

52　錢端升：《法國的政府》，北京：北京大學出版社，2009 年，第 124 頁；Peter Campbell, *French Electoral Systems and Elections since 1789*, London: Archon Books, 1965, p.93.

53　Peter Campbell, *French Electoral Systems and Elections since 1789*, London: Archon Books, 1965, p.105.

較為有利於大黨。

1945 年 10 月至 1946 年 10 月,第四共和國經歷了艱難的制憲過程,其中一個重要問題就是決定採取哪種方式選舉國民議會。1946 年 10 月,第四共和國憲法對 1945 年的選舉制度進行了微調。都會區的席位增加到 544 席,其餘的席位分給人口較多的省,摩洛哥和突尼斯沒有席位,但其他海外地區的席位增至 73 席。同時改封閉名單制為開放名單制。仍採用狄特法,但為了簡化席位分配程序,取消商數法,只採用最大餘額法分配席位。[54] 由於這種計票方法沒有能夠實現同時在全國和選區範圍內都能夠讓各政黨的選票與席位成比例的目標,在 1946 年 11 月的選舉中採用過一次以後,就再也沒有採用過。[55]

1951 年 5 月,議會通過了一項新的選舉法,以簡化投票程序。這種選舉法實行聯合代表制或一輪多數聯盟制,被稱為"蓋伊法"。存在兩種選舉制度:在巴黎地區,即塞納省與塞納─瓦茲省的八個選區,實行名單比例制,以最大餘額法分配席位;其他各省採取聯合投票制,即一個省或多個省的候選人名單聯盟。計票方法是,任何選區的單個名單或聯盟名單獲得絕對多數,則獲得該選區所有席位;如果聯盟名單獲得所有席位,則按最高平均數的比例代表制分給各盟友;如果沒有單個名單或聯盟名單獲得絕對多數,則席位均按最高平均數的比例代表制分配。此法鼓勵政黨聯盟參選,而不利於單獨競選。[56]

1951 年 6 月舉行選舉,社會黨、人民共和黨、左翼共和聯盟、右翼政黨在 36 個選區結成四黨聯盟,社會黨、人民共和黨在另外 19 個選區結成兩黨聯盟,法蘭西人民聯盟、法共單獨競選。結果是,社會黨 106 席,人民共和黨 88 席,左翼共和聯盟 99 席,右翼政黨 100 席,法

54　郭華榕:《法國政治制度史》,北京:人民出版社,2015 年,第 506 頁。

55　Andrew McLaren Carstairs, *A Short History of Electoral Systems in Western Europe*, London: George Allen & Unwin Ltd., 1980, p.180.

56　郭華榕:《法國政治制度史》,北京:人民出版社,2015 年,第 507 頁。

共 101 席，法蘭西人民聯盟 107 席，形成"六邊形議會"。[57] 這種制度的後果是政黨力量分散，無法保證穩定的多數，不利於維持政局穩定，最終導致第四共和國的失敗。

1958 年 10 月 13 日，法律規定，國民議會選舉採用單記名兩輪多數決制。與 1852 年的兩輪多數決相比，1958 年的選舉制更為嚴格，主要表現在投票方式上：如果候選人在第一輪的得票數超過投票數的半數和登記選民的 1/4，即可當選；如果還有剩餘席位，那麼一週後進行第二輪選舉。按照之前的法律規定，未參加第一輪選舉也可以直接參與第二輪選舉。但是，與 1852 年採用的單一選區二輪多數決制不同的是，新的選舉制度規定，只有參加了第一輪選舉並且至少獲得 5% 選票的候選人，才能成為第二輪選舉的候選人。沒有達到 5% 門檻的候選人，其 10 萬法郎的保證金將會被沒收，而且還要補償國家的宣傳費用。[58]

1966 年 12 月 8 日，選舉法將進入第二輪競選的門檻提高到登記選民的 10% 以上。1976 年再次將此門檻提升為 12.5%。1985 年 6 月 26 日，新選舉法將單記名兩輪多數決制改為省級一輪比例代表制，也就是將省作為選舉單位，全國 577 個議員按人口比例分配各省。採用封閉名單制，各黨派按得票比例分配席位，同時，所獲有效票不足 5% 的政黨不能獲得席位。[59] 但是，當年選舉上台的左派在隨後面臨右派強大攻勢的選舉之前，又匆匆通過法案，規定 1986 年的議會選舉將採用比例制。不過，右派上台後，又在第一時間內廢除了比例制，恢復了二輪多數決選制。此後，左派雖然在 1988 年再度上台，但不再提起選舉制改革，保留了多數制。1990 年 1 月 15 日，法律又改回採用小選區兩輪多數代表制。選舉制度改革仍然是此後法國政治中的一個突出議題，但是二輪多數投票制的選舉制度一直維持至今。一些學者認為，由於這一制

57　吳國慶：《法國政黨和政黨制度》，北京：社會科學文獻出版社，2008 年，第 111 頁。

58　Peter Campbell, *French Electoral Systems and Elections since 1789*, London: Archon Books, 1965, p.129.

59　郭華榕：《法國政治制度史》，北京：人民出版社，2015 年，第 537 頁。

度的改革之際正趕上法國的社會結構發生根本變化之時，因此在此後要改變這一制度就變得非常困難。[60]

四、選舉管理的理性化

選舉在法國政治生活中佔據着極其重要的地位。從市鎮議會選舉、省議會選舉、大區議會選舉，到國民議會選舉、參議院選舉和總統選舉，再到歐洲議會選舉，法國形成了一套獨具特色的選舉管理模式。

傳統的觀點認為，法國的選舉管理是一種集權模式。但筆者認為，法國的選舉管理是一種分權的混合模式。現行選舉制度下，憲法委員會是保證選舉合法性的主要機構，第五共和憲法規定，委員會的職責包括：監督總統選舉合法進行，審理選舉爭議並宣佈投票結果；裁定國會選舉爭議及其合法性；監督公民投票合法進行，並宣佈投票結果。委員會主席由總統任命；成員一共九名，任期九年，不得連任，其中，三人由總統任命，三人由國民議會議長任命，三人由參議院議長任命。至於選舉具體工作或專項工作，一般都是由內政部負責。但是內政部的這些工作受到司法機構的監督，如憲法委員會負責總統選舉和國會選舉，最高行政法院及其地方分院負責地區和市鎮選舉。下文將從選舉的不同方面來厘清法國選舉管理機構的情況。

（一）選民名單

制定選民名單是一件複雜的工作。大多數情況下，市鎮是法國最小的行政區劃，選民名單也基本是以市鎮為單位的。第三共和時期，選民名單由行政委員會負責辦理。委員會由市鎮長、市鎮議會的代表、郡長或縣長指派的代表共三人組成。選民名單無須每年更新，只需根據市政府的居民記錄加以更新即可。新版選民名單報送市鎮長核查公佈。如有

60　Robert Elgie, "France: Stacking the Deck," in Michael Gallagher and Paul Mitchell edit., *The Politics of Electoral Systems*, Oxford: Oxford University Press, 2005, pp.119-135.

必要，選民或市鎮長可以向市鎮委員會提出申訴，並上訴至治安法官，直至最高法院。[61]

1958 年選舉法規定，選民資格的核定與登記條件由國家行政法院負責。選民名單的設立和修改則由投票辦公室及其下屬的行政委員會負責。選舉法第 17 條規定，根據地域範圍設立投票辦公室，每個辦公室都設立一個行政委員會，由市長或其代表、省長或專區區長指定的行政助理，以及大審法院院長指定的代表共同組成。在超過 10000 名居民的市鎮，行政助理由省長在該地市鎮議會成員以外挑選。行政委員會要為投票辦公室編制選民名單，並根據每個投票辦公室編制的選民名單彙總出一份該市鎮總名單。但是巴黎、里昂、馬賽和總名單需要分區設立。此外，選民信息的收集和處理都由行政委員會負責。

省長通過各種法律手段確保必要的名單修改得以進行，如有必要，可提請法院予以追究。省長收到有關選民名單信息增減的表格後，如果認為行政委員會沒有遵守相關規定，可以在兩日內向行政法庭提交針對行政委員會行為的訴訟。當事人可在小審法院對行政委員會的決定提出異議。小審法院的判決是終審判決，但判決本身可被提至最高法院進行申訴。最高法院對申訴做出最終裁定。最終的選民名單遞交至市政府秘書處，市政府按相關規定予以公示。

行政委員會和小審法院負責有關選民登記問題的審理和裁決。如果選民申請期外登記，則需向市政府提出申請，然後由行政委員會進行審查和裁決。結果由市長負責通知。選民總名單由國家統計與經濟研究所保管，以便審查。

（二）選舉經費

法國選舉不同於英美選舉，並不一定以投入更多經費為特點。相

61　錢端升：《法國的政府》，北京：北京大學出版社，2009 年，第 262 頁。

反，法國選舉經費向來不多，而且超過一定數額即為違法，導致選舉失效。因此，法國早期選舉制度中並沒有關於選舉費用的規定，直到 20 世紀 80、90 年代才建立起嚴格的選舉經費管理制度。在此之前，各個政黨主要受 1901 年《結社契約法》管理，捐款被禁止，各政黨只有依靠黨費競選，缺乏國家資助。隨着競選經費不斷上漲，政黨只有依靠非法融資參與競選，最終在 20 世紀 80 年代爆發了一系列腐敗問題。1988 年 3 月 11 日，《關於政治生活資金透明的法律》建立了對政黨的公共資助原則；1990 年 1 月 5 日，《關於選舉支出限制和政治活動融資清晰的法律》將對政黨的公共資助劃分為兩部分；1995 年 1 月 19 日，《關於政治生活資金的法律》禁止了企業對政黨捐款。[62]

現行選舉法規定，每位候選人最遲在其候選人資格登記之日宣佈代理人，負責籌集競選專用資金和結算選舉費用。代理人可以是競選籌款協會，也可以是作為財務代理的自然人。一位代理人不可以同時為幾位候選人工作。競選籌款協會的成立遵守 1901 年 7 月 1 日《結社契約法》的規定。候選人或候選名單成員不能成為協會成員。在同一場選舉中，候選人不可以同時擁有競選籌款協會和財務代理。在當前的選舉制度下，捐款是被嚴格限制的。選舉法規定，一個有合法身分的自然人在同一場選舉中捐給一個或幾個候選人的競選經費不能超過 4600 歐元。政黨或政治團體以外的法人不能資助某位候選人參與競選，不能以任何形式給其捐贈，也不能以低於市場行情的價格向其提供財物、服務或其他直接間接的好處。超過 150 歐元的捐款都必須通過支票、轉賬、自動扣除或銀行卡支付。如果一位候選人經法律允許的競選花費等於或超過 15000 歐元，則其中的現金捐贈總額不能超過 20%。任何候選人都不允許直接或間接地接受外國或外國所有權法人的獻金或物質幫助。

為了保證競選的公平性和透明性，法國相繼成立了專門的監督

62　李姿姿，趙超：《世界主要政黨規章制度文獻：法國》，北京：中央編譯出版社，2016 年，第 12 頁。

機構。根據 1988 年 3 月 11 日法律，法國設立了"政治生活透明委員會"，負責監督政府成員和民選代表的個人財產。2013 年 10 月，該委員會改為"公共生活透明度最高管理局"，進一步加強對政治透明度的監管。根據 1990 年 1 月 15 日法律，法國設立了"全國競選審計和政治資助委員會"（CNCCFP），監督政黨的賬目和資金、審查候選人的競選賬目。根據選舉法規定，全國競選審計和政治資助委員會成員九名，任期五年。其中三名國家行政法院的成員或榮譽成員，由國家行政法院副院長根據辦公室意見提名任命；三名最高法院的成員或榮譽成員，由最高法院第一院長根據辦公室意見提名任命；三名審計法院的成員或榮譽成員，由審計法院第一院長根據七位法庭庭長的意見提名任命。委員會可以根據工作需要聘請合同制員工，可以要求司法警察進行一切它認為對執行任務有所幫助的調查。候選人必須向該委員會提交競選財務報告，但在瓜德羅普、圭亞那、馬提尼克、留尼旺，競選財務報告也可以提交給省政府或專區政府。委員會可以批准、否決、修改，也可以公佈競選財務報告。此外，委員會還需向議會兩院辦公室提交一份報告，以總結工作，提出它認為有益的意見。

（三）選票管理

1919 年以前，選票都是由候選人自己印發。1913 年 7 月 29 日的法律規定，選票必須裝入官印的封套中再投入票箱。1919 年 10 月 20 日法律規定，選票必須由官方印發。1927 年 7 月 21 日選舉法規定，每個郡由郡的地方民事法院院長或其指定的代表以及全郡的候選人或其代表組成一個委員會，討論印發選票、選舉傳單、費用等事項。經過長期的實踐，1958 年選舉法規定，禁止公共機構或市政府工作人員散發候選人的選票、政治主張或宣傳告示，但亦規定市政府要劃定特定場地，用於張貼競選海報；同時規定立法選舉或補選時，在法國本土最後一個投票辦公室關閉前禁止把選舉結果（部分或最終）通過新聞媒體或電子途徑傳達給公眾，海外省同樣如此。

早在第三共和時期，法國就設立了投票辦公室（Bureau de vote）。[63] 辦公室以市鎮長為主席，市鎮議會的議員四人為襄理員，另設秘書一人。投票辦公室決定一切關於投票的事項。現行選舉制度仍由投票辦公室負責組織投票和統計選票等工作。投票在週日進行，如果需要進行第二輪投票，時間則定為第一輪投票後的第一個週日。事實上，在 1927 年以前，兩輪選舉之間的間隔不止一週。1919 年選舉法建立的選舉制度很不穩定，導致選舉改革成為當時的共識。1927 年公佈的選舉法將兩輪投票的間隔縮減為一週。[64] 投票前，投票辦公室要事先佈置好投票廳。選舉法規定，所在市鎮超過 3500 名居民、並在國家代表為各省制定的名單上出現的投票辦公室可以使用投票機。投票機由辦公室主任和從助理中抽籤產生的人共同管理。在每個投票辦公室，每 300 名登記的選民就可以設立一個秘密寫票室。計票工作結束後，投票辦公室主任要大聲宣讀結果。

此外，設立投票監管委員會。在所有超過 20000 名居民的市鎮，必須設立投票監管委員會，負責核查投票辦公室的組成以及投票、點票、計票等環節是否合法，確保選民、候選人、候選名單成員自由行使權利。委員必須由司法領域的法官出任主席，可在選民中選取代表加入該委員會。委員會主席、成員和代表可以進行任何有用的核查，市長和投票辦公室主任必須提供任何行使該項職權時必要的信息和資料。

（四）選舉爭議和監督

法國早期的選舉爭議是由議會來處理的。按照慣例，如果發生選舉爭議，所有眾議員將以抽籤方式被分為十一組，當選人都須經過各組的審查。但是眾議院並不完全以各組的決議是否公正為接受審查報告的標

63　錢端升：《法國的政府》，北京大學出版社，2009 年，第 266 頁。

64　Peter Campbell, *French Electoral Systems and Elections since 1789*, London: Archon Books, 1965, p.98.

準，而往往以黨派關係為依據。通過詐賄或舞弊而當選的人，眾議院要作出撤銷當選的處分，而舞弊的懲罰則由普通法院判決。[65]

事實上，選舉爭議或舞弊最大的製造方可能要數官方勢力。[66] 以選區劃分為例，由於法國的選區是以行政區劃為基礎的，因此選區劃分的工作一般都是由地方負責。法國歷史上的行政區劃經歷了數次變化，故選區劃分的工作也轉至相應層級的政府。1790 年 1 月 15 日的一項法律將法國劃分為 83 個省。1791 年憲法確認全國的行政區劃依次為省、縣、區、市鎮四級。1793 年憲法將行政區劃重新劃分為省、大市鎮、市鎮區、初級會議。設立大市鎮在於試圖削弱城市無套褲漢[67] 的政治作用。但 1793 年憲法並沒有付諸實踐。1795 年重新制定的憲法把全國分成 89 個省，省下設區，區下設市鎮。1799 年憲法設立了專區，取代之前的區，由此選舉分成專區、省、全國三個層級。1831 年 3 月 21 日，市鎮議會選舉法公佈，並於 1833 年 6 月推廣至專區議會和省議會選舉，以保證全國政權的穩定。1848 年憲法保留了省、專區、區、市鎮的劃分。1956 年 10 月 28 日的一項法令基於技術和行政上的考量，規定了 22 個大區。1982 年 3 月 2 日法律規定大區議會選舉在省範圍內舉行。由此大區和省、專區、區、市鎮成為統一框架下的行政區劃。2014 年奧朗德（François Gérard Georges Nicolas Hollande）總統計劃將本土 22 個大區合併為 13 個，並獲議會通過。法國曾循環往復使用單一選區制和複數選區制，這也為不同層級的地方政府操縱選區劃分提供了機會。法國屬單一制國家，所有大小地方官員都聽命於內政部，因此比較靠近政府的候選人或者官方候選人就佔了很大便宜。

現行選舉制度下，選舉爭議主要是由憲法委員會和行政法院負責處理。但從适才考察過的幾個方面可以看出，有關選舉監督和選舉爭議處

65　錢端升：《法國的政府》，北京大學出版社，2009 年，第 267 頁。

66　錢端升：《法國的政府》，北京大學出版社，2009 年，第 267 頁。

67　指無產階級。

理的負責機構是多元的，包括投票辦公室下的行政委員會、小審法院、公共生活透明度最高管理局、全國競選審計和政治資助委員會、投票監管委員會等。

通過以上梳理可以發現，法國根據不同的職能需要設立了不同的選舉管理機構，有的承擔規制性職能，有的承擔監督性職能，還有的承擔裁決性職能。既有一個機構承擔多項職能，也有多個機構承擔相同職能；機構成員一部分採用任期制，一部分採用臨時聘用制。這樣的制度設計或難以培養選舉管理的專業人才。

五、小結與討論

本章通過對法國選舉的直接化、包容化、競爭化、理性化四個方面的梳理，得出以下結論：

第一，法國選舉很早就部分地實現了直接選舉。與普選權的發展進程同步，法國在 1848 年規定全面實行直接選舉，但第三共和國第五共和國均部分地取消了直接選舉。

第二，法國選舉包容化呈現一種獨特的圖景，從一開始普選權就成為社會的普遍訴求，但是直到 1848 年才實現男性普選，隨即 1850 年又取消了普選，1852 年又恢復男性普選，1944 年實現了女性與男子同等的選舉權。如此反覆很大程度上跟當時的政治鬥爭有關，在根源上則是因為法國對普選的認識比較早熟。一般來講，某個群體是因其在社會上的特殊地位和功能而獲得選舉權，這是一種功利主義模式。法國則是一種普遍主義的模式，這種模式認為如果群體成員無法被還原為一個抽象的個體，那麼它就無法獲得選舉權。

第三，法國的選舉競爭水平一直居高不下。單一選區和複數選區、多數制和比例制、候選人名單制和獨立參選制以及其他各種計票公式不斷被反覆使用，各個政黨派系你方唱罷我登台。儘管不同時期採用的選舉制度是有所偏向的，但鑒於法國頻繁的選舉改革，選舉競爭相當激烈。筆者認為這種競爭模式利大於弊，對政治穩定影響極大。

第四，選舉理性化則經歷了緩慢的發展過程，主要體現在選舉管理機構比較細化，以及它們在選舉管理方面的行政和司法混合模式。一方面，選舉管理機構的細化對於培養選舉管理的專業性人才構成了挑戰；另一方面，法國行政和司法兩個體系相對獨立，而選舉的實際工作多是行政部門在操手，因此法國的選舉管理存在向獨立模式演變的可能性和可行性。

總體來看，法國選舉制度在直接化、包容化、競爭化、理性化的演進過程很難說存在某種顯而易見的遞進的路徑。法國選舉呈現出一種多元化的可能性，但它在某種程度上是以政治穩定為代價的。在多元可能與政治穩定之間，我們看到各種選舉制度及其組合可能會產生什麼樣的後果，這為其他國家推進民主選舉提供了經驗和教訓。

第六章

德國選舉制度的
變遷模式

根據恩格斯（Friedrich Engels）的考證，日爾曼民族在氏族階段的馬爾克公社中，就已經出現了由人民大會選舉氏族酋長和軍事首長的制度：氏族的酋長大半是從同一家庭中選舉出來的；軍事首長是完全按才能選舉的，不論世系如何。[1] 當時與氏族選舉制度並行的，還有一種獨立自主地從事戰爭的私人團體 —— 軍事首領的扈從隊。隨着軍事征服和擴張，軍事首長演變成為國王，扈從隊則膨脹為宮廷。隨後，氏族酋長議事會被國王的親信所代替，舊的人民大會則蛻化為純粹的下級軍事首長和親貴的會議。[2] 在原始的氏族制度解體之後，只有那些未被完全征服的村落，才延續了氏族階段的選舉制度；在隨後出現的德意志各邦中，獲得獨立地位的城市也建立起了治理團體的選舉制度；在各邦之上，則是由選帝侯選舉而出的德意志皇帝。因此值得注意的是，即使在傳統的政治體系之下，在德國政治中也存在着三層的選舉體系。

在從傳統政治體系向現代政治體系轉型的過程中，德國選舉制度的發展大致經歷了五個階段。第一個階段是 1808 年至 1848 年。在這一時期中，德意志各邦的選舉制度主要來自於拿破崙佔領之後的改革壓力。自普魯士於 1808 年改革建立起選舉產生的邦議會之後，德意志各邦陸續出現了由選舉產生的邦議會。第二個階段是 1848 年革命之後，根據巴登和符騰堡資產階級自由派的建議，先後召開了四次預備國會，選出 50 人組成的委員會，設計出了全德國民會議的選舉制度。第三個階段是 1871 年普魯士完成德國統一大業之後，根據帝國憲法建立起的選舉制度，主要以二輪多數決制選舉產生國會議員。第四個階段是 1919 年通過魏瑪憲法後，其規定國會由年滿 20 歲的男女公民在 36 個選區根據比例代表制的原則直接選舉產生國會議員。[3] 第五個階段則是由 1949 年德國《基本法》建立起來的、以混合選舉制度為特色的現代選舉制度。

1　《馬克思恩格斯選集》（中文二版），第 4 卷，第 144 頁。

2　《馬克思恩格斯選集》（中文二版），第 4 卷，第 153 頁。

3　*The Societies of Europe, Elections in Western Europe since 1815: Electoral Results by Consitutencies*, GROVE'S DICTIONARIES, INC., 2000, p.384.

一、從間接選舉到直接選舉

不少學者都將 1808 年的施泰因（Stein）改革中的城市選舉制度改革視為德國現代選舉改革的肇始。在施泰因的城市選舉改革中，城市的代表大會由男性市民以直接、平等和秘密投票方式選舉的代表組成。但是此時的直接選舉適用範圍僅限於城市選舉。在城市之上的普魯士及其他各邦隨後設計出的選舉制度中，大多數邦議會議員均以間接選舉的方式產生。根據有關學者的統計，自普魯士於 1808 年開始嘗試建立現代選舉制度以來，在 1815 年至 1848 年期間，德意志境內建立了選舉型議會的 20 個邦中，有 18 個邦都以間接選舉的方式選舉議員；只有 2 個邦，即拿騷（Nassau）和石勒蘇益格—霍爾斯泰因（Schleswig-Holstein）是以直接選舉的方式產生邦議會議員。[4]

根據 1848 年各邦自由派組織的預備國會的安排，在當年 4 月末 5 月初舉行的國會選舉中採用兩級投票制，選民選出二次投票人，然後從二次投票人裏選舉代表。根據每 5 萬居民選舉 1 名代表的標準，共選舉產生 573 名國會議員。[5] 也有研究表明，1848 年的預備國會在設計選舉方案時，鼓勵各邦以直接選舉的方式選舉國會議員，但是最後則將這一決定權交由各邦自行決定。而實際的選舉過程則主要以間接選舉（二級甚至三級）的方式展開。根據 1849 年重新設計的兩院制議會體系，上院（Staatenhaus）的一半議員由人民選舉產生，另一半議員由各邦委派；下院（Volkshaus）議員全部由選民直接選舉產生。[6] 隨後，北德意志聯邦於 1867 年成立時，則將直接選舉作為基本原則加以規定。

四年之後，1871 年選出的國會通過的帝國憲法延續了北德意志聯邦的基本精神，規定帝國議會的議員要以直接選舉的方式選舉產生。由

4　*The Societies of Europe, Elections in Western Europe since 1815: Electoral Results by Consitutencies*, GROVE'S DICTIONARIES, INC., 2000, p.379.

5　孫炳輝、鄭寅達編著：《德國史綱》，上海：華東師範大學出版社，1995 年，第 85-86 頁。

6　*The Societies of Europe, Elections in Western Europe since 1815: Electoral Results by Consitutencies*, GROVE'S DICTIONARIES, INC., 2000, p.380.

此，德國在國家層面的議會才開始全面採用直接選舉的方式選舉國會議員。值得注意的是，此時的德意志帝國之所以要將間接選舉制度改革為直接選舉，一個基本的目的就是強化選民與代表之間的信任機制並吸引公眾的參與，以此作為強化德意志帝國民族團結和統一的手段。

在處理直接選舉與間接選舉的問題上，德國模式的基本歷程是，先在城市層面上以直接選舉的方式選舉城市議員，然後以間接選舉的方式選舉各邦議員，隨後再以間接選舉的方式選舉國會議員。待選舉在全國範圍內全面鋪開，並且經歷了 1849 年至 1871 年期間的直接選舉與間接選舉並行的制度之後，再於 1871 年將國會選舉制度由間接選舉全面改為直接選舉。至此，德國議會的選舉制度已經走完了從間接選舉到直接選舉的全部歷程。

二、普遍性原則的擴展

在施泰因改革建立城市選舉制度之時，普魯士各城市的選民資格限定為，只有年收入達到 150 塔勒的市民才有選舉權，士兵沒有選舉權。在隨後鋪開的各邦議會選舉中，對選民資格的限制條件主要包括年齡、性別、財產、公民權利資格。[7] 在 1848 年各邦選舉全德國會議員之時，宗教信仰已經排除在選民資格限制條件之外。但是仍然有一些邦不允許僕人和受監護者享有選舉權。成年男性的普選權則從 1867 年開始在北德意志同盟各邦中首先推開，[8] 一般認為，德國選舉制度的普遍選舉原則也就由此開始逐步落實。

1871 年 4 月 16 日選出的國會通過了帝國憲法，規定帝國議會按照"普遍、直接、秘密投票的選舉制度"選出。但是 25 歲以下的男子、25

7　*The Societies of Europe, Elections in Western Europe since 1815: Electoral Results by Consitutencies*, GROVE'S DICTIONARIES, INC., 2000, p.379.

8　Andrew McLaren Carstairs, *A Short History of Electoral Systems in Western Europe*, London: George Allen & Unwin, 1980, p.163.

歲以上領取貧民救濟金的男子、破產者、婦女、軍人均無選舉。[9] 1919年的魏瑪憲法將選民的年齡資格降低到 20 歲，同時也破除了選舉權的性別限制，女性開始享有選舉權。1949 的基本法將法定選民的年齡由 20 歲提高到了 21 歲，享有被選舉權的最低年齡則設定為 25 歲；但是 1969 的選舉改革又將選民年齡降低到了 18 歲，享有被選舉權的最低年齡為 21 歲。

根據德國現行選舉法的規定，德國人只要在選舉日年滿 18 週歲，且至少三個月以來在德意志聯邦共和國有住所或者居留，除根據法官判決被剝奪選舉權和被收容於精神病院的人之外，都享有選舉權。由此可見，德國選舉制度在普選原則的落實方面，主要表現為包容化原則在年齡和性別兩個方面的逐步突破。隨着這兩個原則的突破，享有選舉權的選民比例和實際參與選民投票的選民比例不斷增加。

但是，由於德國《基本法》和《聯邦選舉法》規定的選民資格的前提是 "德國人"，因此對德國人的定義就顯得特別重要。聯邦基本法對德國人民的定義不只是出於 "公民身分" 或者 "國籍"（citizenships）的基礎，也出於血緣和種族的意義。德國人的配偶或者後代，以及赴德國的難民或者流亡者都可以視作德國人民，因為 1949 年德國基本法的選民資格設計是出於戰後的即時社會和政治情景，即大量源自德國的流亡者要從東歐返回並且迅速融入新建的聯邦共和國，1949 年基本法第 116 條第 1 款就是為了上述群體快速融入德國社會，使得種族上的德國移居者能夠迅速獲得德國公民身分和選舉的權利。

二戰後，種族上的德國人的身分和權利通過戰後的第一代移民潮獲得。在冷戰結束後，隨着蘇聯的解體，東西方陣營間的邊界去管制化，大量祖輩德國的東歐人回到德國，獲得德國公民身分並且成為選民群體的一員。由於大量德國移民的湧入，《聯邦德國被驅逐者法案》在 1990

9　孫炳輝、鄭寅達編著：《德國史綱》，上海：華東師範大學出版社，1995 年，第 137-138 頁。

表 6：德國普選原則的實現過程

年份	登記選民數 （單位：千人）	登記選民佔總人口的比例 （單位：%）	投票率 （單位：%）
1871	7975	19.5	50.7
1881	9090	20.0	56.1
1890	10146	20.6	71.2
1903	12531	21.4	75.8
1912	14441	21.8	84.5
1919	36766	59.4	82.6
1924	38987	61.5	76.3
1928	41224	63.4	74.6
1932	44227	67.8	83.4
1949	31207	63.5	78.5
1953	33121	64.8	86.0
1957	35401	66.0	87.8
1961	37441	66.8	87.7
1965	38510	65.0	86.8
1969	39677	63.8	86.7

來源：Samuel H.Beer, *Modern Political Development*, New York: Random House, 1974, p.132.

年代多次修訂，使得個人要證明自己是"德國人"更加困難，移民到德國也更困難。此後，每年被確認為是德國人的數目逐年下降。

除了種族上的德國難民和逃亡者，民主德國的公民在 1990 年兩德再統一前也被視作是聯邦德國的公民。如果東德公民在冷戰期間努力穿越了兩德邊界綫並且滿足了所有選舉的標準，也能夠在西德地區獲得一個證明身分的護照並且參與到選舉中。在兩德統一後，所有東德的公民自然而然成為了西德的公民並且能夠在聯邦德國的所有聯邦州有資格投票選舉。

　　總結上述要點，基本法第 20 條第 2 款界定的"德國人"可以被理解為聯邦選舉法第 116 條第 1 款的包括所有德國人民，德國人民的概念涵蓋了所有的德國公民，或者所有具有德國公民身分的人，即根據語言、養育關係、血統和文化的標準，同樣也包括他們的配偶和後代。根據上述解釋，德國的選民資格主要是基於種族和文化的因素。

　　在司法實踐中，德國聯邦憲法法院迄今只支持根據基本法第 20 條 2 款的"德國人"界定。1990 年，法院通過兩條法規的判決，在市鎮層面賦予外國人公民權的情況中，選舉投票按照基本法的第 116 條第 1 款規定，屬德國人的權利，不能延伸到在德長期居留的外國居民身上。法院裁定在德的外國居民可以被歸入德國人民的序列，但是這種吸納必須要通過歸化過程實現。但是歐盟的公民是例外：法院宣佈在基本法的框架下，將市鎮層面的選舉權利擴展到歐盟公民身上或許是可接受的。

　　三年後，根據 1993 年通過的《歐洲聯盟條約》，歐盟公民在德國的市鎮層面獲得了選舉權。這種選舉權利的擴展產生了一些討論，即是否傳統的公民身分——種族——選舉權利之間的聯繫紐帶已經中斷，並且選舉權利擴展到非德國公民也可能並非違憲。總體而言，基本法第 20 條第 2 款提供了充分的空間去論證是否公民身分和國籍能夠用於限制賦予公民選舉權利。

　　除了"德國人"、"年齡"和"居住時間"這三個必備要素外，德國選舉制度中也規定了剝奪選舉權的條件。剝奪選舉的情況主要有兩種：一是法官判斷其不享有選舉權的人；二是根據相關法律規定被收容於精神病院的人。圍繞着這兩項條件，德國選舉相關法律和司法實踐中也發生過一些變化，但總的趨勢是包容性和普遍性原則在不斷深化。

三、平等原則的貫徹

在 1848 年之後召開的全德國民議會，議員名額的分配極為不平等。在 1848 年召開議會選舉出的國會議員中，普魯士擁有的名額高達 141 名，有 84 名來自黑斯—達姆斯塔特（Hess-Darmstadt），而奧地利則只有 2 個名額。同時，在 1848 年之後普魯士的反民主運動時期，選舉法曾經根據納稅額的多少，將選民分為三個層次：高層人數最少，底層人數最多，但各階層選民選出的議員名額則一樣多。[10] 在 1871 年至 1918 年期間，選區的劃分並沒有因為人口的變化而及時調整，因而選區之間的不平等現象非常普遍。這一現實被認為是非常不利於以城市為基礎的德國社會民主黨。[11]

在 1871 年至 1918 年之間的德意志帝國國會選舉中，國會選舉制度主要採取的是二輪多數決制的選舉公式：每個選區選舉產生一名議員，獲得過半數選票的候選人當選；如果沒有候選人在第一輪選舉中獲得過半數選票，則就得票最多的前兩名候選人進行第二輪投票，以相對多數決製作為獲勝依據。1918 年進行選舉改革時，首次引入了比例代表制，在 361 個單一選區之外，有 26 個選區的議員以比例代表制方式產生。1919 年的魏瑪憲法則全面用比例代表制替代多數決制，全部議員由 35 個選區選舉產生。1947 年，通過引入個人選舉和多數決制，德國初步轉變成為民主的選舉社會。1949 年，聯邦參議院和聯邦總理宣佈德國推行多數代表制和比例代表制相結合的混合選舉制度。1953 年，通過修訂《聯邦選舉法》，全聯邦範圍內引入了 5% 的門檻條款和基於州候選人名單選舉的第二票。

根據 1949 年基本法設計出的選舉制度，每位選民在選舉之時只

10　*The Societies of Europe, Elections in Western Europe since 1815: Electoral Results by Consitutencies*, GROVE'S DICTIONARIES, INC., 2000, pp.379, 383.

11　呂坤煌：〈德國聯邦眾議院議員選舉制度之改革〉（上），《國會月刊》，2014 年第 5 期，第 70-116 頁。

投一票（投給單一選區候選人的票同時也自動計入候選人所屬政黨的票）：60% 的議員（242 名）由單一選區產生；40% 的議員（158 名）在比例代表選區以頓洪特（D'Hondt）法產生。在席位分配時，先計算各黨的得票比例，然後從中減去該黨在單一選區所獲得的席位：如果某黨在單一選區獲得的席位大於等於該黨在全國範圍內的選票比例，則保留這些席位；如果某黨在單一選區獲得的席位小於該黨在全國範圍內的選票比例，則需要為該黨補充席位至合乎比例為止。為了確保席位不至於過度分散，只有那些至少在一州之內獲得了 5% 以上選票或者在單一選區獲得一個以上席位的政黨，才有資格分配席位。[12]

根據 1953 年的改革方案，由單一選區和比例代表選區產生的國會議員各佔一半，選民在每次選舉中投兩票：242 名議員由選民在單一選區以相對多數決制選舉產生；另外 242 名議員則以各州為基礎劃分為比例代表選區，以頓洪特法和封閉名單制分配席位。各黨所獲選票比例的計算，只以比例代表選區的選票為基礎。只有在全國範圍內獲得 5% 以上選票的政黨才有資格分配席位。1957 年的選舉法又規定，只有在全國範圍內獲得 5% 以上選票，或者在單一選區獲得三個以上席位的政黨，才有資格分配席位。從 1956 年開始，計算各黨得票比例不再以各州為基礎，而是以全國範圍內的得票比例作為席位分配的依據。從 1985 年開始，全國範圍內的席位分配方式由頓洪特公式改成了黑爾（Hare）最大餘數法尼邁爾（Niemeyer）修改公式，各州層面則保留頓洪特公式。[13]

1990 年兩德統一之後，東部 5 州加入聯邦，聯邦國會的基本議席由原來的 518 席增加為 656 席。考慮到東部的實際情況，在最低門檻的設計方面，東部各黨的最低門檻不以全國選票的 5% 為基礎，而是以東

12　*The Societies of Europe, Elections in Western Europe since 1815: Electoral Results by Consitutencies*, GROVE'S DICTIONARIES, INC., 2000, pp.379, 387.

13　*The Societies of Europe, Elections in Western Europe since 1815: Electoral Results by Consitutencies*, GROVE'S DICTIONARIES, INC., 2000, pp.379, 388.

部各州的選票為基礎進行計算。不過，1994 年之後則將全國各黨的最低門檻統一設置為全國選票的 5%。此後，2002 年又將國會基本議席由 656 席降低為 598 席。

　　兩德統一後，議會中議席不平等現象仍然存在，主要原因就是德國議會所規定的超額議席制度。根據德國聯邦選舉法的規定，國會選舉分為多數決制選區和比例代表制選區兩種類型。選民在投票之時在多數決制選區和比例代表制選區各投一票。國會 598 個席位中的一半由 299 個選區中的選民在相對多數決制產生。各個政黨在比例代表制選區的席位分配，則由那些在比例代表制選區所獲選票比例超過 5% 的政黨、或者在單一選區中贏得至少三個席位的政黨之間，根據得票比例分配席位。一旦這些在比例代表制選區獲得席位的政黨在多數決制選區與比例代表制選區之間所獲得的席位不成比例，且在多數決制選區所獲席位超過在比例代表制選區獲得的席位，就需要拿出額外的 "超額議席" 進行補償。一旦某些政黨按照比例原則獲得 "超額議席" 後，又會引出新的各政黨之選票與席位之間的不平等。德國的選舉政治也就因 "超額議席" 引出的爭議而不斷引發憲法訴訟。儘管德國在 2011 年和 2013 年都曾經因為憲法法院的判決而修改過《選舉法》以調和 "超額議席" 的矛盾，但是隨後的憲法訴訟及法理爭議表明，這一問題目前並沒有得到徹底解決。[14]

四、自由投票與競選原則的落實

　　為了確保選民自由投票的權利，1808 年的德國城市選舉就已經採用了秘密投票的原則。雖然後來在普魯士邦曾經實行過一段時間的記名投票制，但是 1871 年的帝國憲法全面採用了秘密投票的原則。因此在保障選民自由行使權利方面，德國的選舉制度較早就已經有了相應的制

14　秦靜：〈德國 "超額議席" 的形成及其憲法爭訟〉，《中山大學學報》，2016 年第 1 期，第 136-145 頁。

度安排。

　　與此相反的是，在政黨和候選人的自由競選方面則經歷了一個漫長而曲折的歷程。首先是整個帝國時期都嚴格限制政黨的活動，政黨的組織和競選都受到了約束。在 1867 年至 1914 年期間，德國的選舉法律雖然確認了自由選舉的基本原則，但是選民的自由投票意願則受到了來自於工廠廠主和地方官僚的威脅和壓制，參加投票的選民甚至在一些地方受到恐嚇。一些地方官僚機構通過公開或隱蔽的途徑操作選舉投票活動。[15] 在此期間成立的德國社會民主黨，在 1870 年至 1918 年期間甚至還受到俾斯麥（Otto Eduard Leopold von Bismarck）的反社會主義法律的明確限制。

　　為了全面保障選民的投票自由，1919 年的魏瑪憲法在全國範圍內確立了秘密投票原則，在憲法第 17 條中規定各邦的選舉都必須要採用秘密投票的原則，同時還在第 125 條專門規定，選舉自由及選舉秘密應受保障，其細則另以選舉法規定之。與此同時，為了及時解決選舉過程中的爭訟，提高選舉管理的效率，德國在魏瑪共和國時期的憲法和選舉立法中就設立了選舉調查法庭，負責解決選舉競爭過程中的各種爭議。[16]

　　在這一時期，自由選舉的原則也鼓勵了政黨的自由活動並擴展了競選空間，從而在短時間內出現了大量的政黨。由於這一時期的德國在選舉管理方面沒有對政黨的活動明確而細緻的規定，而且採用了鼓勵政黨碎片化的比例代表制，導致短時間內出現了大量的政黨，選舉競爭呈現出無序狀態，議會內部也多黨林立而難以達成一致決策。一些研究德國政治的學者認為，正是此時出現的數量巨大而又缺少規管的政治團體，再加上制度性配套措施的不足，從而形成了龐大而無序的市民社會，並

15　Thomas Kühne, *Dreiklassenwahlrecht und Wahlkultur in Preussen, 1867-1914: Landtagswahlen zwischen Korporativer Tradition und Politischem Massenmarkt*, Düsseldorf: Droste Verlag GmBh, 1994, pp.49-115.

16　James Kerr Pollock, *Geman Election Administratin: Aspects of German Political Institutions*, New York: Columbia University Press, 1934, pp.46-47.

導致了魏瑪共和國的解體。[17] 但是，納粹上台之後則開始全面限制政黨的活動，德國的政黨政治進入了納粹壟斷階段，自由競爭原則被凍結。

相對於 1919 年魏瑪憲法規定的普遍、平等、直接選舉和秘密投票原則而言，1949 年基本法的最大特點是加上的選舉的自由化原則。聯邦德國基本法第 9 條首先肯定了所有德國人均有結社之權利。第 20 條規定，所有國家權力來自人民，國家權力由人民以選舉及公民投票，並由彼此分立之立法、行政及司法機關行使之。為了細化選舉自由原則，基本法第 21 條還規定，政黨應參與人民政見之形成，政黨須自由組成，其內部組織須符合民主原則；政黨依其目的及其黨員之行為，意圖損害或廢除自由、民主之基本秩序或意圖危害德意志聯邦共和國之存在者，為違憲。在聯邦之下，基本法第 28 條還規定，各邦、縣市及鄉鎮人民應各有其經由普通、直接、自由、平等、秘密選舉而產生之代表機關。

為了細化選舉自由原則，聯邦德國還於 1967 年在全世界率先專門制定了《政黨法》，將自由結社和自由選舉的原則用專門的法律加以規範，以期在落實自由選舉原則的同時避免政黨競爭的無序狀態。由此聯邦德國在全世界開創了一個新的傳統，即在憲法之下同時通過選舉法和政黨法來保障現代選舉基本原則的全面落實。

兩德分裂期間，德意志民主共和國 1949 年憲法只規定了普遍、平等和秘密投票的選舉原則。1968 年憲法則增加了新的成分，規定人民議院議員由人民通過自由、普遍、平等、無記名投票的方式選舉產生。[18] 隨着兩德在 1990 年的統一，由德國基本法、選舉法和政黨法所確立的自由選舉原則也由原來的聯邦德國擴展至整個德國。

儘管德國的選舉制度中很早就已經確立了自由選舉和競爭原則，而

17　Sheri Berman, "Civil Society and the Collapse of the Weimar Republic," *World Politics*, Apr., 1997, Vol.49, No.3, pp.401-429.

18　《世界議會辭典》，北京：中國廣播電視出版社，1987 年，第 300-301 頁。

且在 1919 年之後就已經比較徹底地開放了自由選舉，但是這一時期自由選舉原則卻引出了魏瑪共和國的崩潰和納粹體制對自由選舉原則的中止。第二次世界大戰結束之後雖然也在聯邦德國確立起了自由選舉的原則，但是最初時段的選舉過程中選舉競爭也並不充分，一直到 1969 年第一次實現政黨輪替之後，德國的自由選舉和競爭原則才得以逐步穩定。[19]

五、小結

由間接選舉開始的德國選舉制度，在較短的時間內就過渡到了直接選舉階段。伴隨着直接選舉制度的確立，德國選舉制度的普遍化原則和平等化原則也開始不斷走向深入。但是，魏瑪共和國時期的混亂和納粹的上台，中止了德國選舉制度中的自由化原則。直至 1945 年之後，普遍、平等、直接、自由化選舉（包括秘密投票）的原則才全面確立。此後的德國選舉制度則進入各項原則的深入落實階段。

整體而言，我們可以把德國由間接選舉開始的選舉制度的發展進一步概括為：1808 年至 1871 年為選舉制度初步確立時期；1871 年至 1925 年則進入有限競爭時期；1925 年至 1945 年則進入全面倒退時期；1945 年之後走向了深發展時期。

如果這一劃分成立，1808 年至 1871 年期間的選舉最初主要由外力與追求民族統一兩股力量共同作用；1871 年至 1925 年明顯是由內在的民主化動力驅動；1925 年至 1945 為內外壓力之下的獨裁主導；1945 年之後，再次進入了外力驅動與民主追求相結合的選舉制度深化時期。1990 年之後，德國的選舉制度則進入空間擴展和內部深化階段。

19　David P. Conradt, *The German Polity*, New York: Pearson Education, Inc., 2005, p.162.

第七章

俄羅斯選舉制度的
變遷模式

早在 19 世紀 20 年代，就有一些俄國的改革家試圖在沙俄政府中引入選舉制度。十二月黨人對"自上而下"的改革失望之後，就曾經有成員着手進行憲法起草工作，明確了立法權完全屬選舉產生的人民代表機關的設想，並且對選舉權的配置和候選人的要求都做了詳細的設想。[1] 不過這一設想並沒有能夠落地。

1905 年之後，俄羅斯先後出現過沙俄時期的國家杜馬選舉制度、臨時政府後期的立憲會議選舉制度、蘇俄時期的蘇維埃選舉制度、蘇聯時期的蘇聯選舉制度、俄羅斯聯邦時期的選舉制度。在 100 年左右的時間內，俄羅斯在實踐中既經歷過與君主政體並存的選舉制度，也經歷過與共和政體並存的選舉制度；既經歷過與一黨執政並存的選舉制度，也經歷過與多黨體制並存的選舉制度。雖然俄羅斯的選舉制度經歷過多種形態的複雜變遷，但是其整體趨勢仍然是按照直接化、普遍化、自由化、平等化的方向在展開。

在 1905 年至 1907 年期間，沙皇政府在不同的形勢下曾經頒佈過三個選舉條例：1905 年 8 月 6 日頒佈的《國家杜馬選舉條例》、1905 年 12 月 11 日頒佈的《關於修改國家杜馬選舉條例的敕令》、1907 年 6 月 3 日頒佈的《國家杜馬選舉條例》。[2] 這三個條例雖然在內容上有所調整，但基本特徵可以概括為是間接選舉和對選舉權的限制。因此，沙俄時間所開啟的選舉制度，在性質上就是一種間接選舉與非包容化的選舉。

1　〔俄〕謝·弗·米羅年科：《19 世紀初俄國專制制度與改革》，許金秋譯，北京：社會科學文獻出版社，2017 年，第 256 頁。

2　劉顯忠：《近代俄國國家杜馬：設立及實踐》，北京：社會科學文獻出版社，2007 年，第 75 頁。

一、從間接選舉到直接選舉的歷程

根據 1905 年沙皇公佈的《國家杜馬選舉條例》的規定，選民被分為三個選民團，地主和資本家只參加兩級選舉，農民的國家杜馬代表則需要經過四級選舉。[3] 在當年 12 月 24 日新頒佈的《國家杜馬選舉法》中，在原有的地主、市民和農民選民團外，又增加了工人選民團。大地主和市民實行兩級選舉，工人和小土地所有者實行三級選舉，農民實行四級選舉。[4]

在這一選舉制度之下，國家杜馬的議員由兩部分構成，由各省的選舉大會和各城市的選舉大會分別選出。在省之下，土地擁有者由縣代表選舉產生省代表大會的代表；農民則由各村會選舉代表參加鄉大會，鄉代表大會選舉全權代表參加縣代表大會，縣代表大會再選出參加省代表大會的代表。在城市，則先由選民選舉產生市的選舉大會。

雖然在沙俄和蘇俄之間有過一次採用直接選舉的立憲會議成員選舉，但是由於布爾什維克解散了立憲會議，這次直接選舉只產生了代表而沒有產生出有實際意義的代議機關。在隨後實行的蘇俄及蘇聯早期的蘇維埃選舉制度中，又回到了間接選舉。在 1918 年至 1936 年期間的各級蘇維埃選舉中，村、鎮、市和市轄區一級的蘇維埃代表由選民直接選舉產生；鄉、縣、郡和全俄蘇維埃代表大會的代表由其相應的下一級代表大會或蘇維埃會議選舉產生。[5] 而在蘇俄時期的早期選舉實踐中，只有村和市一級的代表才由直接選舉產生。

對於早期實踐中採用的間接選舉制，列寧（Ленин）的解釋是："對於非地方性的蘇維埃採用非直接的選舉制，就使蘇維埃代表大會易於舉行，而且使全部機關更加便宜和更加靈活，使其在生活緊張與需要時能急速召回自己的地方代表，或派遣他們去參加全國蘇維埃代表大會的時

3　孫成木：〈俄國國家杜馬的形成及其實質〉，《世界歷史》，1983 年第 6 期，第 55-64 頁。

4　趙士國：《俄國政體與官制史》，長沙：湖南師範大學出版社，1998 年，第 206 頁。

5　唐元昌：〈蘇聯蘇維埃選舉制度的沿革〉，《社會科學》，1989 年第 7 期，第 55-58 頁。

期更加接近工農。"[6] 根據這一邏輯，隨着剝削階級的消滅，這種選舉制度的必要性也就消失了。每一個蘇聯公民都有可能直接地、通過對地方和國家最高權力機關代表候選人投票，來表達自己的意志。

1936 年的蘇聯憲法 139 條規定，代表的選舉採直接制：一切勞動者代表蘇維埃，自村和市勞動者代表蘇維埃，至蘇聯最高蘇維埃，都經由公民直接選舉。蘇聯的選舉制度至此已經完成了從間接選舉到直接選舉的轉變，此後的選舉無論在其他方面有何變化，都將直接選舉作為一項基本原則自 1936 年之後一直貫徹。

在 1936 年至 1988 年期間，蘇聯的直接選舉制度同時適用於作為最高蘇維埃組成部分的聯盟蘇維埃和民族蘇維埃的選舉。但是，1988 年對憲法進行修改之後，蘇聯選舉制度的直接選舉原則在全國層面上的適用對象是作為最高國家權力機關的人民代表大會代表的選舉。根據 1988 年修訂後的蘇聯憲法第 109 條的規定，作為最高國家權力機關的蘇聯人民代表大會一共由選舉產生的 2250 名代表組成。代表的選舉方式分為三種：地區選區選舉產生的代表、民族地區選區選舉產生的代表、社會團體選舉產生的代表。2250 名代表中的 750 名代表由人數相等的地區選區選舉產生。750 名由民族地區選區選舉產生的代表的具體構成為：每一個加盟共和國選舉人民代表 32 名；每一個自治共和國選舉人民代表 11 名；每一個自冶州選舉人民代表 5 名；每一個自治專區選舉人民代表 1 名。剩下的 750 名由蘇聯社會團體選舉產生的代表名額分配方式為：蘇共 100 名；蘇聯工會 100 名；合作社組織 100 名；共青團 75 名；蘇聯婦女委員會 75 名；蘇聯老戰士勞模聯合會 75 名；蘇聯科學技術協會 75 名；蘇聯創作家聯盟 75 名；設有全聯盟機構的其他社會組織 75 名。

6　〔蘇〕Т.Б. 阿尼西莫夫：《蘇聯選舉制度》，何文譯，北京：法律出版社，1955 年，第 18 頁。

作為蘇聯人民代表大會常設機關的蘇聯最高蘇維埃設立聯盟院和民族院兩院，由蘇聯人民代表大會選舉產生的 400 至 450 名蘇聯人民代表組成。聯盟院根據加盟共和國或地區的選民人數從各地區選區的蘇聯人民代表和社會團體的蘇聯人民代表中選舉產生。民族院從民族地區選區的蘇聯人民代表和社會團體的蘇聯人民代表中選舉產生。具體的名額分配方式為：每個加盟共和國選舉代表 11 人；每個自治共和國選舉代表 4 人；每個自治州選舉代表 2 人；每個自治專區選舉代表 1 人。

蘇聯後期已經在探討將直接選舉產生的代表分設為兩院。蘇聯解體後，1993 年葉利欽（Бори́с Никола́евич Е́льцин）以武力廢除蘇維埃制度後，1993 年 11 月分別頒佈了《1993 年俄羅斯聯邦會議國家杜馬代表選舉條例》和《1993 年俄羅斯聯邦會議聯邦委員會選舉條例》，由此正式在俄羅斯開啟新的兩院制模式。根據 1993 年憲法第 95 條的規定，俄羅斯聯邦議會由兩院——聯邦委員會和國家杜馬組成。俄羅斯聯邦每個主體有兩名代表參加聯邦委員會：國家權力代表機關和國家權力執行機關各 1 人。國家杜馬由 450 名議員組成，兩院議員均由選民直接選舉產生，但是具體的選舉方式不一樣。

二、包容化過程與普遍選舉原則

1905 年 8 月的《國家杜馬選舉條例》是一部具有高度排除性的選舉條例，主要是通過財產資格來排除選舉資格。只有那些擁有不動產和工商企業不少於一年、繳納了不少於三年住宅稅的人，才能被列入選民名單。這個選舉條件也沒有涉及工人的選舉權問題，認為工人沒有擺脫農民的身分，讓他們通過農民選民團進行選舉。12 月 11 日的敕令則降低了財產資格，賦予城市居民中的中下等靠腦力勞動和靠商業與小手工業過活、在城市有住宅、有不動產納稅一年、有營業執照一年等群體以選舉權，同時也賦予了工人參加省和城市的選民大會、選舉複選人的權利。在有不少於 50 名男工人的工廠企業、礦山和鐵路上工作的男性有參加選舉的權利。[7]

與沙俄時期的選舉主要以財產權設置選舉資格相反的是,蘇俄1918年憲法的基本原則是以勞動來作為享有選舉權的基礎。根據1918年《俄羅斯蘇維埃社會主義共和國聯邦憲法》的規定,凡以生產勞動或社會有益勞動謀取生活資料者,如工人、職員、農民、不使用僱傭勞動吸取利潤的可薩克土地所有者,都享有選舉權。[8]

除了以勞動作為選舉權的基礎外,蘇俄時期選舉權配置的另一個特徵是較早對女性開放選舉權。在包容性原則下,還有一個值得強調的地方是軍人享有選舉權和被選舉權。在現代國家中,一些國家的選舉制度中排除了軍人的選舉權;還有一些國家則給予軍人選舉權但是排除其被選舉權。因此,女性較早獲得選舉權和軍人享有全面的選舉權與被選舉權,也是從蘇俄到蘇聯時期的選舉制度中的重要內容。

蘇俄及蘇聯早期的選舉制度中,在以勞動作為選舉權配置基礎的條件下,明確剝奪了一系列人群的選舉權和被選舉權。例如,根據1930年10月3日《蘇聯中央執行委員會關於蘇維埃選舉的指示》中,明確列舉的需要剝奪選舉權的群體就包括:一,使用季節性的或經常性的僱傭勞動的農民、牧民、家庭手工業者及手工業者,其經營規模業已超過勞動經營範圍者;二,從業農業及牧業之農民及牧畜者,其僱傭勞動係屬輔助性質,且其所有有勞動能力的人員必須參加日常勞動;三,經常出租裝有機械動力的複雜農業機器者,佔有大漁船而將其出租者,以出租耕作性質牲畜、農業機器等手段來盤剝附近居民者,或以盤剝條件向居民放貸者;四,以區捐稅委員會認為對出租人來說係屬盤剝的條件承租土地者;五,目的在於藉工商業從事剝削而承租果園、葡萄園等等的人;六,經常出租作企業用或居住用之個別建築物的人,如果該經營行為按其出租建築物的收入額論,應屬依照個別程序徵收統一農業稅的經

7　劉顯忠:《近代俄國國家杜馬:設立及實踐》,北京:社會科學文獻出版社,2007年,第77頁。

8　〔蘇〕Т.Б. 阿尼西莫夫:《蘇聯選舉制度》,何文譯,北京:法律出版社,1955年,第7頁。

營範疇的人；七，各工業類型企業的業主和承租人，採用向住家分送各種活計的方法或採用出租、轉租這種企業的方法來剝削居民者；八，私商、販賣商及買賣介紹人；九，工廠和製造廠類型企業之承租人與業主；十，前白軍軍官和軍佐，以及反革命匪幫的領導人；十一，舊警察署、特別憲兵團與保安科的所有職員與特務，以及無論在沙皇政府或在白色反革命政府直接或間接領導警察、憲兵和懲罰機構的活動者；十二，過去和現在的一切宗教服務人員；十三，被政府流放並在流放期間內者，以及因受刑事判決而被剝奪選舉權的人。[9]

但是，根據經典的馬克思主義理論，限制選舉權並不是一種普遍手段，而只是在特殊歷史條件下的手段。因此，蘇俄時期在條件變化的情況下，也開始逐步開放選舉權。

表 7：全蘇聯各級蘇維埃選舉的選民人數和參加投票人數的增加情況

年份	有選舉權的人數 （單位：百萬）	參加投票的人數 （單位：百萬）	百分比 （單位：%）
1926	76	39	51
1927	78	39	50
1929	81	52	64
1931	86	62	72
1934	91	77	85

來源：〔蘇〕Т.Б. 阿尼西莫夫：《蘇聯選舉制度》，何文譯，北京：法律出版社，1955 年，第 8 頁。

與早期的資本主義國家選舉權普及模式不同的是，蘇聯選舉權普及的理論基礎是敵對階級的消滅。1936 年選舉權全面普及的基本前提是：隨着兩個五年計劃的實施，剝削階級作為一個階級已經消滅，蘇聯只剩下了兩個友好階級，即工人和農民；剩下的知識分子，也已經起了

9　中央人民政府法制委員會編譯室：《蘇聯選舉法令彙編》，北京：人民出版社，1953 年，第 14-15 頁。

重大變化。同時，隨着民族關係的變化，民族間的不信任也已經消除，各民族之間形成了兄弟般的聯盟。因此，在經濟、階級結構和民族關係已經發生根本變化之後，選舉權的普遍化成為必需。[10]

根據 1936 年蘇聯憲法 135 條的規定，凡年滿 18 歲的蘇聯公民，不分種族、民族，不分性別，不分信仰，不分教育程度，不問居住期限，不問社會出身、財產狀況以及過去活動如何，都有權參加選舉，但有精神病和由法院判決剝奪選舉權的人除外。在被選舉權方面，蘇聯 1936 年憲法第 135 條規定，每一個年滿 23 歲的蘇聯公民，不分種族、民族、性別、信仰、教育程度，不問居住期限、社會出身、財產狀況、過去職業如何，都可以被選為蘇聯最高蘇維埃代表。普選權的實行也帶來了參與率的提升。根據蘇聯學者的統計，1937 年參加最高蘇維埃第一次選舉的投票率為 96.5%；1949 年為 99.7%；1950 年為 99.98%。[11]

在 1936 年的蘇聯憲法確定了普遍選舉的原則之後，此後無論是蘇聯還是後來的俄羅斯選舉改革，普遍選舉原則作為一項已經正式確立的原則，已經不再是改革的對象。此後微調主要體現在被選舉權資格方面。1977 年蘇聯憲法的改革是將蘇聯最高蘇維埃代表被選舉權的年齡資格提高到 21 歲。這一原則在俄羅斯聯邦 1993 年的國家杜馬選舉法也得到了延續。

根據 1993 年俄羅斯全民公決憲法第 32 條的規定，俄羅斯聯邦公民有直接或通過自己的代表管理國家的權利。俄羅斯聯邦公民有選舉或被選為國家權力機關和地方自治機關成員以及參加公決的權利。法院確認為無行為能力的，以及根據法院判決關押在剝奪自由地點的公民沒有選舉權和被選舉權。

---

10 〔蘇〕Т.Б. 阿尼西莫夫：《蘇聯選舉制度》，何文譯，北京：法律出版社，1955 年，第 9 頁。
11 〔蘇〕Т.Б. 阿尼西莫夫：《蘇聯選舉制度》，何文譯，北京：法律出版社，1955 年，第 15 頁。

三、平等原則的擴展

由於沙俄的選舉從一開始就按照階級劃分選民團，不同階級在各選民團中的選舉權也就極不平等。在 1905 年 12 月 24 日頒佈的選舉條例中，地主選民團由 2000 名選民產生 1 名複選人，城市選民團由 7000 名選民產生 1 名複選人，農村選民團由 30000、工人選民團由 90000 名選民中各產生 1 名複選人。[12] 由此推算，地主的一票等於市民的 3 票、農民的 15 票或工人選民的 45 票。[13] 即使在 1905 年 12 月 11 日新修訂的選舉法中，各選民團成員之間的選舉權之差異性也非常大。

表 8：1905 年俄國新修訂選舉法規定的各選民團總人數及複選人數

選民團	總人數	複選人數
土地所有者	400 萬	2231
城市選民團	1400 萬	3455
農民選民團	7800 萬	2725
工人選民團	2100 萬	286

來源：劉顯忠：《近代俄國國家杜馬：設立及實踐》，北京：社會科學文獻出版社，2007 年，第 81 頁。

1907 年第三屆國家杜馬選舉前，將各選民團的選舉權又進行了重新配置。地主選民團由 230 名選民產生 1 名複選代表；城市第一選民團由 1000 名選民產生 1 名複選代表；城市第二選民團由 15000 人產生 1 名複選代表；農民選民團由 60000 人產生 1 名複選代表；工人選民團由 125000 人產生 1 名複選代表。[14] 這種新的配置實際還加大了不平等的程度。

早期蘇維埃選舉實踐中的階級間的選舉權不平等原則，也體現在城

12　趙士國：《俄國政體與官制史》，長沙：湖南師範大學出版社，1998 年，第 206 頁。

13　阮大榮：〈俄國國家杜馬與布爾什維克黨對杜馬的策略〉，《史學月刊》，1982 年第 6 期，第 68-72 頁。

14　趙士國：《俄國政體與官制史》，長沙：湖南師範大學出版社，1998 年，第 214 頁。

鄉之間代表名額的分配問題上。根據 1924 年蘇聯憲法第 9 條的規定，蘇維埃社會主義共和國聯盟蘇維埃代表大會代表的組成為：市蘇維埃和市鎮蘇維埃每選民二萬五千人選舉產生代表一人；郡蘇維埃代表大會每十二萬五千人選舉產生代表一人。

1936 年的蘇聯憲法在 136 條明確了選舉權的平等原則，其具體的規定為：代表的選舉是平等的，每一個公民都有一個投票權，一切公民都在平等的基礎上參加選舉。為了強調選舉權的性別平等，蘇聯 1936 年憲法還在第 137 條專門規定，婦女有同男子平等的選舉權和被選舉權。由於 1936 年的蘇聯憲法所確立的議會體制是兩院制，蘇聯最高蘇維埃的成員在處理選舉權的平等原則時，對兩院採取不同的平等原則。根據 1936 年蘇聯憲法的規定，聯盟蘇維埃由蘇聯公民按照選區選舉產生，每 30 萬人口選舉代表 1 名。民族蘇維埃由蘇聯公民按照加盟共和國、自治共和國、自治省和民族州為單位選舉產生，每個加盟共和國選舉代表 25 名；每個民族州選舉代表 1 名。1977 年的蘇聯憲法在延續聯盟院按照人口相等的原則進行選舉的同時，規定民族院選舉的名額分配方式為：每一個加盟共和國選舉代表 32 人，每一個自治共和國選舉代表 11 人，每一個自治州選舉代表 5 人，每一個自治專區選舉代表 1 人。

在俄羅斯聯邦廢除原有蘇維埃制度而建立起的新的選舉制度中，選舉權平等原則同樣得到延續。為了確保選民的選舉權，俄羅斯聯邦還先後通過了《俄羅斯聯邦公民選舉權保障法》和《俄羅斯聯邦會議國家杜馬代表選舉聯邦法》以落實選舉權平等原則及相關要求。另外，為了確保選民行使選舉和參加全民公決的權利，俄羅斯國家杜馬還曾於 1997 年制定了《選舉權與參加全民公決權法》。

四、自由選舉原則

1906 年沙俄第一屆國家杜馬選舉中並沒有採用秘密投票原則，而且投票過程還受到沙皇政府和各級警察的監視。[15] 在立憲會議的選舉採用秘密投票原則之後，蘇俄及蘇聯早期的選舉制度都沒有採用秘密投票原則，即使採用的情況也帶有選擇性。1924 年 8 月 11 日批准的《全俄中央執行委員會關於改選市與村蘇維埃及召開鄉（區）、縣（州）和省蘇維埃代表大會的指示》規定，關於秘密或公開投票的問題，應由省選舉委員會決定。[16] 但是，1926 年 11 月 4 日發佈的《全俄中央執行委員會關於市與村蘇維埃選舉程序及蘇維埃代表大會召開程序的指示》中又規定，選舉用公開投票的方法進行。[17]

在 1936 年憲法正式全面採用秘密投票原則之後，蘇聯的選舉制度已經全面確立起了直接、普遍、平等選舉和秘密投票的原則。此後的蘇聯及隨後的俄羅斯選舉改革的主要內容都是圍繞着候選人和當選規則而進行。

眾所週知，1936 年的蘇聯憲法雖然已經確立起了上述的選舉原則，但與上述原則並行的一個基本原則是等額選舉原則，即每個選區只有一個席位、每張選票上只有一個候選人，而且在計票時只計算該候選人所獲得的贊成票而排除反對票和棄權票。為了確保等額選舉制度的進行，每個選區的候選人就只能是一人。因此，在相當長的一段時間，蘇聯選舉制度的一個重要特點是，只有蘇聯共產黨組織及相關團體才有候選人的提名權。根據 1936 年憲法而確立起來的選舉制度中，只有蘇聯共產黨組織、工會、合作社、青年組織、文化團體才有資格提出代表候選人。1977 年憲法將提名主體擴大至部隊的軍人大會。後來還補充規定，要保證蘇聯公民和社會組織能夠自由地和全面地討論候選人的政治、業務和個人品質，並且享有通過會議、報刊、電視和廣播進行鼓動

15　陶惠芬：《俄國近代改革史》，北京：中國社會科學出版社，2007 年，第 356 頁。

16　中央人民政府法制委員會編譯室：《蘇聯選舉法令彙編》，北京：人民出版社，1953 年，第 113 頁。

17　中央人民政府法制委員會編譯室：《蘇聯選舉法令彙編》，北京：人民出版社，1953 年，第 142 頁。

的權利。此後，1978 年 7 月 6 日通過的《蘇維埃社會主義共和國聯盟最高蘇維埃選舉法》在候選人的權利保障和活動空間的擴展方面邁出了一步。根據這一選舉法的規定，代表候選人有在會議上發表演說、使用群眾性宣傳工具的權利。同時，代表候選人可以免於履行生產或職務上的職責，以便參加競選活動。在競選的過程中，代表候選人有免費乘座交通工具的權利。與此同時，該選舉法還規定，蘇聯最高蘇維埃代表候選人，非經蘇聯最高蘇維埃主席團同意，不負刑事責任，不受逮捕或通過審判程度所給予的行政處分。[18]

1988 年 10 月 22 日，蘇聯最高蘇維埃主席團公佈了《蘇維埃社會主義共和國聯盟關於蘇聯憲法（基本法）修改和補充的法律（草案）》。這個草案在提交全民討論後，由第 8 屆蘇聯最高蘇維埃第 12 次非常會議審議通過，並於 1988 年 12 月 1 日正式公佈了《關於修改和補充 1977 年蘇聯憲法的法律》。1988 年憲法修改的重點內容就是選舉制度改革，而改革的主要內容就是從等額選舉向差額選舉過渡。修改後的憲法和選舉法規定在提名過程中，選民提出的候選人名額不受限制。一個選區可以提出兩個或兩個以上代表候選人，經過登記的候選人可以聘請不超過十名委託代理人在選舉過程中為其宣傳鼓動、爭取選票。

1988 年之後，蘇聯及俄羅斯選舉改革的主要方向就是為自由競爭而制定規則。在俄羅斯選舉相關立法中，絕大多數規範選舉競爭的規則都與其他國家沒有太大差別。但是，俄羅斯選舉立法中的一個最為獨特之處在於，除了將候選人個人和政黨設定為選舉競爭的主體外，無論是在候選人的提名環節還是競選期間，俄羅斯的選舉競爭還設定了一種選舉聯合組織。根據俄羅斯 1993 年憲法第 30 條規定的結社自由原則，每個人都享有結成聯合組織的權利，包括成立工會聯合會以維護自身利益的權利，憲法保障社會聯合組織活動的自由。任何人都不得被強迫加入

18　劉向文編譯：《蘇維埃憲法和蘇維埃立法的發展》，北京：法律出版社，1987 年，第 91-92 頁。

或留在某聯合組織中。除了政黨作為基本的競選主體外，1994 年頒佈的《俄羅斯聯邦公民選舉權基本保障法》還創設了 "選舉聯盟" 這一組織形態，兩個以上的選舉聯合組織可以結成選舉聯盟參加競選。

從沙俄到蘇俄至蘇聯的選舉制度中，選舉的決勝規則一直是多數決制。1993 年憲法在設計選舉制度時，曾經出現過各種爭論。爭論的結果是，1993 年的選舉採用混合選舉制度：225 席由相對多數決制產生，225 席由比例代表制產生。[19] 普京（Владимир Владимирович Путин）執政之後，曾經於 2004 年將基本的選舉規則改為全國比例代表制。但是，又是在普京的推動下，俄羅斯又於 2014 年將基本選舉制度改回了混合選舉制。

雖然俄羅斯轉型之後，在憲法和選舉法中都確立了自由選舉和競爭的原則，並且還通過了專門的《政黨法》來規範政黨的各種行為，但是，在主流的政治學理論中，俄羅斯仍然被認為是一種選舉威權政體。這種劃分的主要依據是，俄羅斯雖然有選舉競爭，但是沒有政黨輪替。無論是否同意這種觀點，需要承認的一個基本事實是，俄羅斯在轉型之後出現了一種比較奇特的政黨體制。在這種政黨體制的變遷過程中，雖然出現了多元化的政黨，但是政黨之間並沒有形成多元平等的競爭關係，反而是逐漸走向一種等級化的政黨體制。[20] 對於這一等級體系頂端的政黨，一些研究者稱之為是 "政權黨"，還有一些研究者則將其稱為 "權力黨" 或 "支配型政黨"。[21] 無論其具體名稱有何差異，俄羅斯選舉競爭過程中生出的等級化政黨體系的核心特徵是以政權的核心領袖為中心而建立起來，並且通過執政資源和選舉競爭相結合的模式長期執政。

---

19 Thomas F. Remington and Steven S. Smith, "Political Goals, Institutional Context, and the Choice of an Electoral System: The Russian Parliamentary Election Law," *American Journal of Political Science*, Nov. 1996, Vol. 40, No. 4, pp.1253-1279.

20 Vladimir Gel'Man, "Party Politics in Russia: From Competition to Hierarchy," *Europe-Asia Studies*, Vol. 60, No. 6, Power and Policy in Putin's Russia, Aug. 2008, pp.913-930.

21 那傳林：〈當代俄羅斯國家治理中的 "政權黨" 現象探析〉，《社會主義研究》，2015 年第 5 期，第 88-95 頁；〔英〕肖恩‧P. 羅伯茨：〈統一俄羅斯黨及 "支配型政黨" 框架——比較視閾下的俄羅斯權力型政黨〉，《比較政治學前沿》，2013 年第 4 輯，第 173-190 頁。

在經歷了 100 多年的變遷之後,俄羅斯的選舉制度為什麼出現了這種獨特的政黨體制,仍然值得繼續關注。

五、小結

俄羅斯選舉制度變遷的一個基本特徵是,既有政體變化引發的選舉制度的改革和變遷,也有特定政體之下的選舉制度的變遷。如果我們將俄羅斯選舉制度的變遷在整體上劃分為沙俄時期的國家杜馬選舉、蘇聯時期的蘇維埃選舉、俄羅斯聯邦時期的議會選舉,大體上可以將其概括為君主政體下的選舉制度、一黨執政條件下的選舉制度和多黨競爭條件下的選舉制度。

以間接選舉、有限競爭、包容為起點的沙俄時期的選舉制度,如果按照既有的邏輯展開,已經可以看出在某些方面呈現出逐步開放之勢。蘇俄與蘇聯時期的選舉,在 1936 年之前可以看成是一個逐步邁向平等與普遍的過程,1936 年之後則是一個自由選舉原則曲折發展的歷程。在直接選舉、平等選舉、普遍選舉的原則基本實現之後,蘇聯後期和俄羅斯的選舉制度改革,最主要的內容也就是圍繞着自由選舉的原則而經歷了一個非常曲折的過程。

因此,整體而言,雖然俄羅斯所經歷的選舉制度變革歷程較為複雜,但透過其複雜的變遷過程,我們仍然可以看到,四個基本原則的逐步展開和落實,同樣構成了俄羅斯選舉制度變遷的基本綫索。俄羅斯選舉制度中的自由化原則會在今後發生何種變化,仍然值得關注。

第八章

印度選舉制度的
發展歷程

印度被譽為“世界上最大的民主國家”，其選舉制度的發展始於英國殖民時期，並在印度獨立後取得了顯著的成就。研究印度選舉制度的變遷可以使我們更好地了解西方民主制度如何在經濟相對落後、公民受教育程度較低且傳統文化根深蒂固的發展中國家中運作。本章將從選舉制度的直接化、包容化、平等化、競爭化、理性化這五個維度梳理印度選舉制度的發展歷程。

一、直接化

　　印度選舉制度的直接化進程始於英國殖民時期。在中央政權層面，1861 年的參事會法規定新增參事 6-12 人，其中非官方成員不少於 1/2，由總督提名，任期兩年。1892 年的參事會法進一步規定，參事中的非官方成員的多數應由自治市、縣、商會和大學等社團推舉任用。1909 年，印度政府法正式認可了選舉制度，規定立法參事共 60 人，其中非官方成員 27 人，分給七省地主協會 7 人、五省穆斯林 5 人、加爾各答和孟買商會各 1 人，另 13 人由九省立法參事會的非官方成員間接選舉產生。1919 年的印度政府法將中央立法機構改為兩院制，並首次確立了直接選舉制度，規定兩院應選舉產生的成員均由直接選舉產生。其中，立法大會為下院，有 145 名議員，其中 105 名由選舉產生；國務會議為上院，有議員 60 人，其中 34 人由選舉產生。[1]

　　在地方政權層面，1861 年的參事會法在省督的行政參事會中增補了 4-8 名參事，並規定其中的非官方成員不少於 1/2，由省督提名。隨後，1892 年和 1909 年的相關法令逐步增加了省立法機構的人數，並開

1　林良光主編：《印度政治制度研究》，北京：北京大學出版社，1995 年，第 24-28 頁；洪共福：《印度獨立後的政治變遷》，合肥：黃山書社，2011 年，第 29-33 頁。

始採取教派代表選舉的制度。1919 年，省立法機構進行了大幅度的改革，議員人數增多，其中至少 70% 的議員由選民直接選舉產生。[2]

印度的獨立大大加快了選舉制度直接化的進程。1950 年 1 月 26 日，印度憲法正式生效，憲法規定聯邦議會由總統、聯邦院和人民院組成。聯邦院是議會上院，大多數議員由各邦立法院議員間接選舉產生。而人民院是議會下院，議員是由選民直接選舉產生。憲法規定，人民院議員不得超過 545 人，其中 525 人由各邦選舉，20 人由各中央直轄區選舉。除此之外，總統還可以任命兩名英裔印度人為該院議員。人民院的多數黨領袖由總統任命為總理，以總理為首的部長會議需對人民院負責。[3]

在地方政權層面，大部分邦的立法機構為一院制，邦立法院議員由選民直接選舉產生，其多數黨領袖由邦長任命為首席部長。少數邦的立法機構為兩院制，除了邦立法院，還設有邦參議院。邦參議院 1/3 議員由市、縣行政機關及聯邦議會依法指定的其他地方當局的成員組成的選舉團選舉；1/12 由居住於本邦的至少三年制的大學畢業生組成的選舉團選舉；1/12 由在本邦的中學以上的學校從事教學至少三年的人員組成的選舉團選舉；1/3 由本邦立法院議員從院外選舉；其餘議員由邦長從文學、科學、藝術、合作運動和社會服務等方面有專門學識和實踐經驗的人士中任命。然而，組建邦政府的權力仍然掌握在邦立法院。由此可見，印度獨立後在中央和邦層面實行議會制，最具實權的聯邦議會人民院和邦立法院都由選民直接選舉產生，再由議會多數黨領袖負責組閣。[4]

二、競爭化

印度獨立後，選舉制度保證不同政黨的候選人及無黨派候選人的參

2　林良光主編：《印度政治制度研究》，北京：北京大學出版社，第 24-28 頁。

3　孫士海：《印度的選舉制度（上）》，《南亞研究》，1984 年第 4 期，第 89-93 頁；林良光主編：《印度政治制度研究》，北京：北京大學出版社，1995 年，第 192-198 頁。

4　林良光主編：《印度政治制度研究》，北京：北京大學出版社，1995 年，第 24-28 頁。

與權利,為選舉的競爭化提供了制度基礎。印度聯邦人民院和邦立法院選舉普遍採用單議席選區制,即一個選區一般只選出一名議員,得票獲得相對多數的候選人當選。只要獲得本選區一位選民的提名就可以成為候選人,候選人需繳納一定數量的保證金,如果在選舉中得票少於 1/6,則保證金需要被沒收。候選人經提名後,還要經過選舉官的審查,在下述情況下,候選人將被取消資格:一,未滿 25 歲;二,未被登記為選民;三,在政府中擔任有收益職務;四,無力償付債務的破產者;五,在選舉中,因受賄或舞弊行為被取消選舉資格;六,因觸犯刑律被監禁 2 年以上;七,公營企業的僱員被政府開除後未滿 5 年。候選人提名之後,競選運動隨即開展,候選人紛紛通過街頭演講、張貼海報、散發傳單、上門遊說等等方式宣傳自己。[5]

表 9:印度歷屆議會大選參選政黨數量

屆次	年份	全國性政黨	地區性政黨	其他政黨
1	1951	14	39	-
2	1957	4	11	-
3	1962	6	11	10
4	1967	7	14	4
5	1971	8	17	28
6	1977	5	15	14
7	1980	6	19	11
8	1984	7	17	9
9	1989	8	20	85
10	1991	9	27	109
11	1996	8	30	171
12	1998	7	30	139

5   林良光主編:《印度政治制度研究》,北京:北京大學出版社,1995 年,第 73-74 頁。

13	1999	7	40	122
14	2004	6	36	194
15	2009	7	34	322
16	2014	6	39	425
17	2019	7	43	621

來源：根據印度選舉委員會（Election Commission of India）網站數據整理。

從上表中可以看出，自印度 1951 年開始首屆議會大選以來，參選政黨的總量就一直呈上升之勢。雖然自第一次大選之後全國性政黨的參選數量一直在 10 個以內，但是參加全國性選舉的地區性政黨的數量一直不少。而且，從 1962 年開始，提交註冊但未經認可的地區性參選政黨數量不斷增加。

不過，儘管憲法和法律保障了不同政黨及候選人參與選舉競爭的權利，參選政黨的數量也一直呈上升之勢，但是選舉競爭的結果表明，印度選舉的競爭化仍然經歷了由國大黨一黨獨大到多黨輪流執政的緩慢進程。在 1950 年 10 月至 1951 年 2 月舉行的第一屆印度聯邦人民院和邦立法院選舉中，共有約 17500 名候選人參與競選人民院的 489 個席位和邦立法院的 3283 個席位。參加競選的有印度國大黨、印度共產黨、社會黨、農工人民黨、人民同盟、印度教大會等 50 多個政黨。然而，選舉結果呈現了國大黨一黨獨大的局面。在聯邦人民院，國大黨共獲得 45% 的選票，獲得 364 個席位，佔席位總數的 74.4%。印度共產黨獲得 16 個席位，社會黨獲得 12 席，農工人民黨獲得 9 席，人民同盟獲得 3 席。在邦立法院，國大黨也大獲全勝，獲得了 3283 個席位中的 2248 席，佔 68.4%。除了查謨—克什米爾外，國大黨在各邦都獲得了執政權。[6]

1957 年的第二屆聯邦人民院和邦立法院選舉中，國大黨也取得輝

6　洪共福：《印度獨立後的政治變遷》，合肥：黃山書社，2011 年，第 86 頁。

煌戰績。在聯邦人民院的 494 席中，國大黨獲得 371 席，佔席位總數的 75.1%。在邦立法院的 3102 席中，國大黨也獲得了 2012 席，佔 64.9%，在除了喀拉拉和克什米爾外的所有邦執政。第三次大選於 1962 年 2 月舉行，國大黨繼續保持一黨獨大地位，在人民院獲得了 361 個席位，佔總數的 73.1%，獲得總票數的 44.7%。在邦立法院選舉中，國大黨得到議席 1984 個，佔總數的 60.2%，在絕大多數邦繼續執政。[7]

然而，隨着國大黨一黨獨大的持續，民眾對國大黨的不滿也在不斷增加。20 世紀 60 年代中期，印度經濟發展的速度開始減緩，經濟結構也存在較大問題，過度重視工業，農業投入不足，對私營經濟的控制也過於嚴格。國大黨內也出現了嚴重的貪污腐化、派系鬥爭等問題。此外，自由黨、人民同盟等反對黨的力量也不斷壯大，並在選舉中採用了聯合策略，挑戰國大黨的執政地位。在 1967 年舉行的第四次聯邦人民院和邦立法院選舉中，國大黨雖然仍然保持領先，但得票率和席位數都出現了明顯的下滑。在人民院，國大黨獲得了 40.92% 的選票，僅獲得 520 個席位中的 284 個，佔 54.6%，比上次大選降低近 20 個百分點。而自由黨和人民同盟分別獲得了 42 個和 35 個席位，印度共產黨和從印共分裂出來的印度共產黨（馬克思主義）也分別獲得 23 席和 19 席。在邦立法院，國大黨在全部 3453 個議席中也僅獲得 1661 個，在西孟加拉、比哈爾、馬德拉斯、奧里薩、喀拉拉和旁遮普邦都失去了執政地位。[8] 由於印度的選舉制度就類型而言非常類似於英美的選舉制度，就選舉制度的原理而言似乎也應該像英國和美國那樣出現兩黨輪流執政的局面，但是到此時為止的印度都仍然處於一黨獨大的狀況。這一現象也引起了一些研究選舉制度和政黨體系的學者的重點關注。[9] 值得注意的是，雖然印

7　洪共福：《印度獨立後的政治變遷》，合肥：黃山書社，2011 年，第 86 頁。

8　洪共福：《印度獨立後的政治變遷》，合肥：黃山書社，2011 年，第 86 頁。

9　Marice Duverger, *Political Parties: Their Organizaiton and Activity in the Modern State*, London: Mathuen and Co.,Ltd., 1959, p.217; Myron Welner, *Party Politics in India*, Princeton: Princeton University Press, 1957, p.225.

度獨立以後的選舉結果長期表現為一黨獨大，但是參選政黨的數量又不少。因此，在國際學術界中，對於印度選舉競爭結果所體現出的政黨政治的格局，出現了兩種不同的判斷：一些學者認為印度仍然是一黨獨大體制，另外一些學者則認為印度屬多黨體制。[10]

在 1967 年之後，為了鞏固國大黨的執政地位，印度總理英·甘地（Indira Priyadarshini Gandhi）上台後採取了許多激進的經濟和政治政策，包括大幅緊縮政府投資、推進國有化和土改、取消經理行制度、取消原土邦王公年金和其他特權等等。在 1971 年 3 月提前舉行的人民院選舉中，國大黨維持了執政地位，在 518 個席位中獲得 352 席，在參加選舉的全國性政黨中處於絕對優勢地位。

然而好景不長，不久之後印度陷入嚴重的經濟和政治危機。1971 年印巴戰爭爆發，印度軍費激增，加上收容孟加拉難民的費用，印度經濟背上了沉重的負擔。而英·甘地政府實現社會公平的承諾也難以兌現，群眾的不滿情緒日益增長。此外，國大黨官員貪污腐敗、任人唯親，及英·甘地的獨斷作風都加劇了人民的不滿。學生暴動、工人罷工和各種騷亂頻繁發生。在全國局勢動蕩之際，社會黨領導人拉傑·納拉（Jayaprakash Narayan）因向法院控告英·甘地在 1971 年的選舉中有舞弊行為。1975 年阿拉哈巴德高等法院判決英·甘地兩項罪名成立，宣佈取消其議員資格，並禁止其在今後六年內參加議會選舉。隨後，反對黨在全國範圍內發動了要求英·甘地下台的運動。[11] 為了保住執政地位，英·甘地向最高法院提出上訴，並讓總統宣佈緊急狀態。[12]

1977 年 1 月，英·甘地突然宣佈提請總統解散人民院，提前舉行第六屆人民院選舉，希望乘形勢對其有利和反對黨準備不足之機延續其執政地位。在英·甘地宣佈舉行大選的當天，反對黨領導人獲得釋放，

10　O. P. Goyal, Harlan Hahn, "The Nature of Party Competition in Five Indian States," *Asian Survey*, Oct. 1966, Vol.6, No.10, pp.580-588.

11　洪共福：《印度獨立後的政治變遷》，合肥：黃山書社，2011 年，第 86 頁。

12　洪共福：《印度獨立後的政治變遷》，合肥：黃山書社，2011 年，第 113-116 頁。

報刊管制被取消，緊急狀態下的其他限制也被放寬。然而，英·甘地錯估了形勢。在大選前，國大黨（組織派）、人民同盟、印度民眾黨和社會黨決定合併為新的政黨人民黨，共同挑戰英·甘地領導的國大黨（執政派）。最終，人民黨歷史性取得了選舉的勝利，在人民院 542 個席位中贏得了 270 席，加上不久前加入人民黨的民主國大黨的 28 席，總計 298 個席位，獲得了執政地位。而英·甘地領導的國大黨遭到慘敗，只獲得了 154 個席位，淪為在野黨。[13]

雖然人民黨在這次選舉中擊敗了國大黨，但是由於人民黨是由幾個政見不一的政黨拼湊而成，執政不久便出現了嚴重的派系鬥爭，加上經濟政策失誤，人民黨的執政難以長久。1979 年 8 月，總統宣佈解散人民院，並於 1980 年 1 月舉行第七屆人民院選舉。英·甘地的國大黨再次取得勝利，在 529 個席位中獲得 353 席，得票率 42.7%，重新贏回執政權。[14] 自此之後，印度各政黨之間的選舉競爭就出現了多種狀態，既有一黨獨大的局面，也有兩黨瓜分多數議席的結果，有時也會出現多黨林立的局面。

1989 年，印度舉行第九屆人民院選舉，國大黨只獲得 39.5% 的選票，在 528 個席位中獲得 197 個席位，未過半數。全國陣綫獲得 142 個席位，印度人民黨獲得 86 個席位。由於沒有政黨獲得過半數席位，印度在獨立之後第一次出現"懸浮議會"。最終，全國陣綫在印度人民黨、印度共產黨和印度共產黨（馬克思主義）的支持下組建了聯合政府，國大黨再次失去執政地位。[15] 自此以後，政黨輪替成為印度政壇的常態，國大黨、印度人民黨、聯合陣綫、社會人民黨等政黨輪流上台執政，一黨獨大的局面不再出現，這一轉向也意味着印度選舉競爭化程度的提高。但是，人民黨在 2014 年選舉中大獲全勝，導致印度的政黨體

13　洪共福：《印度獨立後的政治變遷》，合肥：黃山書社，2011 年，第 86 頁。
14　洪共福：《印度獨立後的政治變遷》，合肥：黃山書社，2011 年，第 86 頁。
15　洪共福：《印度獨立後的政治變遷》，合肥：黃山書社，2011 年，第 86 頁。

系又出現了人民黨一黨獨大的格局。這一結果到底是將印度的選舉競爭格局引向一種新的一黨獨大，還是會走向其他道路，相關的研究仍然有不同的觀點。[16] 2019 的選舉結果出現的人民黨領導的全國民主聯盟所獲得的壓倒性勝利，無疑再次為印度選舉競爭體系變化增加了一個問號。

三、包容化

在英國殖民時期，只有少數印度人享有選舉權利。1919 年的印度政府法雖然規定大部分的中央和省立法機構的議員由選民直接選舉產生，但同時又對選民資格做了財產、居住期限等限制，因而選民人數僅佔總人數的 3%。1935 年的改革在一定程度上放寬了對選民資格的限制，同時婦女也獲得了選舉權。[17]

印度獨立後，選舉制度的包容化取得突破性進展。1950 年，印度憲法 326 條規定，除無居住地，精神不健全或因貪污、犯罪或其他不法行為被剝奪選舉權者之外，凡年滿 21 歲的印度公民（1989 年第九屆選舉前改為年滿 18 歲）都有權參加選舉。任何人不得因宗教、種族、種姓、性別等原因而被剝奪選舉權。

印度選舉在運作之始就面臨着一個規模十分龐大的選民群體。在 1951 年 10 月至 1952 年 12 月舉行的第一屆聯邦人民院和邦立法院選舉中，全國登記選民（不包括克什米爾）多達 1.7321 億人，共有 1.0595 億人參加投票。

16　Subrata K.Mitra, Jivanta Schottle, "India's 2014 General Elections, A Critical Realignment in Indian Politics?" *Asian Survey*, July/August 2016, Vol.56, No.4, pp.605-628.

17　洪共福：《印度獨立後的政治變遷》，合肥：黃山書社，2011 年，第 86 頁。

表 10：印度歷屆議會大選的參選選民與投票率

屆次	年份	登記選民	投票選民	投票率（單位：%）
1	1951	173212343	10595008	44.87
2	1957	193652179	120513915	45.44
3	1962	216361569	119904284	55.42
4	1967	250207401	152724611	61.04
5	1971	274189132	151536802	55.27
6	1977	321174327	194263915	60.49
7	1980	356205329	202752893	56.92
8	1984	379540608	241246887	63.56
9	1989	498906129	309050495	61.95
10	1991	498363801	282700942	56.73
11	1996	592572288	343308090	57.94
12	1998	605880192	375441739	61.97
13	1999	619536847	371669104	59.99
14	2004	671487930	389948330	58.07
15	2009	716985101	417158969	58.21
16	2014	834082814	554175255	66.44
17	2019	910512091	613656298	67.4

來源：根據印度選舉委員會（Election Commission of India）網站數據整理。

　　選舉委員會在選民登記過程中也努力鼓勵合資格的公民進行登記。
每次大選前，選舉委員會都會集中修訂選民冊，工作人員會挨家挨戶拜
訪選民，收集他們的信息。同時，選舉委員會每年還會對選民冊進行簡
單的修訂，使得在先前的選民冊中遺漏的選民和新搬到一個選區的選民
有機會進行選民登記。[18] 整體而言，隨着選舉次數的增加，參加印度國

18　Anupama Roy, "Identifying Citizens: Electoral Rolls, the Right to Vote, and the Election Commission of India," *Election Law Journal*, 2012, 11.2, pp.170-186.

會選舉的登記選民和投票選民的總量一直在增加。而且在選民總量增加的同時，投票率也維持在一個相當不錯的水平。

由於印度在現代選舉制度建立之初就在設計選舉權門檻時破除了文化水平的限制，印度人口中又有相當高比例的文盲（1971 年文盲人口佔印度總人口的 70%），為了方便文盲選民參與選舉，印度設立了獨具特色的選舉標誌制度。選舉委員會為參加選舉的每一個黨派和每一個無黨派候選人都分配了各自的選舉標誌，選舉時在選票上每個候選人的名字旁邊都印上了各自的選舉標誌，讓選民可以辨認候選人的黨派身分。選舉標誌又分為保留標誌和任選標誌兩種，保留標誌分配給全國政黨和邦政黨，任選標誌分配給未被承認的登記政黨和無黨派候選人。選舉標誌種類繁多，如在第七屆大選時，國大黨的標誌是手紡車，國大黨（英）的標誌是手，印度共產黨的標誌是麥穗和鐮刀，人民黨的標誌則是一個輪子裏農夫扶犁。選舉標誌制度的設立使得數量龐大的文盲選民也能夠參與選舉，真正獲得選舉權利，也就大大促進了選舉制度的包容化。[19]

雖然印度面臨一個全球規模最大的參加全國直接選舉的選民群體，已經從選舉制度的實施方面為包容化選舉創造了不少條件，但是由於印度的人口構成非常複雜，某些人口屬性和社會經濟因素所導致的選舉排斥現象同樣也客觀存在。有學者已經觀察到，某些特定的群體，例如印度一些地方的穆斯林群體，雖然從法律上享有選舉權和被選舉權，但是由於歷史因素和社會經濟地位的共同作用，這些群體的成員實際上無法進入政治團體的中心，在選舉過程中的參與實際上處於被排斥狀態。[20]又如，許多貧困農民由於經常外出打工，沒有穩定的住址，常常無法進行選民登記和參加選舉投票。此外，女性選民的參與也經常受到排斥。

19　孫士海：〈印度的選舉制度（上）〉，《南亞研究》，1984 年第 4 期，第 89-93 頁。

20　Rajeev Singh, "Citizenship, Exclusion & Indian Muslims," *The Indian Journal of Political Science*, Apr.-June, 2010, Vol.71, No.2, pp.497-510.

在 1952 年的選民登記中，許多女性被排除在選民冊之外，因為她們沒有用自己的名字進行登記，而是登記為 ×× 的媽媽、×× 的妻子等。據統計，當時共有 280 萬左右的女性選民因此而失去投票權。近年來，儘管女性的投票率已經有了很大的提高，但女性的選民登記率仍然偏低。[21] 有研究者指出，印度的案例同時為我們提供了兩個方面的啟示：一是公民制度的建立先於大眾政治興起，能夠為民主的族群安寧提供一個基礎框架，即使在識字率比較低的貧困的多族群國家也能做到；另一方面，印度的陣痛也表明在這樣一種情況下，特別是少數族群的議會或官僚中的代表方案產生按族群界限進行政治組織的激勵之後，公民制度是多麼脆弱。[22]

四、平等化

印度獨立後，廢除了歷史上長期存在的賤民制，並且在憲法中規定憑藉賤民制而剝奪他人權利的行為屬犯罪行為，以憲法和法律保障了選舉權利的平等化。憲法規定，各聯邦人民院選區以及一個邦內的各立法院選區的人口數量應儘量均等。選區劃分的具體方法是，首先各邦根據本邦立法院的議席數劃分相應數量的邦立法院選區，然後根據本邦人民院的議席數劃分人民院選區，並使每個人民院選區都由若干個完整的邦立法院選區組成。[23] 因此，印度選舉制度變遷的一個基本特徵是，在現代選舉制度建立之初就從憲法和法律層面上確立起了選舉權平等的原則。此後在選舉權平等方面並不需要以專門的制度來破除先前存在的選舉權不平等問題，而主要是隨着人口的變化，根據人口普查的數據而調整選區和議席，同時確保少數群體的選舉權利。

---

21 Anupama Roy, "Identifying Citizens: Electoral Rolls, the Right to Vote, and the Election Commission of India," *Election Law Journal*, 2012, 11.2, pp.170-186.

22 〔美〕傑克·斯奈德：《從投票到暴力：民主化和民族主義衝突》，吳強譯，北京：中央編譯出版社、三輝圖書，2017 年，第 304 頁。

23 孫士海：〈印度的選舉制度（上）〉，《南亞研究》，1984 年第 4 期，第 89-93 頁。

根據印度憲法 82 條的規定，人民院的議席根據各邦的人口分配，各邦分配的席位與各邦人口之間的比例應儘量一致。憲法原來規定，各邦分配的席位應按每十年一次的人口普查數字重新調整。為了促進各邦的計劃生育，1971 年印度國會通過憲法修正案，規定按 1971 年人口普查數字分配給各邦和中央直轄區的議席應保留到 2000 年。另外，在被選舉權設置方面，根據憲法 84 條的規定，當選為聯邦議員需要三個條件：係印度公民，而且在選舉委員會專門指定的監督人面前按照規定的格式宣誓並在誓詞上簽名；聯邦院議員年齡不小於 30 歲，人民院議員年齡不小於 25 歲；具備議會法律規定的其他資格。

　　此外，為了保障弱勢種姓和部族公民享有平等的選舉權利，憲法第 16 條還規定了公職受聘機會相等的原則。一方面，一切公民在國家公職的聘用方面應該享有平等的機會；同時這一規定又不妨礙議會做出規定，為某些落後的公民階層保留若干公職位置，如果國家認為他們在國家公務部門中未得到適當代表的話。為此，聯邦人民院和邦立法院應當為表列種姓和表列部族保留一定數目的議席。

表 11：印度議會大選選區類型及數量

屆次	年份	一般選區	表列種姓選區	表列部落選區	總席位
1	1951	400	0	8	489
2	1957	403	0	16	494
3	1962	385	79	30	494
4	1967	406	77	37	520
5	1971	406	76	36	518
6	1977	426	78	38	542
7	1980	422	79	41	542
8	1984	401	75	38	514
9	1989	412	78	39	529

續表

10	1991	407	76	41	524
11	1996	423	78	41	543
12	1998	423	79	41	543
13	1999	423	79	41	543
14	2004	423	79	41	543
15	2009	412	84	47	543
16	2014	412	84	47	543
17	2019	412	84	47	543

註：第一屆和第二屆大選因為有 2 人選區和 3 人選區存在，因此總席位數大於總選區數。
來源：根據印度選舉委員會（Election Commission of India）網站公開數據整理。

　　顯然，就基本權利的平等化而言，印度選舉制度在選舉平等原則的確立方面不但時間早，而且也基本覆蓋了選舉權行使的各個方面。但是由於印度選民構成比較複雜，各個群體的選民在選舉權行使的後果方面，則表現出了不那麼平等的結果。根據有關研究，即使在選舉結果發生大逆轉的 2014 年，也就是人民黨獲得壓倒性勝利的大背景下，在當年所當選的所有國會議員中，仍然有 1/5 的議員來自於同一政治大家族。同時，相當一部分選民投票選舉的議員都有犯罪記錄。[24] 由於印度的大部分窮人都是低級種姓者和無地農民，這些群體又依附於他們之上的群體——擁有土地的高級精英。這種上下庇護和依賴紐帶，反過來又限制了印度的窮人與文盲的政治行為。[25] 此外，女性、佛教徒、天主教徒、伊斯蘭教徒等是否也可以借鑒表列種姓和表列部落的制度獲得一定數量的保留席位，在印度國內也引起相當大的爭議。[26] 因此，儘管印

24　Milan Vaishnav, *Understanding the Indian Voter*, Washington: Carnegie Endowment for International Peace, 2015, p.1.

25　〔美〕阿圖爾·科利：《印度民主的成功》，牟效波等譯，南京：譯林出版社，2013 年，第 9 頁。

26　Wendy Singer, "A Seat at the Table: Reservations and Representation in India's Electoral System," *Election Law Journal*, 2012, pp.202-215.

度的選舉制度在選民的平等權利安排方面已經有突出的制度設計，但經過了半個多世紀的選舉之後，在根深蒂固的社會和文化傳統之下，選舉權平等原則的深化仍然還面臨着不少現實問題。

五、理性化

印度獨立之後，為了保證選舉能夠公平公正地舉行，國家設立了完善的選舉法律制度和選舉管理機構，推動了選舉制度的理性化。1951年通過的人民代表法對選舉管理、候選人資格、選民登記、選舉支出、選舉腐敗行為和選舉訴訟作出了明確的規定。[27] 其中，選舉管理機構在維護選舉公正性上扮演着至關重要的角色。印度的選舉管理機構由四級選舉機關組成，包括選舉委員會、邦選舉機關、縣選舉機關、選區選舉機關。[28]

國家層面的選舉委員會是最高的選舉機關，其不僅負責聯邦議會的選舉，還負責各邦立法機構的選舉。有學者認為，由選舉委員會統一組織聯邦和地方的選舉有利於推動印度選舉的"國家化"、增強人民的民族觀念、促進民族團結和避免地方勢力對選舉的干擾。[29] 選舉委員會是常設機構，是不受政府和任何政黨制約的獨立機構，其成員為國家公職人員。該委員會由一名選舉總監和若干名選舉委員組成。選舉總監是常任職務，其罷免方式與最高法院法官相同，以保證其獨立性。選舉委員人數由總統隨時確定，其成員由選舉總監提議，再由總統任命。選舉委員會的職權主要包括：

---

27 David Gilmartin, Robert Moog, "Introduction to 'Election Law in India'," *Election Law Journal*, 2012, pp.136-148.

28 孫士海：〈印度的選舉制度（下）〉，《南亞研究》，1985 年第 4 期，第 83-86 頁。

29 David Gilmartin, Robert Moog, "Introduction to 'Election Law in India'," *Election Law Journal*, 2012, pp.136-148.

（1）編造選民總冊，指導並監督各邦選民冊每年的編制和修訂工作，並確定與此有關的各種事項。

（2）任命或派遣下屬各級選舉官和觀察員。

（3）對選舉中出現的問題和糾紛予以解釋和裁決。

（4）就國會議員或邦議會議員是否符合議員資格向總統或邦長提出建議。

（5）有權重新確定人民院和邦立法院為表列種姓和表列部族保留席位的數目，並有權修改選區劃分委員會的有關規定。[30]

此外，憲法還賦予了選舉委員會在選舉期間徵用聯邦政府和邦政府工作人員的權力，使其可以獨立地監督選舉過程。[31] 由於印度人口眾多，每次選舉時，都有大量的工作人員參與選舉。如 1971 年大選時，各級選舉官、觀察員和工作人員總共超過了 150 萬人。[32] 而 2009 年大選時選舉工作人員的數量更是達到了 1100 萬，其中有 300 萬是警察。[33]

選舉委員會不僅在選舉過程中發揮程序性的功能，還主動地頒佈或推動相關部門頒佈推進選舉公正性的法令和措施。第一，1960 年起，選舉委員會設立了選舉的模範行為準則（Model Code of Conduct），對候選人的競選行為予以規範。如果有人違反該行為準則，選舉委員會可以公開相關的違規行為，甚至是中途叫停競選活動。第二，1968 年，選舉委員會頒佈了關於選舉標誌的法令，對各政黨選舉標誌的保留和分配予以規範，以解決由於原有政黨分裂而導致的選舉標誌分配糾紛等問題。第三，2002 年，選舉委員會出台法令要求每位聯邦議會和邦立法機構選舉的候選人在提名時簽署一份宣誓書，聲明自己是否有捲入任何

30　孫士海：〈印度的選舉制度（下）〉，《南亞研究》，1985 年第 4 期，第 83-86 頁。

31　David Gilmartin, Robert Moog, "Introduction to 'Election Law in India'," *Election Law Journal*, 2012, pp.136-148.

32　孫士海：〈印度的選舉制度（下）〉，《南亞研究》，1985 年第 4 期，第 83-86 頁。

33　David Gilmartin, Robert Moog, "Introduction to 'Election Law in India'," *Election Law Journal*, 2012, pp.136-148.

的刑事訴訟。2003年，在法院和非政府組織的支持下，選舉委員會成功迫使政府接受一項公佈候選人犯罪記錄的法令，儘管主要的政黨都對此表示反對。第四，儘管受到部分邦政府的抵制，選舉委員會仍然推進了印有照片的選民身分證件在選民登記和投票過程中的使用。自2009年起，選舉委員會還開始使用電子投票機來推動投票和計票活動的標準化。[34]

選舉委員會維護選舉公正性的工作獲得了民眾的信任。2008年一項民意調查顯示，51%的受訪者"非常"或"比較"信任選舉委員會，只有14%的人表示"不太信任"或"完全不信任"。[35]

各邦的選舉機關由一名首席選舉官主持工作。首席選舉官由選舉委員會與邦政府協商後從邦政府內較為高級的行政或司法官員中任命。首席選舉官的主要職責是編制本邦的選民冊和主持各項選舉事宜。縣選舉機關負責本縣選民冊的修編和選舉工作。在某些邦中，各縣都有專職的縣選舉官和由工作人員組成的選舉機關。而在另一些邦中，由一名縣政府的行政官附帶負責選舉工作，下設由工作人員組成的選舉機關。此外，還有一些邦的縣一級不設選舉機關，由縣的行政機關負責選舉工作。在選區一級的選舉機關中，由一名選民登記官負責修編選民冊，再由一名選舉官負責領導選舉工作。[36]

此外，司法機關對於維護選舉的公正性也起到重要的作用。在選舉結束後，輸掉選舉的候選人如果認為選舉不公，可以向法院提起選舉訴訟，以推翻選舉結果。[37]

然而，印度選舉制度的理性化維度仍然存在一些問題。首先，選舉

34　David Gilmartin, Robert Moog, "Introduction to 'Election Law in India', " *Election Law Journal*, 2012, pp.136-148; Alistair McMillan, "The Election Commission of India and the Regulation and Administration of Electoral Politics," *Election Law Journal*, 2012, pp.187-201.

35　Alistair McMillan, "The Election Commission of India and the Regulation and Administration of Electoral Politics", *Election Law Journal*, 2012, pp.187-201.

36　孫士海：〈印度的選舉制度（下）〉，《南亞研究》，1985年第4期，第83-86頁。

37　David Gilmartin, Robert Moog, "Introduction to 'Election Law in India', " *Election Law Journal*, 2012, pp.136-148.

委員會難以完全避免政黨政治的干擾。選舉總監事實上由政府任命，因而其難以完全保持中立。1989 年，總理拉·甘地（Rajiv Gandhi）突然任命兩名新的選舉委員，試圖限制選舉總監的權力。而 2009 年，時任選舉總監戈帕拉斯瓦米（Gopalaswami）在退休前寫信給總統普拉蒂巴·巴蒂爾（Pratibha Patil），指責即將接任選舉總監的選舉委員納文·曹拉（Navin Chawla）是國大黨的支持者，希望免去其職位，但該建議遭到總統的拒絕。[38] 第二，競選過程中金錢政治的現象較為嚴重，候選人的競選經費仍得不到有效的限制和監管。有研究發現，財產越多的候選人在選舉中越容易獲勝，如表 12 所示。[39]

表 12：印度候選人財產與當選概率

總資產	候選人數量	當選人數量	當選率（單位：%）
5000 萬盧比或以上	322	106	33
500-5000 萬盧比	1485	283	19
100-500 萬盧比	1785	116	6
100 萬盧比以下	3437	15	0.44
總計	7029	520	7.4

來源：National Election Watch and Association for Democratic Reforms (2009), *Analysis of Criminal and Financial Details of MPs of 15th Lok Sabha*, Interim Report, 2009, p.11.

六、小結

通過梳理印度選舉制度的歷史變遷可以看到，印度選舉制度的建立和發展始於英國殖民時期，經歷了由間接選舉到直接選舉、由少數人獲得選舉權利到選民資格逐漸擴大的緩慢進程。印度獨立後，選舉的直接

38　David Gilmartin, Robert Moog, "Introduction to 'Election Law in India'," *Election Law Journal*, 2012, pp.136-148; Alistair McMillan, "The Election Commission of India and the Regulation and Administration of Electoral Politics," *Election Law Journal*, 2012, pp.187-201.

39　M. V. Rajeev Gowda, E. Sridharan. "Reforming India's Party Financing and Election Expenditure Laws", *Election Law Journal*, 2012, pp.226-240.

化、包容化、平等化、理性化有了質的飛躍，並在建國後數十年裏保持穩定，為民主制度的成長奠定了重要的基礎。然而，選舉競爭化的發展仍經歷了緩慢的歷史進程，直至 20 世紀 70 年代末才逐漸由國大黨一黨獨大轉變為多黨輪流執政。由於現代印度選舉制度的產生之際採用了一步到位的模式，每一項具體原則的落實和實際後果的顯現都需要一個漫長的過程。

第九章

中國港澳台地區
選舉制度的變遷

一、港澳台地區選舉發展的歷史

（一）香港

　　香港選舉的歷史最早可以追溯到 1888 年的"潔淨局"選舉，"潔淨局"後來改名為市政局，除了二戰期間被迫中斷，市政局選舉一直持續至 1999 年。1981 年以前，香港的公職選舉只存在市政局選舉一種。1982 年，港英政府推行地方行政和代議政制改革，逐步將選舉擴展到區議會、市政局與區域市政局、立法局，實行"三級議會"制度。但是，由於彭定康（Christopher Francis Patten）就任港督後進行激烈的政制改革，引致中英"直通車方案"談判破裂，導致回歸前的立法局議員無法全部過渡至回歸後的立法機關，市政局 / 區域市政局和區議會的大部分成員基本過渡到回歸後的特區政府。1996 年，香港特區第一屆政府推選委員會進行第一屆行政長官選舉。回歸後，特區政府重新舉辦立法會選舉和區議會選舉。1999 年推行"市政服務改革"，取消了市政局和區域市政局。

　　開埠以來，香港政治制度從殖民地制度轉型成為現代政治制度大致經歷了三個主要階段。

　　第一個階段是 1887 年至 1981 年。此時的選舉只限於潔淨局 / 市政局選舉，即使中間也進行改革，選舉也從未間斷，但是可以參與選舉的選民基礎十分有限。

第二個階段是 1982 年至 1997 年。20 世紀 70 年代末至 80 年代，中英兩國就香港前途問題進行談判，港英政府推行代議政制改革，香港進入選舉制度頻繁變化的階段。

第三個階段是 1997 年香港回歸至今。由於彭定康激進的政改方案導致 "直通車" 方案終止，所以特區籌委會成立臨時立法會以開展法律的過渡、銜接和必要的立法工作。回歸後，臨時立法會通過新的《立法會條例》，1998 年選舉產生第一屆特別行政區立法會。根據《基本法》的規定、全國人大常委的相關解釋和 2010 年政改方案，立法會的組成和選舉制度也發生了一些變化。

香港政治制度歷史發展分期較為清晰，因此下面以機構為綫索闡述香港選舉發展的歷史。

1. 潔淨局 / 市政局

1888 年的潔淨局選舉是香港開埠以來第一次有關政府機構成員的選舉。潔淨局在 1883 年成立，目的是監察和改善香港的衛生問題，最早僅由三名政府部門首長擔任，後來加入非官守議員，但都通過委任產生。[1] 後來港英政府為了撫平英商害怕加稅而產生的反對聲音，其中兩名非官守議員在 1888 年由選舉產生。[2] 1935 年《市政局條例》通過後，1936 年潔淨局改稱市政局，直至 1941 年日本攻佔香港，市政局的選舉保留兩個民選議席。在日佔時期，市政局選舉中斷，二戰結束後初期也因為政局不穩而暫停選舉。

1952 年港英政府復辦市政局選舉，民選議席逐步增加，議員任期也從 1 年改為 2 年，1956 年全面改為 4 年，並每兩年選舉產生一半議

---

1   Greenwood W. John Joseph Francis, "Citizen of Hong Kong, a Biographical Note," *Journal of the Hong Kong Branch of the Royal Asiatic Society*, 1986, pp.17-45.

2   George B. Endacott, *Government and People in Hong Kong 1841-1962: A Constitutional History*, Hong Kong: Hong Kong University Press, 1964.

員。民選議員的議席也逐步增加，1953 年選舉產生的非官守議員增至 4 名，1956 年民選議席再增至 8 個，同時任期全面改為 4 年；1965 年進一步增至 10 個。1971 年 10 月，港英政府發表《市政局將來之組織、工作及財政白皮書》，宣佈改組市政局，民選議席增至 12 席，此安排延續至 1981 年的市政局選舉。

1983 年，市政局引入直接選舉，將合資格選民擴展到 21 歲或以上且居港滿 7 年的人，地區直選和委任議員同時增至 15 名。[3] 1986 年港英政府成立區域市政局負責新界地區市政服務，市政局與區域市政局分別在港九與新界地區進行選舉。1986 年，區域市政局選舉引入通過新界 9 個區議會議員間接選舉產生的區議會代表議席，地區直選和委任議席各為 12 個，另設有 3 名當然代表。1989 年的市政局選舉在維持 15 個地區直選議席的同時，也加入 10 名港九區議會間接選舉產生的區議會代表。1992 年 10 月，港督彭定康推行政改方案，1995 年市政局和區域市政局取消所有委任議席，市政局由 32 個地區直選議員和 9 個區議會代表選舉產生，區域市政局由 27 個地區直選議員、9 個區議會代表和 3 個當然議員組成。1997 年香港主權移交後，除了加入一些新議員外，兩個市政局的議員基本過渡至臨時市政局和臨時區域市政局。1999 年，時任特區行政長官董建華推行市政服務改革，兩個市政局同步解散。

2. 區議會

1981 年，港英政府發表《地方行政白皮書》，推行地方行政改革和地區選舉，取消選民資格的限制，開始建立區議會制度。港英政府在 1982 年設立全港首個區議會，並於同年舉行首屆區議會選舉，議席由民選議席、委任議席、官守議席和當然議席組成，但此次選舉只有約 1/4 的議席由直接選舉產生。此次選舉為第一次在香港實行"區域代表

3　Pepper S, *Keeping Democracy at Bay: Hong Kong and the Challenge of Chinese Political Reform*, Rowman & Littlefield, 2008, pp.127-148.

制"，採用以地理區域和人口劃分選區並由區域內合資格選民選舉產生代表的直接選舉制度。其後直接選舉議席逐步增加。

1992 年，彭定康推行政改方案，取消區議會全部委任議席。1994 年的區議會選舉中，除了 27 名保留的當然議席（新界地區鄉事委員會主席）外，其他議席全部由直接選舉產生，投票年齡也從 21 歲下降至 18 歲。由於英方未能與中方達成協議，1997 年 7 月 1 日特區政府成立臨時區議會，取代 1994 年區議會選舉中組成的區議會。與立法局的過渡方式不同，原有區議會議員基本得到時任特區行政長官董建華委任，全部過渡至臨時區議會，並加入 1/4 新成員。[4]

1999 年，特區政府重新舉行區議會選舉，恢復由民選議員、委任議員和當然議員組成區議會，但是直接選舉產生的議員比例高於回歸前 1991 年的區議會選舉，之後每四年舉行一次區議會選舉，民選議員逐漸增加，2012 年政府減少委任議員數目。2013 年 5 月 22 日，立法會通過《2013 年區議會（修訂）條例草案》，2015 年取消所有區議會委任議席，除了 27 個當然議席外，其餘 431 個議席由地區直接選舉產生。2019 年區議會選舉根據人口數字變化調整議席數目，直接選舉的議席數目增至 452 個。[5]

3. 立法局 / 立法會

港英政府於 1984 年 7 月 18 日發表《代議政制綠皮書》，開始進行代議政制改革，其中規定 1985 年立法局由官守、委任和選舉三個部分組成。1988 年立法會選舉保持原來的組成方式。1991 年立法會選舉引入直接選舉，取消選舉團制度。1995 年立法會選舉取消官守和委任議席，立法局全部成員由選舉產生，功能界別分為傳統功能界別和"新九組"，並且重新設置選舉團制度。由於"直通車"方案因中英兩國談判

---

4 香港政府：《香港便覽：地方行政》，https://www.gov.hk/tc/about/abouthk/factsheets/docs/district_admin.pdf。

5 最新一屆區議會組成人數由 2018 年第 8 號法律公告修訂，資料來源：《區議會條例》第 547 章，附表 3。

分歧無法實行，最後一屆立法局選舉產生的議員並不能全部直接過渡，中方也在立法會產生辦法上“另起爐灶”。

1996 年臨時立法會由香港特別行政區第一屆政府推選委員會的全體委員通過選舉產生，成員由 4 個界別組成，各界別分別佔委員總數的 25%。雖然推選委員會的組成具有功能界別的性質，但是其進行選舉的時候又發揮類似選舉團的作用，在回歸後的第一、第二屆立法會選舉中，轉為選舉委員會，以“選舉團”的方式產生立法會議席。1998 年立法會選舉和 2000 年立法會選舉分別有 10 個和 6 個議席由選舉委員會選舉產生，同時還有直接選舉和功能界別選舉產生的議席。第三屆立法會以後不再保留選舉委員會選舉產生的議席，從此立法會間接選舉制度結束，只分為直接選舉和功能界別選舉。2010 年政改方案通過，地區直選和功能界別各增加五個議席，並且將功能界別新增的五個議席設定為“區議會（第二）功能界別”。

（二）澳門

學術界對於澳門政治歷史的分期仍有一些爭論。因為葡萄牙人抵達澳門後並非通過軍事手段佔領，也沒有明確提出主權聲索，當時不單是葡萄牙人對澳門有管治權力，明清政府對澳門也有明確主權活動與管理措施。[6] 因此，在葡人抵達澳門後直至葡萄牙君主立憲革命之後頒佈 1822 年憲法，這段時期澳門的政治狀態在歷史研究中也有一定的爭議。

葡萄牙學者 Rui Afonso 等人將澳門這種特殊的政治法律狀況歸納為“混合管治”（mixed jurisdiction）或“雙軌制”（dualism），認為議事會在中國政府默認下行使政治權力，管理司法、宗教、貿易甚至市政建設。[7] 英國著名澳門史專家博克塞（C. R. Boxer）則指出，“眾所週知，

6　〔澳〕傑弗里・C. 岡恩：《澳門史》，秦傳安譯，北京：中央編譯出版社，2009 年，第 100-102 頁。

7　參閱 Rui Afonso, "Francisco Gonçalves Pereira: The Political Status and Government Instituitions of Macau," *Hong Kong Law Journal*, 1986, vol. 16, pp.28-57.

若無中國的默許或明示，葡萄牙國王在澳門的主權便無法行使。"[8] 學者 Jorge Noronha e Silveira 將之推論為"主權由兩個民族共同行使"。[9] 因此，本章將 16 世紀葡萄牙人進入澳門直到 1820 年的歷史時期稱為"華洋共處分治時期"或"葡人自治時期"。

葡萄牙 1820 年君主立憲革命勝利後，於 1822 年頒佈了第一部憲法，首次將包括澳門在內的所有海外屬地列為其領土的組成部分，1826 年憲章及其後頒佈的三部憲法，均宣稱澳門為葡萄牙的領土。澳門雖有別於其他葡萄牙海外屬地，被稱為居留地（estabelecimento），但"既然澳門被認為是葡萄牙領土的一部分，邏輯上，前述五部憲法也同時為澳門的憲法……因此，1822 年至 1976 年這段澳門憲制時期，可以稱為殖民時期。"[10] 吳志良認為，自 1557 年至 1849 年，居澳葡人在中國政府的默許下進行自治，這種自治權的大小跟隨時勢的變化而有起伏，但中國政府一直徵收地租稅餉，並依明清律例，保留對華人及與華人有關的司法權；[11] 1849 年以後，雖然葡萄牙政府推行殖民統治，中國政府在澳的主權行使受到阻礙，但從未承認領土的割讓，即使 1887 年談判《中葡會議草約》時，中國政府代表赫德（Robert Hart）亦表示，僅視澳門無償租給葡萄牙，承認葡人在澳門的管治。[12] 所以，1822 年至 1976 年稱為"葡萄牙殖民管治時期"。

1974 年 4 月 25 日葡萄牙爆發康乃馨革命，又稱"四·二五"革命，推翻薩拉查（António de Oliveira Salazar）的獨裁統治。葡萄牙的"四·二五"革命後，澳門政治生活也出現了根本性的轉變。1976 年《澳門組織章程》和《葡萄牙共和國憲法》的先後頒佈，使澳門的政治

---

8   C. R. Boxer, *Estudos para a História de Macau*, Lisboa, Fundação Oriente, 1991, p.183.

9   Jorge Noronha e Silveira, *Subsídios para a História do Direito Constitucional de Macau (1820-1974)*, Macau, Publicações - O Direito, 1991, p.10.

10   Jorge Noronha e Silveira, *Subsídios para a História do Direito Constitucional de Macau (1820-1974)*, Macau, Publicações - O Direito, 1991, p.16-17.

11   吳志良：《澳門政制》，北京：中國友誼出版公司，1996 年，第 23 頁。

12   原文引自：Documents Illustrative, of the Origins Development, and Activities of the Chinese Customs Service, Shanghai, Inspectorate General of Customs, vol.VII, p.154. 資料來源：前引書第 23 頁。

制度發生了較大改變，也奠定了澳門現行的政治制度的基本模式。1979年2月8日，中葡兩國正式建立外交關係，澳門作為"葡管中國領土"的政治地位明朗化，兩國開始調整對澳門的策略以及進行澳門回歸談判。因此，1976年至1999年澳門回歸的歷史時期稱為"葡管中國領土時期 / 澳門回歸前期"。[13]

1. 華洋共處分治時期 / 葡人自治時期

早在1560年，居澳葡人已選出駐地兵頭、法官和四位較具威望的商人，處理轄區內部事務。1583年，在薩主教的倡議和主持下，居澳葡人首次舉行選舉，議事會（Senado，又稱議事公局）正式成立。[14] 1584年，印度總督[15] 孟尼斯擴大議事會的行政、政治和司法管理權，軍事權由巡航兵頭專掌，特殊重大事務則須交市民大會表決。討論重大事項時，主教、由居民選舉的駐地兵頭和大法官也應邀參與甚至主持會議。[16]

1583年澳門議事會選舉是目前已知華人地區最早的公職人員選舉，議事會每3年選舉一次，每個在澳門的葡萄牙居民都有選舉權，他們通過無記名投票選出6名選舉團成員。

1710年7月16日，澳門議事會使節加斯巴·法蘭（Gaspar Francisco da Silva）古乘"探親聖母"號戰艦返回澳門，並獲得了若奧五世對澳門特權的確認，規定了澳門議事會的權限為28項，其中第21項確定"市政議員及理事官年齡須40歲以上，而法官則須30歲以上"。這是葡萄牙王室第一次對澳門議事會全部權限的正式確認，[17] 同時也是第一次對議事會議員參選人進行明文的年齡限制。另外部分規定也對選舉有相當的影響，其中"禁止罪犯擔任公職或在議事會任職"（第

13　吳志良：《澳門政制》，中國友誼出版公司，1996年，第57-59頁。

14　P. Manuel Teixeira, *O Leal Senado*, Macau: Leal Senado, sem data, p.4.

15　葡治澳門時代初期由葡屬印度總督直接管理。

16　Beatriz Basto da Silva, *Cronologia da História de Macau*, Macau: Direcção dos Serviços de Educação, 1992, pp.54, 59-60.

17　吳志良、湯開建、金國平主編：《澳門編年史 第二卷》，廣州：廣東人民出版社，2009年，第764-765頁。

14 條）排除了罪犯的選舉權，"議事會有權強迫那些被選而拒絕接受職務的人任職"（第 16 條）則規定了議事會對被選舉擔任公職的人員具有強制性能力，選舉結果具有強制力。

1735 年發生了澳門總督與議事會權力之爭。當年，葡印總督桑多米爾伯爵（Earl Sandomil）試圖讓澳門總督進入議事會並主持議事會工作，當時總督只負責軍事，這一企圖立即遭到澳門議事會的反對。議事會宣稱，根據法令，總督不得在議事會擁有職位和選舉權，議事會的職責是管理所有政治和經濟的事務，而總督專理軍事；總督就任的日期是根據新任命的總督的意見和議事會的命令確定和宣佈的。[18] 澳門議事會在此次爭端中確立了澳門總督在議會中的權力，也排除了總督的選舉權。

在近兩個世紀中，定居澳門的葡萄牙人以一種相對於中央政權較為自治的形式管理自身。中央政權的注意力通常集中於印度及其眾多軍事和商業問題，罕見地顧及面積細小、距離遙遠且交通極其不便的澳門。[19] 因此，澳門葡人的事務便幾乎全權由議事會管理。議事會儘管採用葡萄牙中世紀的市政模式，享有國王授予的政治、司法和行政權，但僅代表和維護當地葡萄牙人的利益。[20] 上面的材料也表現出議事會與總督權力時有爭端，這樣的局面一直持續到 1820 年的葡萄牙君主立憲革命。

2. 殖民管治時期（1822-1975 年）

葡萄牙於 1820 年成功進行君主立憲革命，1822 年頒佈了第一部憲法。1822 年憲法頒佈後，澳門葡人自行選舉出了新的議事會，希望葡萄牙君主立憲政府撤銷 1783 年的"王室制誥"，恢復議事會的權力。[21]

18　吳志良、湯開建、金國平主編：《澳門編年史 第二卷》，廣州：廣東人民出版社，2009 年，第 905 頁。

19　Jorge Noronha e Silveira, *Subsídios para a História do Direito Constitucional de Macau (1820-1974)*, Macau: Publicações - O Direito, 1991, p.10.

20　吳志良：《澳門政制》，中國友誼出版公司，1996 年，第 10 頁。

21　吳志良：《生存之道：論澳門政治制度與政治發展》，澳門：澳門成人教育學會，1998 年，第 145 頁。

然而事與願違，最後果阿政府以武力重建總督的權威。1835 年 2 月 22 日，議事會被解散，並依 1834 年 1 月 9 日中央政府頒佈的市政選舉法令重新進行選舉，從此，議事會淪為一個現代意義上的市政廳，只限處理市政廳事務。[22]

但是，在接下來的 100 多年的殖民統治時期，由於葡萄牙國內政治局勢變化多端，殖民地政策和法律經常變更，19 世紀基本上每 20 多年就會更改一次，20 世紀初每隔幾年就會有新的變化。即使進入葡萄牙共和國時期，距離 "四‧二五" 革命爆發不足 60 年的時間內，葡萄牙政局反覆變化，澳門政治行政組織隨之變化無常，擁有立法權的機構轉變也十分繁雜。[23] 1869 年 12 月 1 日，葡萄牙第二次以普通立法形式制定海外憲制組織大綱，澳門設立總督、政務委員會、財政委員會。此階段立法權集中在總督身上，但是政務委員會也對立法有相當的影響力。除了 1896 年至 1898 年間一度設立擁有立法權和行政權的欽差大臣，1869 年海外組織法設立的制度基本上維持不變，直至 1910 年葡萄牙共和革命。1917 年 11 月 5 日葡萄牙政府通過《澳門省組織章程》，保留兩個重要的殖民地機關——總督和政務委員會。章程明確劃分兩者權限，規定兩者共同享有立法權。[24] 政務委員會不僅是諮詢機關，還帶有官方立法會的功能，開始與總督互相制衡。但是，此時政務委員會仍然不是由選舉產生。

1920 年葡萄牙修改憲法後，8 月 7 日通過第 1005 號法律，賦予各殖民地高度的自治權，並修改法律重新規定管治機構的組成、運作及產生方式。法律將殖民地的管治機構分為三個，分別是總督、立法會、行政會。[25] 原有的政務委員會一分為二，第一次成立以訂立法律為明確目

22　施白蒂：《澳門編年史：十九世紀》，姚京明譯，澳門：澳門基金會，1998 年，第 55-61 頁。

23　吳志良：《澳門政治制度史》，廣州：廣東人民出版社，2010 年，第 240-243 頁。

24　蔣朝陽：〈改革開放與澳門公共行政的發展〉，載吳志良主編：《改革開放與澳門發展》，北京：社會科學文獻出版社，2018 年，第 97 頁。

25　蔡永君：《轉型時期澳門的精英政治》，北京：社會科學文獻出版社，2016 年，第 39 頁。

的的組織，並且在組成上初步開放選舉。此時立法會非官委議員已經包含兩種由選舉產生的代表類型，且首次規定委任和選舉的成員為非公務員委員，人數必須相同（第 33 條），其中選舉的成員包括市政廳互選的一位議員代表、居民直接選舉的一位代表以及澳門商會（今中華總商會）推選的一位代表（第 43 條）。

葡萄牙共和國成立後，政局一直動盪不安，海外殖民政策經常變動，朝令夕改。1930 年葡萄牙政府頒佈第 18570 號令（俗稱《殖民地法案》），法案將政務委員會變為一個諮詢機關，其可以向總督提出議案，但本身沒有立法創制權，成員仍然由三個部分——官守 4 位、非官守委任和選舉各 2 位成員組成（第 54 條）。

1951 年，葡萄牙再次修憲，《殖民地法案》被撤銷，1955 年 7 月 5 日，《澳門省章程》頒佈並於同年 8 月 1 日生效。該章程規定立法權仍然在總督手上，但是通過立法時，須得政務委員會的贊同或經海外部長同意作此免除（第 9 條）。[26] 成員仍然由官守（3 名）、委任（1 名）、選舉（8 名）三種方式構成，但是此時選舉成員人數首次超過委任成員。

1971 年，葡萄牙修改憲法，1972 年 12 月頒佈新的《澳門省政治行政章程》，自治地區管理機關設置總督和立法會，兩者分享立法權，需要在省諮詢會協調下工作（第 5 條）。[27] 立法會仍由總督擔任主席，但是不再出現官守和委任成員，共 14 位議員，除了華人社會代表以外，全部在葡萄牙公民中由選舉產生（第 18、19 條）。諮詢會成員任期 4 年，也由官守、委任、選舉三種方式產生的成員構成。

3. 葡管中國領土時期 / 澳門回歸前期（1976-1999 年）

1974 年 4 月 25 日葡萄牙爆發康乃馨革命，又稱"四・二五革命"，推翻薩拉查的獨裁統治。新政權開始推行非殖民化政策，承認海外屬地

---

26 蔡永君：《轉型時期澳門的精英政治》，北京：社會科學文獻出版社，2016 年，第 40-41 頁。

27 吳志良：〈20 世紀澳門政治行政組織的變革〉，載吳志良、林發欽、何志輝主編：《澳門人文社會科學研究文選》（歷史卷），北京：社會科學文獻出版社，2010 年，第 618-622 頁。

民族自決和獨立的權利（7 月 27 日憲制法律第 7 號）。但是由於“四·二五”革命之後葡萄牙政局混亂，澳門的政治法律地位一度不知何去何從。[28] 李安道（José Eduardo Martinho Garcia Leandro）於 1974 年 11 月 19 日抵澳擔任澳門總督，他在 1975 年 1 月 6 日成立起草新的澳門政治章程工作小組，最後《澳門組織章程》（第 1/76 號法律）在 1976 年 1 月 6 日獲得通過並於 2 月 17 日頒佈生效。

1976 年 8 月投入運作的第一屆立法會不再從屬總督，成為澳門地區另一個自治機構，擁有相對獨立的立法權。立法會由 17 名議員組成，其中直選和間選各 6 名，另外 5 名由總督委任。[29] 1984 年和 1988 年的間接選舉明確由兩個界別分別選舉產生，分別是經濟利益及道德界別、救濟及文化利益界別。直選和間選都採用葡萄牙國會選舉所使用的“封閉名單式比例代表制──漢狄法”。

1990 年 5 月 10 日，葡萄牙國會最後一次大幅修改《澳門組織章程》（第 13/90 號法律），以配合 1988 年 1 月 15 日生效的《中葡聯合聲明》，在過渡期內加強澳門的立法和司法自治權，並將立法議員從 17 名增加至 23 名，直選和間選各有 8 名議員，另外總督委任 7 名議員。[30] 1992 年立法會的直接選舉議員人數增加到 8 名，間接選舉分為企業主，勞工，專業，慈善、文化、教育及體育利益四個組別。選舉制度仍然是“封閉名單式比例代表制”，但是計票方式從原來的“漢狄法”改為“改良漢狄法”。1996 年的選舉方式基本與 1992 年相似，除了間接選舉的四個界別名稱稍微有變，其他保持不變。1996 年的立法會議員除了何厚鏵（當選澳門特別行政區第一任特首）和陳繼杰外，其他全部議員以“直通車”方式過渡成為澳門回歸後新的立法會議員。

28　SOARES M, *Democratização e Descolonização: Dez meses de Governo Provisório*, Lisbonne: Publicações D. Quixote, 1975, pp.90-94.

29　1988 年的澳門立法會選舉後，澳門總督委任了 7 名議員進入立法會，因此 1988-1992 年的澳門立法會有 7 名委任議員。

30　蔣朝陽：〈改革開放與澳門公共行政的發展〉，載吳志良主編：《改革開放與澳門發展》，北京：社會科學文獻出版社，2018 年，第 101-102 頁。

回歸後立法會的選舉制度變化不大，仍然由委任、直接選舉、間接選舉三個部分組成，主要是兩個選舉方式產生議員的人數有所變化。

（三）台灣

1. 日據時期

台灣選舉歷史在日據時期開始，1921 年開始林獻堂等人推動台灣議會設置請願運動，向日本帝國議會爭取在台灣設置自治議會，雖然運動在 1934 年被日本法西斯主義壓制而終止，但是對日本政府產生了影響。1935 年，日本政府在台灣舉行第一次州、市、街、莊議員選舉，當時官派及民選議員各佔一半，此次也是台灣第一次的公職人員選舉。但是，當時選舉資格設有性別與財產的限制，在台灣只有年滿 25 歲、年納稅額 5 元以上的男性才有參與選舉的資格，因此 400 萬台灣人裏僅有 28000 人符合資格。但是由於日本處於二戰，因此日據時期的選舉只舉行了兩次，分別在 1935 年和 1939 年。

2. 中華民國接管時期（1945-1949 年）

1945 年抗日戰爭勝利，10 月 25 日台灣由中華民國政府接收，並且開始與大陸一樣舉行各層級選舉。1946 年 1 月開始，台灣省行政長官公署舉行各鄉鎮市市民代表選舉。總體來說，1946 年到 1949 年國民黨敗退台灣，台灣此時舉行的選舉主要有：直接選舉部分有立法委員、行憲國大代表和鄉鎮區民代表的選舉；鄉鎮區民代表會成立後，再間接選舉組成縣市參議會、省參議會，最後省參議會議員再間接選舉產生制憲國大代表、國民參政員和監察委員。但是 1947 年發生"二二八"事件，台籍精英大批退出政壇，埋下日後台灣政治省籍紛爭的種子。[31]

3. 戒嚴時期（1949-1969 年）

1949 年國民黨在國共內戰後敗退台灣，美國在冷戰格局下為了防

31　周明峰：《台灣簡史》，台北：前衛出版社，1994 年，第 139 頁。

止共產國際擴張，派第七艦隊"協防"台灣，蔣介石獲得較為安全的國際環境。[32] 國民黨政權為了強調其"法統"和維持國內政治局勢、掌握政權，雖然表面以《中華民國憲法》為號召，但是在台灣實行的是《動員戡亂時期臨時條款》（下稱"臨時條款"）和"戒嚴法"設定的政治體制。因此，1949 年至 1990 年解嚴之前的時間，稱為台灣的"戒嚴時期"。

戒嚴時期，國民黨認為貿然實施全面選舉很可能危及政權，因此宣稱第一屆國大代表、立法委員、監察委員均是由包含大陸地區的"中華民國領土"選舉產生，因此在沒有"光復大陸"之前，第一屆中央民意代表可以一直續任。因此，在戒嚴時期這三類"中央層級"的委員只能進行增額選舉和補選，並不能進行普遍選舉，因此第一屆國大代表也被批評為"萬年國代"。"總統選舉"按照憲法和臨時條款規定"總統"由國大代表間接選舉產生並且可以無連任限制，因此"總統"也只能通過"萬年國代"選舉產生，這成為國民黨控制台灣政治的重要制度。

地方上，國民黨以土地改革和"地方自治"爭取民眾支持。"地方自治"方面主要是開放地方選舉，通過《台灣地方自治法案》，允許台灣進行以下各項選舉：台灣省議會議員選舉、直轄市議會議員選舉和縣市長與縣市議員選舉。

1969 年成為戒嚴時期台灣選舉的一個分界綫，因為經過 20 年後，第一屆中央民意代表由於年齡增長出現員額不足的問題，同時民間"全面改選"的呼聲越來越高，[33] 因此國民黨採取"增補選"[34] 的方式解決。1977 年爆發中壢事件，黨外勢力獲得初步勝利，使得國民黨鷹派崛起，與黨外勢力進行正面對決，遂產生 1979 年美麗島事件，黨外精英

32　嚴如平：〈蔣介石〉，載李新、孫思白、朱信泉等主編：《中華民國史‧人物傳》，北京：中華書局，2011 年，第 1480 頁。

33　〔日〕若林正丈：《蔣經國與李登輝》，賴香吟譯，台北：遠流出版公司，1998 年，第 195 頁。

34　其中，所謂"增選"指的是隨着人口增加，可以運用當年規定增加名額；"補選"則是補充已經不在位者的缺額。但是由於台灣省的名額原本就不多，所以可補充的名額甚少。1972 年"中華民國"被逐出聯合國的危機使得蔣經國使用"增額"的方式補充新血。資料來源：王御風：《台灣選舉史》，台中：好讀出版有限公司，2016 年，第 58-59 頁。

幾乎全部入獄。但是憑藉黨外勢力受難者家屬及辯護律師等新人銜接，加上民間對全面性選舉的訴求日益提高，民主進步黨於 1986 年成立，突破國民黨黨禁，也讓國民黨當局在 1987 年解除戒嚴。但是解除戒嚴並不帶來全面改選，中央民意代表選舉仍然只以"增補選"的方式進行。

4. 台灣民主轉型時期（1990 年至今）

1988 年蔣經國病逝後，李登輝繼位，1990 年"總統選舉"使得民眾厭惡當時國代的表現，野百合學運爆發，要求國會全面改選。李登輝藉此廢除第一屆中央民意代表，進行國會全面改選，更藉由"修憲"，通過"憲法增修條文"的方式不斷修改台灣的政治體制和選舉制度。1996 年以前，除了"總統"由國民大會間接選舉產生外，其他的公職人員全部改為由直接選舉方式產生，監察委員從原來的間接選舉產生改為由"總統"提名交由國民大會（後改為交由立法院）通過。

1994 年第二次"修憲"，把總統選舉從國民大會間接選舉改為直接選舉。

2005 年第七次"修憲"，凍結與國民大會相關條文，使國民大會停止運作，國民大會的職權轉移到其他機構或直接交付人民來行使。現在台灣地區所有的公職人員都以直接選舉的方式產生。

1996 年正副"總統"進行首次直接民選，國民黨候選人李登輝當選。2000 年，民進黨候選人陳水扁當選，完成首次政黨輪替，但是同年立法委員選舉綠營席位不過半，出現"朝小野大"的局面。2008 年，國民黨候選人馬英九當選"總統"，完成第二次政黨輪替。2016 年，民進黨候選人蔡英文當選"總統"，同時舉行的立法委員選舉民進黨首次席位過半，實現第三次政黨輪替，並且實現了"完全輪替"。

二、港澳台地區的立法機關沿革

（一）香港

1841 年，香港成為英國殖民地，維多利亞女皇以《英皇制誥》形式頒佈關於香港政治體制的首份憲制性法律——《香港殖民地憲章》。憲章規定成立定例局（其後改稱立法局），授予總督立法權，即總督可在取得立法局的意見後立法，但是具體法律仍需立法局通過才頒佈實施，而且總督兼任立法局主席，因此此時立法局仍是具有立法權的機構。1917 年《英皇制誥》頒佈，取代 1843 年憲章，明確立法局通過法例的權力。

但是港英時期的香港立法局直至 1984 年都沒有選舉產生的成員。1850 年以前，香港立法局只有由政府三司出任的當然議員和由某些政府官擔任的官守議員兩部分組成，1850 年委任怡和洋行股東大衛·渣甸（David Jardine）和哲美森洋行老闆約瑟·艾德格（James Frost Edger）出任非官守議員，立法局從此加入由民間人士出任的非官守議員。從此立法局由當然議員、官守議員、非官守議員三個部分組成。1884 年立法局的成員人數增至 7 名官守議員及 5 名非官守議員，並首次委任華人伍才（又名伍廷芳）擔任非官守議員。[35] 1896 年和 1929 年增加議員人數，1941 年 12 月 25 日，因日本佔領香港，立法局中止。1946 年恢復戰前的立法局。

20 世紀 60 年代開始，香港經歷六七反英抗暴和麥理浩時期的社會改革，開始反思政治制度，籌備代議政制。1967 年，立法局成員人數增至 26 名，官守和非官守議員各佔一半。1973 年，立法局人數增至 46 名，1980 年又增至 50 名。

1984 年，政府推出《代議政制綠皮書》，推行代議政制改革，立法

35　Endacott G. B., *Government and People in Hong Kong, 1841-1962*, Hong Kong: Hong Kong University Press, 1964, pp.89-96.

局保留原來的組成結構外,加入間接選舉議席和功能界別選舉議席,1985 年和 1988 年的立法會選舉採用同樣的構成方法。1991 年立法會選舉引入直接選舉,取消選舉團制度,原來使用間接選舉方式的選舉團改入功能界別選舉之中。1995 年立法會選舉取消官守和委任議席,立法局全部成員由直接選舉、選舉團間接選舉、功能界別選舉三種產生方式構成。香港"直通車"方案失敗,1996 年臨時立法會由香港特別行政區第一屆政府推選委員會的全體委員通過選舉產生。

回歸後首兩屆立法會由選舉委員會間接選舉、地區直選和功能界別選舉產生的議席組成。第三屆立法會以後不再保留選舉委員會選舉產生的議席,立法會只分為直接選舉和功能界別選舉。2010 年政改方案通過,地區直選和功能界別各增加五個議席,並且將功能界別新增的五個議席設定為"區議會(第二)功能界別",由全港作為一個選區採取與地區直選一樣的"封閉式比例代表名單制——黑爾基數法"選舉產生。

(二)澳門

澳門處於華洋共處分治時期(16 世紀至 1820 年)時,只有居澳葡人受到葡萄牙管轄,1583 年設立議事會,雖然沒有明確規定其具有立法權,但是具有相當大的權力。1822 年進入葡萄牙殖民管治時期,從 1822 年直至 1917 年,法律明確規定具有立法權的只有澳門總督,無論政務委員會在各次改革中權限變化如何,都不是法律訂明的立法機構。1917 年《澳門省組織章程》規定總督和政務委員會共同享有立法權,但是此時政務委員會仍然不是由選舉產生。

1920 年的第 1005 號法律將原有的政務委員會一分為二,澳門第一次成立明確以訂立法律為目的的組織——立法會,並且初步開放選舉。此時立法會非官委議員已經包含兩種由不同選舉方式產生的代表,其中選舉的成員包括 1 名市政廳互選的議員代表、1 名居民直接選舉的代表以及 1 名澳門商會推選的代表。

1930 年的《殖民地法案》撤銷政務委員會的立法創制權，但其成員仍然由三個部分——官守 4 位、非官守委任和選舉各 2 位成員組成（第 54 條）。1951 年的《澳門省章程》仍然規定立法權只在總督手上，但是通過立法時須得政務委員會的贊同或經海外部長同意作此免除。政務委員會成員仍然由 3 名官守、1 名委任、8 名選舉議員構成，選舉成員人數首次超過委任成員。

1972 年的《澳門省政治行政章程》重設立法會，總督和立法會分享立法權，立法會仍由總督擔任主席，但是立法會不再出現官守和委任成員，共有 14 位議員，除開華人社會代表外，全部在葡萄牙公民中選舉產生（第 18、19 條）。

1976 年《澳門組織章程》通過，8 月投入運作的第一屆立法會不再從屬總督，成為澳門地區另一個自治機構，擁有相對獨立的立法權。立法會由 6 名直選、6 名間選和 5 名委任議員組成。1990 年，《澳門組織章程》進行修改，加強澳門的立法和司法自治權，並將立法議員從17 名增加至 23 名，直選和間選各 8 名議員，另外總督委任 7 名議員。1996 年立法會除了議員人數和界別組成稍有改變外，基本維持委任、間選、直選三部分議員的組成方式，回歸後的澳門特區立法會也保持這樣的組成方式。

（三）台灣

台灣總督府是日據時期的最高統治機關，台灣總督總攬行政、立法、司法、軍事等大權，形成總督專制的政體。台灣地區此時除了總督，沒有設立具有立法權的組織。但是 1921 年開始，長達 13 年的議會設置請願運動最終使得總督讓步，1935 年舉行第一屆市會及街莊協議會員選舉。這次選舉出的州市會議員擁有部分的議決權，但街莊協議會仍然只是諮詢機關。州市會議員與街莊協議會員任期皆為 4 年，第二次選舉在 1939 年舉行，後來因為二戰停辦。

1945 年日本戰敗，國民黨政府接管台灣，當時台灣作為中華民國的一個省，地位和中國大陸其他省份一樣，可以選舉中央民意代表，同時也存在各層級的地方議會和議員。當時國民政府需要台灣省參議會作為名義上的台灣省最高民意機構，但囿於抗戰後成立的台灣省行政長官公署作為台灣實際統治機關權力過大，加上國共內戰和政局不穩等原因，該參議會並沒有發揮其民意制衡行政的功能。[36] 同時，台灣省參議會所屬議員還在 1947 年 "二二八" 事件中遭到行政長官公署的迫害，參議會於 1947 年 3 月後形同解散。台灣省參議會的第一屆任期本要在 1948 年 5 月 1 日結束，但因國共內戰影響，延長至 1951 年 12 月結束。不過，參議會迅速在同年被廢止，並由新成立的台灣省臨時省議會取代，而台灣省臨時省議會再於 1959 年改為台灣省議會。由於戒嚴時期體制，台灣省議會並沒有成為立法機構。

國民黨撤退到台灣地區，把 1946 年《中華民國憲法》行憲以來的中央機關 [37] 和大部分民意代表一並帶到台灣，因此台灣地區實際上擁有中華民國的所有中央機關。由於 1946 年《中華民國憲法》承繼了孫中山 "五權憲法" 的理念，按照孫中山的設計，國民大會能行使創制權、複決權來代表人民管理中央政府法律，立法院則擁有立法權。根據《中華民國憲法》，國民大會擁有四項職權：選舉總統、副總統；罷免總統、副總統；修改憲法；複決立法院所提之憲法修正案。雖然孫中山在設計兩者權限時區分政權和其他五權，但是從現代立法學的角度來說，國民大會和立法院其實共同擁有立法權。

自台灣進入民主化階段，歷經多次 "修憲"，國民大會經歷 "虛級化"，最後在 2005 年 "修憲" 後凍結。在法理上，《中華民國憲法》原

36　張炎憲等：《二二八事件責任歸屬研究報告》，台北：財團法人二二八事件紀念基金會，2006 年，第 214-216 頁。

37　這裡指的 "中央機關" 具體包括 1946 年《中華民國憲法》規定的國民大會、總統 / 副總統、行政院、立法院、監察院、司法院和考試院，其中因為國民大會代表、立法院議員和監察院監察委員由民眾通過直接或者間接選舉產生，因此又成為中央民意代表。

文雖未改動，但依據第七次"憲法增修條文"，憲法中半數本文已經停止適用，國民大會的職權轉移到其他機構或直接交付台灣民眾來行使，其中立法權已經完全交由立法院行使。

三、港澳台立法機關選舉發展與比較

從立法機關開放選舉的時間上來看，澳門開放最早，1920 年的立法會就已經開放部分的選舉；台灣地區較晚，在 1946 年開始作為中華民國的一個省，民眾可以選舉國家政權機關和立法機關的代表，1949 年國民黨撤台以來這項功能暫時停止，直到 1969 年只能通過"增補選"的方式重新選舉立法機關議員；香港開放立法機關選舉最晚，而且形式上來說從間接選舉開始，到了 1991 年才首次開放立法機關的直接選舉。

雖然本章分析的是三地立法機關的選舉發展，但是在政治發展的過程中，其他機構的選舉前後對於立法機關的選舉也有一定的影響，筆者在分析的過程中也會把一些具有影響力的選舉納入分析，務求展現立法機關選舉的最真實動態。

（一）非選舉與選舉的組合與改革

港澳台三個地區最早的選舉都是殖民地宗主國政府推動實施的，使得這些機構由選舉和非選舉的成員組成，這也是港澳台三個地區選舉早期發展歷程的一個重要特徵。

澳門議事會的選舉和香港早期的潔淨局選舉只有兩名議員經由選舉產生，台灣在 1935 年舉行的第一屆市會議員和街莊協議會員選舉也只有半數議員開放給合資格的選民選舉開放給合資格的選民選舉。港澳台地區的首次選舉都只是選舉產生一個機構的部分成員，並非所有成員。雖然 1583 年開始澳門的議事會曾經通過選舉的方式產生全部 6 名成員，但是議事會成員的組成和權限經歷多次變動，最終也以只是選舉部分而非全部成員的形式穩定下來。

總體來看，三個地區在開放選舉的初期，雖然都對參與選舉的人群進行了資格限制，但是都採用了直接選舉方式。主要原因是直接選舉易於操作，且進行選舉的機構雖然有一定的議事能力，但主要負責市政事務，不觸及到權力核心的政治權威，因此也沒有採取其他選舉方式。

　　同樣，選舉牽涉的權力層級越高，機構的職能就越容易影響到高層權力的運行，因此一般都不會採取直接選舉的方式，而是採取間接選舉，使得執政者對選舉結果更為可控或更易預測，便於穩定政權。例如，台灣在 1936 年的州會議員選舉就採取了間接選舉方式，由 1935 年選舉產生的議員互選產生。香港在 1982 年進行代議政制改革，區議會作為地區諮詢機構的角色，權力較小，因此採用直接選舉的方式，雖然初期只有少量議員由選舉產生，但是第二屆區議會選舉則轉為大部分議員由選舉產生。市政局作為市政服務機構，亦曾有選舉機制。但是，立法局作為擁有立法權的機構，在 1984 年和 1988 年都沒有開放直接選舉，所實施的間接選舉和功能界別選舉產生的議員只佔了不到一半的議員數目。

　　由於地方立法權會對殖民地政府以及主權擁有者的高層權力運行造成相當大的影響，所以港澳台的立法機構在組成上有兩種模式：

　　一是港澳模式，其特徵是立法機構的組成由非選舉議員（當然議員和官守議員）和選舉議員組成，選舉方式通常有多於一種；歷史沿革的主要方向為逐漸減少非選舉成員的數目和比例，保留多種選舉方式。

　　二是台灣模式，其特徵是立法機構全部是由選舉產生的議員組成，選舉方式也通常多於一種，歷史沿革主要方向是逐步取消間接選舉、調整保障名額類別和改革選舉制度。

　　香港和澳門的立法機構的成員在構成上有相當多類別，這些類別又相互交叉。例如，委任議員包含了官守和非官守部分，官守議員又分為當然議員和委任議員；又如，香港的當然議員最初只有總督（立法局當然主席)、輔政司 / 布政司 [38]、庫務司 / 財政司 [39] 和律政司,後來加入駐港英軍高級軍官 [40] 和華民政務司 / 民政司 [41],其後又調整為只有總督和三司(他們同時是官守議員),其他官守議員並不是固定的,總督可以根據需求任命不同職位的官員進入立法局。由於當然議員和委任的官守議員在立法行為上差異不大,為了敍述和理解的方便,本章將兩者統一歸為"官守議員"討論。但是,委任的非官守議員和選舉議員在立法行為上有明顯的差異,因此本章不將兩者合併為"非官守議員"進行討論,而用"委任非官守議員"和"間選 / 直選 / 功能界別議員"區分討論。

香港立法機構的議席構成與數目變化的總體趨勢是:官守議員和非官守議員數目都不斷增加,非官守議員比例逐步提高,1995 年後官守議員全部取消;非官守議員的組成越來越多樣化;由選舉產生的議員出現較晚,其委任和功能界別選舉產生的人選明顯照顧商界和專業界別的利益。澳門立法機構的總體變化趨勢與之相似。兩地立法機構議席構成與數目的具體變化如表 13-15。

需要指出的是,一般史料認為,1926 年是澳門首次引入直選機制的選舉,經過筆者查證資料,實際上澳門的首次直接選舉應該是 1920 年,是次由 30 位納稅最多的市民選出一名市民作為代表,雖然該選舉有明確的財產限制,但仍然是直接選舉。[42]

兩地立法機構成員構成的異同點在:香港議員總數變化在 1970 年代迅速增加,到了 1985 年開始逐漸穩定,澳門呈現穩步增加的態勢;香港已經在 1995 年取消所有的當然和委任議席,實現了全部議員由選舉產生,澳門直至現在都沒有取消委任議席;從選舉產生的議員人數來

38　輔政司(Colonial Secretary,又譯"殖民地司"),1976 年改名為布政司(Chief Secretary)。

39　香港開埠初期,該職位名稱為庫務司(Colonial Treasurer),後於 1937 年改為財政司。

40　1965 年後不再作為當然議員進入立法局。

41　1844 年港英政府設立總登記官署,設有總登記官一職,負責統籌日常的人口登記和管轄所有華人組織。1913 年總登記官署正式易名為華民政務司署,首長是華民政務司。1969 年改稱民政司署,首長是民政司。

42　吳志良:《澳門政制》,北京:中國友誼出版公司,1996 年,第 53-54 頁。

看，兩地都逐步提升直接選舉所佔比例，但是無法實現全部議員從直接選舉產生，而且澳門間接選舉的組別劃分方式與香港功能界別選舉十分相似，基本可以視為同一種選舉方式。

表 13：香港立法機構議席構成與數目變化（1843 年至今）

年份	官守議員		非官守議員	議席總計
	當然	委任	委任	
1843	4	3	0	7
1850	4	3	2	9
1857	4	5	3	12
1884	4	4	5	13
1896	4	5	6	15
1917	5	3	6	14
1928	6	4	8	18
1947	6	3	7	16
1951	6	4	8	18
1964	6	7	13	26
1965	5	8	13	26
1967	5	9	13	27
1972	5	10	15	30
1976	5	18	23	46
1980	5	20	25	50
1983	4	25	29	58
1984	4	25	32	61

年份	官守議員	非官守議員				議席總計
		委任	功能界別	間接選舉	直接選舉	
1985	11	22	12	12	0	57
1988	11	20	14	12	0	57
1991	4	17	21	0	18	60
1995	20	傳統功能界別 21	新九組 9	10		60
1996	0			60		

（1997 年香港回歸）

年份	直接選舉	功能界別	間接選舉（選舉委員會）	議席總計
1998	20	30	10	60
2000	24		6	
2004	30		0	
2008	30			

（2010 年政改方案通過）

年份	直接選舉	功能界別		間接選舉	議席總計
		傳統功能界別	區議會（第二）		
2012	35	30	5	0	70
2016					

來源：香港立法會，https://www.legco.gov.hk/。

表14：澳門立法機構議席構成與數目變化（1583-1976年）

年份	1583	1822-1920	1920	1926	1933	1955
機構	議事會	-	立法會		政務委員會	
官守	6（所有居澳葡人選舉產生）	-	當然 2；委任 5	當然 -；委任公務員 3	官守 4；委任非官守：照顧市政組織、工商業、農業和工人團體 2	官守 4；委任：華人社會代表 2
功能團體			市政廳主席 1；華人團體挑選 2；市政廳推選 1	澳門商會 1；市政廳議員互選 1	1	私人社團推薦3人名單推選 1
間接選舉			納稅最多30名市民 1	居民直選 1	選舉：經濟團體或納稅最多的人士 2	
直接選舉					3	直接選舉 3
備註	最早的選舉	此段期間只有總督擁有立法權，其他機構沒有立法權	專門立法機構初步開放選舉	澳門商會即後來的中華總商會	1933-1954年的政務委員會沒有立法權	選舉產生人數首次多於委任人數

年份	1963	1972
機構	立法委員會	立法會
官守	官守 3	總督（主席）1
委任	華人社會代表 1；私人社團和機構推選 1；納稅人推選 1	華人社會代表 1；全部葡萄牙公民；私人社團和機構推選 1
功能團體	道德文化利益團體 3；行政公用法人組織 3；行政組織 3	道德文化利益團體 2；行政公用法人和行政機構 3；經濟利益團體 2
直接選舉	直接選舉 3	直接選舉 5
備註	-	-

來源：吳志良：《澳門政制》，中國友誼出版公司，1996年。

表 15：澳門立法機構議席構成與數目變化（1976-2017 年）

年份	1976	1984	1988	1992	1996	2001	2005	2009	2013	2017
直接選舉	6	6	6	8	8	10	12	12	14	14
間接選舉	6	經濟利益 5	5	企業主 4	雇主利益 4	4	4	工商、金融界 4	4	4
				勞工 2	勞工利益 2	2	2	勞工界 2	2	2
				專業 1	專業利益 1	2	2	專業界 2	3	3
		道德、救濟及文化利益 1	1	慈善、文化、教育及體育 1	慈善、文化、教育及體育 1	2	2	社會服務、文化、教育及體育界 2	社會服務及教育界 1	1
									文化及體育界 2	2
澳督/行政長官委任	5	7	5	7	7	7	7	7	7	7
總數	17	19	17	23	23	27	29	29	33	33

來源：澳門印務局，http://www.io.gov.mo/cn/entities/admpub/rec/30600；澳門立法會，http://www.al.gov.mo/zh。

台灣地區的議席構成與數目變化的總體趨勢是：變化緊貼着台灣地區在兩岸關係中的地位轉變。1947-1948 年的選舉與中國大陸的其他省份無異；1949-1989 年因為兩岸對峙和國民黨 "反攻大陸" 的計劃暫停立法機關的全面改選，隨着計劃無望和民眾反彈，台灣當局只能採用 "增補選" 方式緩解壓力。1990 年後，台灣進入民主化改革時期，李登輝提出 "兩岸分治" 的概念，因此台灣開始進行立法機關的全面改選，但是由於特殊歷史地位，改革只能以 "憲法增修條文" 方式進行，議席構成上雖然以區域代表為主，但是保留 "全國不分區" 代表以維持所謂 "法統" 地位，並延續至今。[43] 從選舉方式來看，從原來的功能團體選舉和直接選舉混合的方式，轉變成只保留直接選舉方式；名額安排上，取消了僑選代表，保留原住民名額，將婦女保障名額從單設功能團體的方式轉變為不分區代表的女性比例選舉方式的制度安排之中。台灣地區立法機構議席構成與數目的具體變化如表 16-18。

總體來說，對比三地立法機構發展歷史和構成情況，香港的選舉進程開始最晚，改革最為急促和複雜，選舉制度和構成也最為多樣，但是功能團體仍然保留接近一半比重的議席；[44] 澳門的選舉進程開始最早，但是改革最為頻繁，擁有立法權的機構也反覆變更，至 1976 年才穩定下來，直至現在也並非全部議席由選舉產生，選舉的直接化仍不徹底；台灣選舉變化最為簡單，但是受到時局變化的影響最大，選舉的直接化改革做得最為徹底，已經實現了全部議席由直接選舉產生。

43　李炳南，曾建元，林子玄：〈《動員戡亂時期臨時條款》之制度經驗及其影響〉，《台灣民主季刊》，2004, 1(2): 95-129。

44　指的是 2010 年政改方案通過後新增了五個 "區議會（第二）" 功能界別，採取的是全港作為一個選區，按照地區直選的選舉方式直接選舉產生，雖然分組點票時仍然將這部分議員計入功能界別，但是從產生方式來看已經不是功能團體的產生方式，因此一般觀點也認為只有傳統的 30 個傳統功能界別議席才納入功能團體產生的方式之中，佔 70 個立法會議席的 3/7，大約是 42.86%。

表 16：台灣地區 "國民大會" 議席構成與數目變化

年份	1947	年份	1991	1996	2005
選舉屆次	第一屆	選舉屆次	第二屆	第三屆	第四屆
區域代表	17	區域代表	219	228	0
婦女保障名額	2				
地方職業團體 農會	3	山胞代表	6	6	
地方職業團體 工會	3	僑居國外國民代表	20	20	
地方職業團體 婦女會	2	全國不分區代表	80	80	300
總計	27	總計	325	334	300

表 17：台灣地區 "立法院" 議席構成與數目變化（1948-1989 年）

年份	1948	1969	1972	1975	1980	1983	1986	1989
屆數	第一屆立法院							
選舉屆次	普選（台灣省）	增補選	第一次增額	第二次增額	第三次增額	第四次增額	第五次增額	第六次增額
區域代表	8	11	29	30	52	53	55	79
山胞			1	1	3	2	2	4
職業團體	0	0	6	6	16	16	16	18
僑選			15	15	27	27	27	29
委員總數	8	11	51	52	97	98	100	130

表 18：台灣地區 "立法院" 議席構成與數目變化（1992-2016 年）

年份	1992	1995	1998	2001	2004	2008	2012	2016
屆次	第二屆	第三屆	第四屆—第六屆			第七屆—第九屆		
區域代表	119	122	168			73		
全國不分區	30	30	41			34		
原住民	6	6	8			6		
僑選	6	6	8			0		
總計	161	164	225			113		

表 16-18 來源：台灣 "立法院" 網站：https://www.ly.gov.tw/Home/Index.aspx。

（二）普遍性原則的擴展

1. 香港

香港最早進行選舉的公共機構是潔淨局／市政局，但是根據學者研究，其選民基礎相當狹窄。馬嶽指出，20世紀80年代以前，潔淨局／市政局的選民基礎非常狹窄，市民必須符合法例23項規定其中一項才能參與選舉。[45] 劉潤和估計符合23項標準的選民在全香港人口裏大概僅有20萬人，佔當時全體370萬港人的不足6%。[46] Miners認為，當時只有較富有及學歷較高的人才享有選舉權，草根階層被排除，因此市政局選舉的代表性非常有限。[47] 因此，香港在20世紀80年代進行代議政制改革之前，即使市政局可以選舉，但是擁有選舉權的人士數目相當有限。當時主要限制的條件是財產（繳納差餉並被納入至陪審員名單之中）、學歷、居住年限（居港滿3年），同時納入了23項職業，排除了在囚人士、精神病人和軍人，完全不是一個具有普遍性的選舉。

因為香港立法局／立法會選舉方式較為多樣，所以下文分別闡述直接選舉、間接選舉和功能界別選舉的情況。

（1）直接選舉

1981年，香港政府發表《地方行政白皮書》，推行地區選舉，並取消對選民資格的種種限制，凡年滿21歲、居港滿7年的香港居民均可登記成為選民，普遍性原則得以落實。立法局在1991年開放直接選舉以來也採用同一標準。

1992年，彭定康將選民資格放寬到年滿18歲、居港滿7年的香港居民，1994年區議會選舉開始採用此標準，回歸後香港立法會的直接選舉議席一直沿用至今。當前，香港直接選舉的普遍性原則基本得以落

45　馬嶽：《香港政治：發展歷程與核心課題》，香港：香港中文大學香港亞太研究所，2010年。

46　劉潤和：《香港市議會史（1883-1999）：從潔淨局到市政局及區域市政局》，香港：香港歷史博物館／康樂及文化事務署，2002年，第100頁。

47　Miners N, *The government and politics of Hong Kong*, Oxford University Press, 1991.

實。目前選舉權的限制主要在於公職選舉參選人的年齡和通常居港年期。所有 18 歲以上的香港永久性居民都能登記成為合資格選民，但是參選人有年齡限制，立法會議員參選人必須年滿 21 週歲。通常居港年期方面，只要登記成為選民時通常在香港居住[48] 即可，候選人必須於提名前的 3 年內通常在香港居住。

（2）功能界別選舉

香港的功能界別選舉最早亦在 1985 年立法局選舉出現。另外 12 名議員由 11 個功能界別[49] 選舉產生。1988 年和 1991 年的立法局選舉對功能界別的數目和界別分組進行一定的調整：1988 年增加衛生界、會計界功能界別，當年一共有 13 個功能界別；1991 年再增加工程界[50]、地產及建造界、旅遊界、金融服務界，另外加上從選舉團轉為功能界別的市政局、區域市政局、鄉議局，共計 20 個功能界別。1994 年彭定康的政改方案通過，1995 年立法局選舉新增 9 個功能界別[51]，這 9 個功能界別被稱為 "新九組"，與其他功能界別不同的是，任何在 1991 年人口普查中報稱從事其中一個行業的在職人士，都會自動成為新九組其中一組的選民，因此幾乎所有登記選民都是新九組的選民，這 9 個議席變相成為直接選舉的議席，選民數目高達 106 萬。但彭定康激進的政改方案引起中方反對，因此香港特區在回歸後 "另起爐灶"，不再採用彭定康的界別分組和選民資格的認定方法。

48　通常在港居住，指的是任何人如果是合法、自願和以定居為目的而在香港居住（例如讀書、工作或居留等），不論時間長短，他 / 她會被視為通常居住在香港。如果他 / 她只是暫時不在香港，仍會被視為是通常居住在香港。關於一名人士是否已不再通常居住在香港的問題，須視乎其個人情況及其不在香港的情況，具體判斷根據香港特區入境事務處的規定。資料來源：香港特別行政區政府入境事務處，"居留權及有關用詞的定義"，https://www.immd.gov.hk/hkt/services/roa/term.html。

49　11 個功能界別分別是：商界（一）；商界（二）；工業界（一）；工業界（二）；金融界；勞工界；社會服務界；醫學界；教學界；法律界；工程、建築、測量及都市規劃界。

50　該界別從原來的 "工程、建築、測量及都市規劃界" 分出，原來的界別在 1991 年改名為 "建築、測量及都市規劃界"。

51　9 個功能界別分別為：漁農、礦產、能源及建造界；紡織及製衣界；製造界；進出口界；批發及零售界；酒店及飲食界；運輸及通訊界；金融保險地產及商業服務界；公共、社會及個人服務界。

馬嶽認為，彭定康方案和過往的功能界別原則的最大分別是，以前按經濟產業劃分的界別通常都只會將選民資格給予業界公司或團體，只有各專業界別通過一人一票產生，但彭定康的"新九組"方案卻將功能屆別的投票權擴大到每一個在職人士。[52] 換言之，無論選民在從事什麼行業、在行業中從事什麼職位，都享有該行業所屬界別的投票權。彭定康同時建議在部分以法團投票的功能界別增加選民數目，因此原本以法團投票的各界別，也由一公司 / 組織一票，變為一公司 / 組織最多可以登記 6 名代表作選民，令選民人數可以倍增。[53] 不過馬嶽也指出，在"新九組"制度下，也並非所有香港人都能"一人兩票"（即每位選民都有一票投地區直選議席、一票投功能界別議席），沒有固定全職工作的人士即大量退休人士、家庭主婦、學生和兼職僱員、邊緣勞工等，即使擁有地區直選投票權，仍然沒有功能界別的投票權。無論以經濟產業還是以職業分類劃分，功能界別都是當前普遍性原則在學術上無法覆蓋的部分。但是，彭定康的做法目的明顯是儘可能擴大 1995 年立法局選舉中功能界別的選民基礎，使得該次選舉成為香港選舉歷史以來功能界別普遍性程度和選民基礎最大的一次。

1998 年，回歸後第一屆立法會選舉重新劃分 28 個功能界別，對於 1995 年的新設的 9 個界別有區別地進行取消、保留或"改造"，對各個界別的選民基礎也進行了調整，主要的改變是減少功能界別擁有投票權的選民人數。回歸後功能界別的選民資格的認定標準變化較小，其中的 26 個界別只在選民資格認定的準則有細微變化，另外兩個界別的議席因為 1999 年區域市政局和市政局解散，原區域市政局界別和市政局界別的議席由飲食界和區議會所取代。2010 年政改方案通過，功能界別中的區議會界別分成"區議會（第一）"和"區議會（第二）[54]"兩個功

---

52 馬嶽：《港式法團主義：功能界別 25 年》，香港：香港城市大學出版社，2013 年，第 15 頁。
53 馬嶽：《港式法團主義：功能界別 25 年》，香港：香港城市大學出版社，2013 年，第 15 頁。
54 又稱為"超級區議會"功能界別。

能界別。"區議會（第二）"功能界別要求參選人必須是該次立法會選舉前已經當選的民選區議員，而且該區議員必須獲不少於 15 個民選區議員有效提名才能夠參選，因此區議員擁有參選權和提名權，然後由全港未有其他功能界別投票權的香港登記選民一人一票選舉產生。

功能界別的分類也與選民資格相聯繫，選民資格的認定和差異是實踐選舉普遍性和平等性原則的重要一環。《立法會條例》對於各個功能界別的選民資格認定有明確且詳細的規定，社會對於功能界別的選民資格劃分主要有三個標準：第一個是選民是個人還是團體，又稱為"個人投票人"[55] 和"團體投票人"[56]；第二個是馬嶽的分類，他將功能界別選民分為四類，分別是設定組織[57]、專業人士代表[58]、經濟產業代表[59] 和社會組織[60]；第三個是學者楊艾文和羅敏威總結的政府界定功能界別選民資格的標準，分別是專業團體的會籍、某種政府認可的註冊制度、以選舉法例

---

55 "個人投票人"又稱"個人票"，指的是選民因為個人的某種專業資格或團體成員身分（部分要求具表決權）擁有投票權。

56 "團體投票人"又稱"團體票"，指的是選民是某個團體、組織或公司，團體因為法例規定或屬某個組織的成員身分（部分要求具有表決權）擁有表決權，投票時派出一名委任獲權代表進行投票。

57 設定組織主要指功能組別中的商界（第一）、商界（第二）、工業界（第一）和工業界（第二），因為這四個界別分別規定只有香港總商會、香港中華總商會、香港工業總會和香港中華廠商聯合會的會員才能成為各自界別的選民。換言之，其他團體或者公司即使是商業界或工業界的選民，但是如果不是上述四個商會或總會成員，也不可能成為這四個界別的選民。資料來源：馬嶽：《港式法團主義：功能界別 25 年》，香港：香港城市大學出版社，2013 年，第 53-54 頁。

58 專業人士代表主要指兩種類型的代表。第一類是通過專業資格考試以及專業團體會籍所確認的專業身分的人士，例如法律界、醫學界、會計界和工程界；第二類是由政府認可的註冊或登記程序以確認其專業界身分的人士，例如社會福利界和教育界。部分界別並非只有一種資格認證方法，也可能包括超過一個專業資格的人士，比如建築、測量、都市規劃及環境界就包含建築師、測量師、規劃師及環境師。資料來源：馬嶽：《港式法團主義：功能界別 25 年》，香港：香港城市大學出版社，2013 年，第 54-55 頁。

59 經濟產業代表指的是按照香港社會經濟產業劃分的界別，這些界別的選民主要是業界內公司、團體及商會的會員。一般此界別的選民都是公司的雇主、團體或商會的負責人或重要人物，大部分界別中作為個人的行業雇員沒有投票權。此類型包括 11 個功能界別，分別是旅遊界、保險界、航運交通界、金融界、地產及建築界、進出口界、批發及零售界、紡織及製衣界、金融服務界、飲食界、漁農界。資料來源：馬嶽：《港式法團主義：功能界別 25 年》，香港：香港城市大學出版社，2013 年，第 55 頁。

60 社會組織主要指的是獲得代表資格的部分非經濟產業的社會組織，主要指勞工界和體育、演藝、文化及出版界兩個功能界別，這兩個界別的四個席位均以法團投票為基礎，在界別內登記的工會或界別團體才有權投票，一般工人、職工、體育運動員和演藝從業員並沒有投票權。資料來源：馬嶽：《港式法團主義：功能界別 25 年》，香港：香港城市大學出版社，2013 年，第 55 頁。

認可的一個業界團體名單，或 / 及某些業界協會的會員。[61] 然而，上述的分類方法都存在一定的標準模糊和屬性重疊的問題。實際上，現有的分類標準需要明確區分功能界別的界別分類和選民資格分類兩者的差別。

立法會功能界別的界別分類應以階級、經濟產業、專業技能和法定機構作為分類標準，按照 1999 年特區政府政制事務局的政策文件，界定功能界別的標準是 "具規模的和重要的經濟和專業界別"，目的是 "利用它們的專業資格和經驗，就立法會的工作和社會的發展作出貢獻"。[62] 基本上越能有效達至社會封閉性的行業，被列為功能界別的機會越高。[63]

此標準下，當前立法會的功能界別分類如下：

表 19：當前香港立法會功能界別分類

分類標準	具體界別		
法定機構	鄉議局	區議會（第一）	區議會（第二）
階級	勞工界	商界（第一）	商界（第二）
專業技能	法律界	醫學界	社會福利界
	教育界	會計界	衛生服務界
	建築、測量、都市規劃及園境界		
	體育、演藝、文化及出版界		
經濟產業 / 行業	漁農界	旅遊界	工業界（第一）
	金融界	進出口界	工業界（第二）
	工程界	金融服務界	地產及建造界
	保險界	航運交通界	批發及零售界
	飲食界	信息科技界	紡織及製衣界

61 Young S N M, Law M W A, "Privileged to Vote: Inequalities and Anomalies of the FC System," *Functional Constituencies: A Unique Feature of the Hong Kong Legislative Council*, 2006, pp.99-100.

62 〈政府就《1999 年立法會（修訂）條例草案》委員會在 1999 年 5 月 7 日會議上提出的關注事項的回應〉，香港特別行政區立法會網站，1999 年 5 月 21 日，https://sc.legco.gov.hk/sc/www.legco.gov.hk/yr98-99/chinese/bc/bc66/papers/b662151a.htm。

63 馬嶽：《港式法團主義：功能界別 25 年》，香港：香港城市大學出版社，2013 年，第 267-269 頁。

功能界別的選民資格分類是獲得功能界別選民資格的途徑和"個人/團體投票人"的結合,獲得途徑主要分為法定組織成員身分、專業資格、以個人為單位註冊團體的會籍或表決權、以團體為單位註冊團體的會籍或表決權,以及選定的註冊團體或商業機構,一共五種類別。根據 2019 年立法會選舉的選民登記數字,"區議會(第二)"功能界別的選民基礎約為 386 萬人,另外 28 個功能界別的選民加起來約為 23 萬人,選民基礎差距大。28 個傳統功能界別也有明顯的內部差異,選民基礎最多的教育界有 84876 名登記選民,選民基礎最小的金融界的登記選民團體只有 120 個,[64] 前者人數是後者的 707 倍。2019 年功能界別的選民構成如表 20 所示。

然而,社會對於功能界別制度的評價有明顯的分歧。贊成一方認為,功能界別制度能夠體現廣泛代表性和均衡參與性,保證行政主導原則,也能夠避免香港滑入西方福利主義的的泥沼;[65] 同時,功能界別制度對香港的經濟繁榮和社會穩定起到了重要的作用,已成為香港政治制度的一個重要組成部分。[66] 反對意見主要從選舉的普及與平等原則、選舉的公正性以及代表性問題上進行批評。除上述討論的各界別選民基礎的差距外,不少以商會為界定選民基礎界別的界定標準並不明確,部分商會其實包括其他不同產業的公司,另外一些行業內重要的團體則未獲承認而獲得選民資格,[67] 郭儀芬及陳綺文稱這種難以劃清界別界綫的情況為"包容與剔除"(inclusion and exclusion)問題。[68] 馬嶽則認為透過"國家認定"以界定功能選民資格的過程難以保證選民能夠真正代表產業的

64　2019 年選民登記數字,http://www.voterregistration.gov.hk/chi/statistic20183.html。

65　李曉惠:〈香港普選保留功能組別的法理依據與可行模式研究〉,《政治學研究》,2013 年第 5 期,第 80-91 頁;郭天武、宋曉:〈功能組別當下存在的合理性分析——以香港自由黨在立法會選舉中的結果為視角〉,《當代港澳研究》,2014 年第 3 期,第 35-53 頁。

66　鄧偉平、張竣宇:〈論香港立法會功能界別選舉制度的合理性及發展前景〉,《當代港澳研究》,2016 年第 1 期,第 5 頁。

67　Young S N M, Law M W A, "Privileged to Vote: Inequalities and Anomalies of the FC System," *Functional Constituencies: A Unique Feature of the Hong Kong Legislative Council*, 2006, pp.78-86.

68　馬嶽:《港式法團主義:功能界別 25 年》,香港:香港城市大學出版社,2013 年,第 67 頁。

表 20：香港 2019 年功能界別選民登記數字

編號	功能界別名稱	已登記為選民的數目			法定組織成員身分	個人		團體
		個人	團體	總數		專業資格	註冊團體會籍／表決權	註冊團體／商業機構
1	漁農界	-	150	150				√
2	金融界	-	120	120				√
3	金融服務界	-	638	638			√	
4	保險界	-	125	125			√	
5	航運交通界	-	187	187			√	
6	旅遊界	-	1322	1322			√	
7	工業界（第一）	0	459	459			√	
8	工業界（第二）	-	674	674			√	
9	商界（第一）	-	908	908			√	
10	商界（第二）	729	584	1313		√	√	
11	地產及建造界	194	479	673		√	√	
12	勞工界	-	672	672			√	√
13	紡織及製衣界	46	1640	1686		√	√	√
14	進出口界	482	817	1299		√	√	√
15	批發及零售界	4868	1753	6621		√	√	√
16	體育、演藝、文化及出版界	548	2616	3164		√	√	√
17	飲食界	3441	967	4408		√		√
18	信息科技界	7027	364	7391	√	√		√
19	工程界	9441	-	9441	√	√		
20	建築、測量、都市規劃及園境界	8026	-	8026	√	√		
21	法律界	6843	-	6843	√	√		
22	教育界	84876	-	84876	√	√		
23	醫學界	11718	-	11718	√			
24	社會福利界	13711	-	13711	√			
25	會計界	25939	-	25939	√			
26	衛生服務界	36804	-	36804	√			
27	鄉議局	151	-	151	√			
28	區議會（第一）	431	-	431	√			
傳統功能界別選民總數		215275	14475	229750				
29	區議會（第二）	3861684			①已登記為地方選區的選民；②所有沒有登記為任何傳統功能界別的選民；			

來源：香港特別行政區 “選民登記” 網站：〈選民登記數字：功能界別〉，https://www.voterregistration.gov.hk/chi/statistic20193.html，2020 年 1 月 10 日瀏覽。

利益，團體委託授權代表也無法確知其代表的投票是否按照法團的利益進行；[69] 張定淮和李墨竹也認為，功能界別制度兩個最為突出的問題是"選舉權的不平等性"和行業代表產生的民主成分較低。[70]

（3）間接選舉

香港的間接選舉出現晚於直接選舉，雖然 20 世紀 80 年代之前的潔淨局 / 市政局選舉的選舉權有相當大的限制，但是在合資格選民內實行的仍然是直接選舉。香港的間接選舉最早出現在 1985 年立法局選舉。

港英政府決定於 1985 年立法局選舉產生 35 名議員，其中 24 名議員由間接選舉產生，這其中 12 名議員由所有市政局、區域市政局和區議會議員組成的選舉團選舉產生。這其中包括 10 個以地域劃分的選區（每個選區包含 1-3 個區議會分區）議席、1 個市政局議席和 1 個區域市政局議席。因此，只要當選上述其中一個組織的議員則能獲得選舉團的選舉權。

1995 年，選舉委員會由 280 名民選區議員組成，選出 10 名選舉委員會議員。

1996 年臨時立法會由香港特別行政區第一屆政府推選委員會的全體委員通過選舉產生，推選委員會全部由香港永久性居民組成，成員由以下 4 個界別組成：工商、金融界；專業界；勞工、基層、宗教等界；原政界人士、香港地區全國人大代表、香港地區全國政協委員代表。各界別分別佔委員總數 25%。雖然推選委員會的組成具有功能界別的性質，但是其進行選舉的時候又發揮類似選舉團的作用，並在回歸後的第一、第二屆立法會選舉轉為選舉委員會作為選舉團產生立法會議席，因此歸類為選舉團的間接選舉。1998 年立法會選舉和 2000 年立法會選舉分別有 10 個和 6 個議席由選舉委員會選舉產生，第三屆立法會以後不再保留選舉委員會選舉產生的議席，從此立法會間接選舉制度結束。

---

69 馬嶽：《港式法團主義：功能界別 25 年》，香港：香港城市大學出版社，2013 年，第 263-267 頁。
70 張定淮，李墨竹：〈香港功能界別制度：性質、困境與前景〉，《當代中國政治研究報告》，2012 年，第 293-309 頁。

2. 澳門

（1）1583-1976 年的選舉權

1583 年第一次進行澳門議事會選舉，議事會每 3 年選舉一次，通過無記名投票選出 6 名選舉團成員。雖然擁有選舉權的只是居澳葡萄牙人，但是並沒有財產、居住年限等任何的資格限制，每個葡萄牙居民都有選舉權。當時採取葡萄牙的市政模式，一方面是由於在澳門的葡萄牙人較多（約 900 名），已經高於葡萄牙的其他殖民地，因此還是需要進行相當制度化的管理，吸收葡萄牙本土的經驗也比較合適；另一方面，結合當時澳門華洋分治的局面，其實葡萄牙對澳門的管治並不是完全的，葡萄牙國王也只能管轄區內的葡萄牙人，在澳葡人也以商貿活動為主，採取自治模式也能夠為葡萄牙在澳門的利益提供較為靈活便利的空間。[71]

1710 年葡萄牙國王若昂五世（João V de Portugal）確認澳門的特權，規定了澳門議事會的權限為 28 項，[72] 其中第 21 項確定"市政議員及理事官年齡須 40 歲以上，而法官則須 30 歲以上"，這是葡萄牙第一次對議事會議員參選人進行明文的年齡限制。另外部分規定也對選舉產生相當的影響，其中"禁止罪犯擔任公職或在議事會任職"（第 14 條）排除了罪犯的選舉權，"議事會有權強迫那些被選而拒絕接受職務的人任職"（第 16 條）則規定了議事會對被選舉擔任公職的人員具有強制性能力，選舉結果具有強制力。

1920 年，當時的澳門立法會初步開放選舉，經由選舉產生的議員有兩個，分別是市政廳推選的一位市政議員，以及從 30 位納稅最多的市民中選舉出一名市民。明顯可見，當時對於直接選舉有明顯的財產限制，但是並不是定額上的限制，只允許最富有的 30 名市民參與選

71　〔葡〕馬里亞諾：〈中國事務的理事官，1583-1894〉，《法學院學報》（*O Direito*），1991 年，第 20-21 頁。

72　陳文源：〈清中期澳門貿易額船問題〉，《中國經濟史研究》，2003 年第 4 期，第 112-121 頁。

舉明顯限制了參選權。1926 年，葡萄牙通過新的《澳門殖民地組織章程》，除了保留原來市政廳互選一名議員外，還允許居民直接選舉一位代表。[73]

1930 年葡萄牙政府頒佈第 18570 號令（俗稱《殖民地法案》），目的是改變殖民地管治的混亂局面，主要方向是加強中央集權，削減殖民地自治權。[74] 此法案延續到 1955 年。當時的政務委員會並沒有立法權，但是當時政務委員的選舉要在經濟團體內進行，若無經濟團體，則在納稅最多的人士中推選，參選人數最多至 40 位（第 61 條第 1 款）。雖然暫時沒有資料展示該段時間內政務委員實際通過團體還是納稅最多的人士之中選舉，但是明顯引入了功能團體的思維，體現澳葡政府在中央集權的同時，又儘量開設渠道聽取當地居民，尤其是對殖民地經濟有所貢獻的人士的意見。[75]

1963 年《葡萄牙海外組織法》進行修訂，立法會得以恢復，新的政治行政組織輪廓也基本保持至回歸前的模式。[76] 此次改革的特色是明確了澳門社會團體的劃分類別，這個類別劃分方法一直影響到現今澳門的間接選舉。

（2）1976-1999 年的選舉權

1976 年《澳門組織章程》對選民資格進行新的規定，直接選舉取消性別限制，只要在選舉結果之日已滿 18 歲而通常住址係在選舉地區內者即可參與；但是根據澳門居民的國籍設置不同的居澳年數限制，葡籍沒有年數限制，華籍要求居住超過 5 年，外籍要求居住超過 7 年才有投票權；多國籍的葡國人也擁有選舉資格。[77]

---

73 吳志良：〈20 世紀澳門政治行政組織的變革〉，載吳志良、林發欽、何志輝主編：《澳門人文社會科學研究文選》（歷史卷），北京：社會科學文獻出版社，2010 年，第 613-617 頁。

74 吳志良：《生存之道——論澳門政治制度與政治發展》，澳門：澳門成人教育學會，1998 年，第 135 頁。

75 〔澳〕傑弗里‧C. 岡恩：《澳門史》，秦傳安譯，北京：中央編譯出版社，2009 年，第 240-242 頁。

76 吳志良：《澳門政制》，北京：中國友誼出版社，1996 年，第 55-56 頁。

77 吳志良：《澳門政制》，北京：中國友誼出版公司，1996 年，第 53-54 頁。

居住地點也有一定的影響，葡籍而居住香港者在駐香港葡國總領事館註冊，並在澳門市大堂及風順堂教區有關選民登記委員會辦理登記者方可擁有選民資格。間接選舉方面，凡以道德、文化、救濟及經濟利益為宗旨而合法組成的社團的理監事會成員，均為立法會的選舉人（第 4/76/M 號法令第 6 條）；候選人資格／被選資格為：在選舉區有住址、年齡在 21 歲以上（第 4/76/M 號法令第 7 條）；允許政府公務員或公共集體人員不需取得許可而成為立法會的候選人。

此時澳門的選舉法也對部分人士的選舉權進行了排除。沒有選舉權的人士有以下四類：精神不正常和精神病人；因聾、啞、盲經法院裁定禁治產者；因犯欺詐罪被確實判處監禁，經法院宣告停止其參政權，而在有關刑期未滿者；沒有公民資格者（第 4/76/M 號法令第 5、第 10 條）。候選人資格／被選資格也有限制，包括：在選舉地區無經常住址者；法官、檢察官及現役軍人；特定公職人士（市政廳正副廳長或市政委員會正副主席及市行政局長；財政廳長及公鈔局長；任何宗教或信仰團體的當權者）。這些人士都無法成為候選人。

1984 年，澳葡政府通過《第 9/84/M 號法令》放寬第三屆立法會選舉的選民資格，主要刪除不同國籍的居澳年限的限制。直接選舉的選民為持有效證件的澳門居民和居住在香港但在葡國駐香港領事館登記的澳門人，無論國籍，也不管居澳年限，都有選舉權（第 9/84/M 號法令第 4 條第 1 款）。該法令也首次明確間接選舉的選民資格納入和排除的情況。擁有間接選舉選民資格的團體包括：享有法人資格；其組成於每年選民登記期開始的訂定日期已在政府公報刊登者（第 9/84/M 號法令第 5 條）。被排除在間接選舉資格之外的團體包括：接受本地區總預算冊或其他公共團體預算冊的津貼而透過公共機構的主動或維護所成立者；成員的身分因為某些公共或私人機構服務或具有共同實權而受限制者

（第 9/84/M 號法令第 5 條）。[78]

　　1988 年立法會選舉時對選民資格的規定也有所調整，規定在本地區連續居住 3 年的個人以及在選民登記期已成立超過 1 年的集體，成為取得主動選民資格的條件。但是隨着 1991 年選舉法修訂，居澳年限的規定有所變化。1988 年立法會指定的第 10/88/M 制度才規定了社團的法人選民登記制度（第 25-29 條），當時的規定在 1991 年得到完善。

　　1991 年頒佈第 4/91/M 號法律，重新修訂選舉法。直接選舉方面，重新加入連續居住在澳門的年數限制，規定在澳門連續居住最少 7 年。[79] 但是由於涉及回歸的過渡性安排，7 年的居澳年限在此次選舉並未實施，該法令第 197 條過渡性規定，獲得選民資格的居澳年限 1991 年為 4 年，1992 年為 5 年，1993 年為 6 年（第 4/91/M 號法律第 2、第 197 條）。間接選舉方面，總督根據 5 個代表不同組別利益的委員會對每一組別的社團或機構所作出的意見而決定允許參選的社團或機構，這種認可必須是由有意的社團或機構主動向總督提出申請。實際上，這次修改除了加入居澳年限外，選舉資格規定與前次選舉基本相同，但是部分職業被列為無被選資格，包括總督及政務司、反貪污暨反行政違法性高級專員、現職的法官及檢察官、現役軍人和任何宗教或信仰的當權人（第 4/91/M 號法律第 5 條）；公共機構或財政收入半數依賴公共機構的集體法人，也不得參加間接選擇（第 4/91/M 號法律第 6 條）。

　　（3）澳門回歸後的選民登記與選舉權

　　澳門回歸後通過新的《選民登記法》。直接選舉中，只要成功登記成為選民就擁有選舉權。根據澳門《基本法》第 26 條確定的基本原則，新的《選民登記法》在第 10 條中規定"凡滿十八週歲且為澳門特別行政區永久性居民的自然人，均得作選民登記，但不妨礙第 17 條規定的適用"，永久性居民只要符合相關法律和決定，無論是中國籍、葡籍還

78　王禹編：《澳門組織章程及有關憲制文件》，澳門：濠江法律學社，2010 年，第 134-143 頁。

79　王禹編：《澳門組織章程及有關憲制文件》，澳門：濠江法律學社，2010 年，第 144-150 頁。

是外國籍都能登記成為選民，即擁有選民資格。無選舉資格的人士有三種，包括：經確定判決宣告為禁治產人[80]；精神病患者；被剝奪政治權利者。但是參選需要通過政治社團和提名委員會提名才能進行，被選舉權方面的年齡在 2000 年的《立法會選舉法》規定的是 21 歲，但 2008 年修訂時降低至 18 歲。可以看到，基本上立法會的直接選舉已經符合普遍性原則，對於選民選舉和參選權有相當充分的保障。

回歸後的立法會間接選舉需要參與的社團進行法人選民的登記，根據 12/2000 號法律《選民登記法》規定，法人選民登記需要：已在身分證明局登記；獲確認屬相關界別至少滿 4 年；取得法律人格至少滿 7 年。其登記程序、界別確認的程序和登記的中止及註銷由相關法律具體規定。基本上該制度實行較為順暢。

2008 年對選民登記法進行修改，對於普遍性原則的完善主要有：一，增加規定允許提前登記，即符合條件的年滿 17 週歲的永久性居民可以提前辦理選民登記手續，但是法例仍然規定投票日時未滿 18 歲不能參與投票；二，取消選民證制度，主要目的是打擊賄選，防止有組織或個人不法使用選民證；三，修改法人選民登記的相關規定，特別是社團取得法律人格從原來至少 3 年改為至少 7 年，大大提高了登記的門檻。但是此次修改，特別是對法人選民登記的修改，被某些議員批評只是為了給新的社團加上"門檻"，令新社團不能參加 2009 年選舉，只有舊社團能夠參與，客觀上只是鞏固了舊社團的利益。[81]

3. 台灣

台灣雖然在 1935 年就進行第一次選舉，但是日本人為投票權設置了各種限制。只有男性、25 歲以上，並有獨立生計，繳納 5 元以上稅額的人才具有選舉權。這使得擁有投票權的人數相當低，而且這樣的設

---

80 "禁治產"屬私法範疇，是指民事行為能力受到限制；尤其是由作為私法基礎的民法規範。資料來源：趙向陽：《澳門選舉制度》，北京：社會科學文獻出版社，2013 年，第 77-80 頁。

81 澳門特別行政區立法會：《選舉法律彙編‧選民登記法》（第二版），2008 年，第 253-254 頁。

置也使得日本人的選民總數（26479 人，佔在台日本人的 60.9%）多於台灣人的選民總數（24578 人，19.7%），這些種種的限制就是為了降低台灣人的投票人數，讓在台灣較少數的日本人能夠佔據上風。[82]

國民黨政府在抗戰勝利後接管日本，也在台灣舉行選舉，其中就包括立法委員和第一屆國大代表選舉。此階段的選舉權只開放給符合公民資格的人，公民資格的取得原則是不分男女，年齡滿 20 歲以上，在本地居住滿 6 個月，只是排除了因犯法被剝奪公權及精神疾病者。從選舉權的普及來說，1946 年開始在台灣的選舉已經基本落實了普遍性原則，但是根據國民黨撤台後的《動員戡亂時期選舉罷免法》，除了年齡、選區居住期限和精神狀況外，仍然有學歷和經歷的限制。但是根據國民大會和立法會各自的選舉罷免法，相同點在於候選人的提名都可以通過政黨提名和選民聯署兩種方式進行；不同點在於選民聯署所需要的人數，國民大會代表參選者只要求自行爭取 500 名選民聯署推薦，海外華僑則為 200 以上聯署，而參選立法委員則需要 3000 名選民聯署，海外華僑提名人數則沒有清晰說明。1980 年蔣經國批准頒佈《動員戡亂時期公職人員選舉罷免法》，期望通過公職人員選舉的制度化、公開化來應對日益複雜的政治局勢。此次選罷法放寬了候選人資格限制，候選人 23 歲的年齡下限得以保留，61 歲的上限規定取消；學歷方面明確了同一標準，國大代表和立法委員需要高級中等以上學校畢業。[83]

當前，台灣地區的選舉權採取以下規定：根據《公職人員選舉罷免法》的規定，台灣現在各種公職人員選舉，除在國外的台灣人民申請返台行使"總統"、"副總統"選舉權須依登記查核辦法申請登記編入選舉人名冊外，其他公職人員選舉人名冊皆由戶政機關依戶籍登記資料編造。凡年滿 20 歲，在各選舉區繼續居住 4 個月以上（"總統"、"副總統"選舉須繼續居住 6 個月以上），除受監護宣告尚未撤銷外（如精神

82　王御風：《台灣選舉史》，台中：好讀出版有限公司，2016 年，第 15-16 頁。
83　史衛民：《解讀台灣選舉》，北京：九州出版社，2007 年，第 29-30 頁。

病患者），統由戶政機關於投票日前 20 日編入選舉人名冊，毋需另行辦理選民登記。[84] 學歷和經歷限制得以去除（2000 年 11 月修訂時廢除）。

被選舉權／參選權採取自由登記參選的原則，凡符合《總統副總統選舉罷免法》、《公職人員選舉罷免法》規定公職候選人資格者，均可自由登記參選。候選人資格分為積極條件和消極條件兩方面。積極條件主要指的是參選人的年齡限制，立法委員參選人需要年滿 23 歲（"總統"、"副總統" 候選人為年滿 40 歲）；立法委員選舉中的全國不分區及僑居國外國民立法委員選舉的僑居國外國民候選人，需要年滿 23 歲，在國內未曾設有戶籍或已將戶籍遷出國外連續 8 年以上者，得由依法設立的政黨登記。消極條件指的是被選舉人不得有下列任一情況，否則不得登記參選：犯有內亂外患罪，經判刑確定者；犯有貪污罪，經判刑確定者；曾犯組織犯罪條例之罪，經判刑確定者；遭褫奪公權尚未複權者；現役軍人、軍校學生及替代役男；選務工作人員。其中 "總統"、"副總統" 選舉候選人可經合格之政黨推薦登記，無政黨推薦者可經公民聯署推薦，其他公職人員候選人有政黨推薦者（須附推薦書）或無政黨推薦者均以個人身分自由登記。惟採政黨比例選出之全國不分區及僑居國外國民立法委員候選人，由政黨申請登記。[85]

需要特別注意的是，台灣地區的選舉現在仍然設定對女性候選人的名額保障措施。為確保婦女的參政權利，各級地方民意代表選舉均訂有女性候選人最低當選名額的規定。選區名額達 4 人者，應有女性代表至少 1 人。選區名額每超出 4 人，應增加女性代表 1 人。政黨名單投票選舉的全國不分區及僑居國外國民立法委員各政黨當選名單中，婦女不得低於 1/2。

84　https://www.ey.gov.tw/state/News_Content3.aspx?n=283412AE33AC4D71&sms=7CB99E9BEAC3127D&s=50A69B01DA8EE92D，2018 年 6 月 5 日瀏覽。

85　https://www.ey.gov.tw/state/News_Content3.aspx?n=283412AE33AC4D71&sms=7CB99E9BEAC3127D&s=50A69B01DA8EE92D，2018 年 6 月 5 日瀏覽。

4. 特殊人士的選舉資格

在選舉權普及的過程中，有三類人士的選舉資格經常成為選舉主管部門關注和選舉權範圍變更的其中一項議程，分別是：在囚人士、違法者、精神病患者。

（1）精神病患者

港澳台對精神病患者投票權的規定在立法機關選舉法例都有所列明。香港《立法會條例》規定沒有選舉權的精神病人範圍較狹窄，指的是根據《精神健康條例》被裁斷為因精神上無行為能力而無能力處理和管理其財產及事務的人士。澳門的《選民登記法》直接列出經確定判決宣告為禁治產人[86]和精神病患者的人沒有選舉權，其中禁治產者指的是因為精神失常、聾啞或失明，但並非所有精神失常、聾啞或失明的成年人都會被宣告禁治產，而是這些身體上或精神上的缺陷必須嚴重到使當事人無能力去管理自己及其財產的程度才可以。台灣的規定較為模糊，但是《公職人員選舉罷免法》第 14 條規定未受監護宣告者沒有選舉權，這種情況指的是該人已達到精神障礙或其他心智缺陷，導致不能為意思表示或受意思表示，或不能辨識其意思表示之效果，[87]其實就是對精神病人的認定和選舉權限制。

從上面的規定可以看到，目前對於精神病人選舉權的排除主要是通過法律的手段，都需要通過法院或者專業機構的認定才能確定，因此還是採取較為嚴格的標準。

（2）在囚人士與違法者

香港開放普遍、直接選舉之時，在囚人士是沒有選舉權的。根據香港立法會研究報告《在囚人士的投票權》[88]，1981 年制定的《選舉規定條

---

86 "禁治產" 屬私法範疇，是指民事行為能力受到限制；尤其是由作為私法基礎的民法規範。資料來源：趙向陽：《澳門選舉制度》，北京：社會科學文獻出版社，2013 年，第 77-80 頁。

87 台灣 "衛生部" 網站，https://www.ttyl.mohw.gov.tw/?aid=510&pid=0&page_name=detail&iid=121。

88 立法會秘書處：《在囚人士的投票權》，立法會秘書處為 2009 年 5 月 18 日會議擬備的最新背景資料簡介，文件號：CB2/PL/CA，立法會 CB(2)1539/08-09(01) 號文件。

例》（第 367 章）第 11 條規定任何人如曾在香港或任何其他領域或國家被判處死刑或為期超過 6 個月的監禁，而未服該刑罰亦未獲赦免，該人即喪失登記為選民的資格，並喪失在有關選舉中投票的資格。1985 年制定的《立法局（選舉規定）條例》（第 381 章）也載有類似的關於喪失資格的條文，當時只適用於經功能界別選出立法局議員。《選舉規定條例》曾於 1990 年作出修訂，條例涵蓋立法局地方選區選舉。

回歸後香港特區制定的《立法會條例》與回歸前的規定大致相同，只是刪除了有關監禁期超過 6 個月的限制，即只要被判監禁，則被剝奪選舉權。《區議會條例》採取相同的規定。2008 年 12 月 8 日，高等法院法官張舉能就 3 宗關乎在囚人士在立法會選舉中的投票權所提出的司法覆核申請作出裁決，宣佈在囚人士一律喪失登記成為選民及喪失在立法會選舉中投票的資格的條文，違反《基本法》第 26 條及《香港人權法案》第 21 條對投票權作出的保證，如何以合理的方式對在囚人士的投票權作出限制由立法機關及行政機關決定。張舉能法官同時認為，遭還押人士（即遭還押候審的人士）可以投票的憲法權利不受任何法例影響，而當局應作出安排，讓他們可於被羈押期間在選舉日投票。[89]《在囚人士投票條例》在 2009 年 10 月 30 日通過，移除原來法例有關在囚人士投票資格的限制，以及移除被裁定干犯某些與選舉有關的罪行或賄賂罪行的人士在公開選舉中喪失投票資格的規定條文，在囚人士以及就受羈押人士的選民登記資格和投票權得到保障。

根據 2008 年澳門新修訂的《選民登記法》，當前無選舉資格的人士有三種，其中有一類人士跟刑囚有關係，就是被剝奪政治權利者。不論是《行政長官選舉法》、《澳門特別行政區立法會選舉法》及《選民登記法》中，均規定因實施選舉犯罪而科處的刑罰要加上中止行使政治權利 2 至 10 年的附加刑。另外，在其他一些涉及到政治權利處罰的法

89　高院憲法及行政訴訟 2008 年第 79 號、高院憲法及行政訴訟 2008 年第 82 號，以及高院憲法及行政訴訟 2008 年第 83 號。

例，如《預防及遏止恐怖主義犯罪》中，亦只有中止政治權利的規定。由此可見，澳門居民的政治權利可因為實施違反選舉法及其他違法行為而被中止，但不會被剝奪。[90] 近年澳門的立法會選舉舉行期間，澳門監獄內專門設有直選投票站，供具投票資格的在囚人士行使投票權，澳門永久性居民的選舉權也不會因為在監獄服刑而受到剝奪。

從台灣選舉普遍性原則的發展介紹來看，立法委員選舉的選民登記採取排除性手段，即選民並不需要主動登記，只要滿足積極條件而沒有出現消極條件就自動成為選民，因此沒有選舉權的公民是根據某些條件"被排除"的，這些條件就是消極條件。其中，消極條件所指的被選舉人不得成為選民的情況中，關於犯罪事實的有四種類型，分別是：犯有內亂外患罪，經判刑確定者；犯有貪污罪，經判刑確定者；曾犯組織犯罪條例之罪，經判刑確定者；遭褫奪公權尚未復權者。前三項根據內容較好理解，第四項的規定主要根據 2006 年修訂的 "《中華民國刑法》" 第 37 條的內容："宣告死刑或無期徒刑者，宣告褫奪公權終身；宣告一年以上有期徒刑，依犯罪之性質認為有褫奪公權之必要者，宣告一年以上十年以下褫奪公權⋯⋯" 條文也清晰表明了根據犯罪性質被剝奪選舉權的情況。

根據三地對於在囚人士和違法者選舉權的規定，可以進行如下比較：

從選舉權的納入和排除情況看，雖然香港在歷史上最為嚴苛（監禁超過 6 個月以上），但是現在香港對於違法人士和在囚人士資格的要求最為寬鬆（即使干犯與選舉有關的罪行或賄賂罪行也可以投票）；澳門只排除了違反選舉法及因為其他違法行為被剝奪政治權利的人士；台灣最為嚴苛，四項違法情況下都會剝奪投票的權利。

結合選民登記程序來看，因為台灣不需要選民進行主動的選民登記

90　〈認識澳門法律：政治權利能否被剝奪？〉，《澳門日報》，2009 年 10 月 19 日，http://www.dsaj.gov.mo/iis/EventForm/ContentFileGen.aspx?Rec_Id=4754。

程序，只要符合一定的積極條件就自動成為選民，從登記程序上最為簡單，也可能是其成為對於排除性條件最為苛刻的地區的原因。香港和澳門都採取相同的選民登記制度，需要居民主動登記成為選民，因為程序上也存在相當一部分符合資格但沒有主動登記成為選民的人士，故可能在某些排除性條件進行放寬。

從歷史發展和推動力量來看，香港和澳門在歷史發展上因為殖民地的關係，受到《公民權利和政治權利國際公約》關於人權的影響較深，特別是香港的司法體系遵循英美法的傳統，司法判決推動了這些公民權利的保障。澳門遵循的是大陸法系，受葡萄牙殖民時期的法律規範影響，同時回歸後受到香港的影響較大，所以在這方面的權利保障某種程度上與香港相似。台灣地區自國民黨撤台舉辦選舉以來，賄選黑金等不良選風問題嚴重，也導致對投票權的排除條件採取如此嚴格的標準。

（三）平等性原則的發展

1. 香港的選舉制度

1985 年立法局由選舉團、功能界別、委任議員和官守議員組成，選舉團和功能界別議員由選舉產生。其中，選舉團選舉產生 12 個議席，每個議席由所代表的地區或組織的全體議員互選產生，採取 "重複投票制" [91]；功能界別選舉產生 12 個議席，採用 "按選擇次序合計投票制" [92]。但是，港英政府在 1987 年對代議政制進行檢討的時候發現，社會上對 1985 年立法局選舉的兩種制度都產生較大的爭議。關於選舉團

---

[91] 根據這一制度，如果在第一次點票時沒有候選人取得超過 50% 選票，得票最少的候選人即遭淘汰，而投票人隨即進行另一輪投票。投票一再重複，直至有一個候選人贏得其選區中大多數投票人的支持為止。資料來源：《綠皮書：九八七年代議政制發展檢討》，香港：香港政府印務局，1987 年 5 月。

[92] 根據這個制度，投票人須在選票上標明選擇次序，獲得超過 50% 的第一選擇票數的候選人即告當選。假如無人獲得這個比數的選票，便進行第二次點票，把第一次點票時所得的第一選擇票的總數加上第二選擇票的數目。得第一和第二選擇合計票數的總數最高的候選人便當選，但這個合計數目必須超過基本投票人數的 50%。如果無人獲得所需數目的選票，便再進行第三次點票，把第三次選擇票數計算在內，如此類推，直至有人當選為止。資料來源：《綠皮書：九八七年代議政制發展檢討》，香港：香港政府印務局，1987 年 5 月。

採用的"重複投票制",爭議之處主要在兩個,其一是有多名候選人競選的選區須花費很長的時間才能得出結果,其二是候選人大致可以洞察每次投票的情形,知悉投票人支持的候選人,這樣曾經產生尷尬情況,有時更使候選人之間積怨難消。[93] 至於功能界別採用的"按選擇次序合計投票制",有社會人士批評,使用合計第一選擇和較次選擇票數的辦法,在理論上可能產生所得第一選擇票數最少的候選人當選的結果。[94]

1988 年立法局選舉,選舉團和功能界別選舉都放棄原來的制度,採用"按選擇次序淘汰制度"[95],這項制度的優點是,較優先的選擇次序佔較高比重,因而減少在甄選過程中的"折衷"成分,以及不會誘使候選人鼓勵其支持者只填寫第一選擇。[96]

1991 年立法局改組,取消選舉團議席,引入地區直選議席。地區直選按地域劃分把全港分為 9 個選區,每個選區採取"雙議席雙票制"[97] 選舉產生兩名議員,功能界別選舉仍然採用"按選擇次序淘汰制"。由於制度特色,1991 年立法局選舉的地區直選產生明顯的"聯票效應(coat-tail effect)"[98]。1991 年暫時取消了選舉團制度。

1995 年立法局選舉的地區直選改為實行"單議席單票制";傳統功能界別仍然採用原來的選舉辦法,"新九組"採用"簡單多數決制";

---

93 《綠皮書:一九八七年代議政制發展檢討》,香港:香港政府印務局,1987 年 5 月。

94 《綠皮書:一九八七年代議政制發展檢討》,香港:香港政府印務局,1987 年 5 月。

95 這個制度跟"按選擇次序合計投票制"不同的是,對選擇的先後次序賦予不同的比重。根據這個制度,在第一次點票後,獲得最少第一選擇票的候選人即遭淘汰,而其選票則按票上所填第二選擇撥予餘下的候選人。這些第二選擇票並入餘下各候選人先前所獲的第一選擇票合計,如領先的候選人取得超過 50% 選票,則告當選。如果仍未有候選人獲得所需票數,合計票數最少的候選人即將淘汰,而其選票則按票上所填第三選擇再撥予餘下的候選人,如此類推,直至領先的候選人取得超過 50% 選票為止。資料來源:《綠皮書:九八七年代議政制發展檢討》,香港:香港政府印務局,1987 年 5 月。

96 《綠皮書:一九八七年代議政制發展檢討》,香港:香港政府印務局,1987 年 5 月。

97 根據這個制度,每個選區的選民可以投兩票,分別投給選區內的兩名候選人,該選區得票最高的兩名候選人當選。

98 指的是政團可透過派兩人聯合參選,由一個知名度較高 / 實力較強的候選人,呼籲支持自己的選民同時將第二票投予其競選夥伴,而使後者可以擊敗其他對手,即"強者提攜弱者"。

選舉委員會採取"可轉移單票制"[99]。1996 年臨時立法會選舉由香港特別行政區第一屆政府推選委員會的全體委員採用"全票制"[100]選出 60 名議員，每名投票者最多可投 60 票。

從第一屆立法會開始，地區直選議席同樣採用分區直選的方法，但是採取"封閉式比例代表名單制"（closed party-list proportional representation），計票方式為"最大餘額法中的黑爾基數法"。1998 年和 2000 年的立法會選舉的選舉委員會也採取"全票制"，第三屆立法會開始取消選舉委員會席位。

立法會功能界別選舉的選舉制度較為複雜，各個界別的選舉方式分別為：鄉議局、漁農界、保險界和航運交通界，採取"按選擇次序淘汰制"；勞工界功能界別，共 3 席，採用"全票制"；其餘 23 個普通功能界別，採取"簡單多數決制"，每名屬該界別的公司或選民均有權投一票；2012 年新增的區議會（第二）功能界別，共 5 席，採取"封閉式比例代表名單制"，計票方式為"最大餘額法中的黑爾基數法"。但是，各個功能界別選民基礎和人數差異也十分巨大，其實界別之間票值的不平等現象仍然存在，功能界別選舉與平等原則的落實有相當的距離。

香港立法局／立法會選舉制度具體變化如表 21-22。

---

99 根據《立法局（選舉規定）條例》（回歸後被廢除），每名選民須投單票，這單票可在各候選人之間互相轉移。選民可在選票上按遞降次序，選擇最少 10 名其屬意的候選人。如選擇次序有所遺漏或不齊全，選票將會作廢。只有有效選票才獲點算。

100 根據這種選舉制，選民可投票選取的候選人數目須少於或等於議席空缺的數目。

表 21：港英時期香港立法機構選舉制度（1985-1996 年）

選舉年份	1985	1988	1991	1995		1996
地區直選	-（未設立）		雙議席雙票制	單議席單票制		全票制
功能界別	按選擇次序合計投票制	按選擇次序淘汰制		傳統功能界別：按選擇次序淘汰制 新九組：簡單多數決制		全票制
選舉團／選舉委員會	重複投票制	按選擇次序淘汰制	（取消）	可轉移單票制		全票制

表 22：回歸後香港立法會選舉制度（1998-2016 年）

選舉年份	1998	2000	2004	2008	（2010 年政改方案後）	2012	2016
地區直選	封閉式比例代表名單制——黑爾基數法				地區直選	封閉式比例代表名單制——黑爾基數法	
功能界別：勞工界	全票制				區議會（第二）		
					勞工界	全票制	
功能界別：鄉議局、漁農界、保險界、航運交通界	按選擇次序淘汰制				鄉議局、漁農界、保險界、航運交通界	按選擇次序淘汰制	
功能界別：其他功能界別	簡單多數決制				其他功能界別	簡單多數決制	
選舉委員會	全票制		-（取消）				

表 21-22 來源：香港立法會，https://www.legco.gov.hk/。

2. 澳門的選舉制度

由於資料限制，目前無法知道 1583 年澳門第一次議事會選舉採取何種選舉制度。直至 1920 年立法會選舉，澳門立法會選舉才成為第一次專門立法機構的選舉，雖然沒有文獻記載當時的選舉方式，但是當時已經是間接選舉和直接選舉相配合，一般選舉一個職位都採取簡單多數決制進行。

1976 年《澳門組織章程》公佈，直接選舉和間接選舉的多人名單的選舉制度採取葡萄牙常用的"封閉名單式比例代表制——傳統漢狄法"（商數為 1/2/3/4/5）；間接選舉的單人名單採用"簡單多數決制"（第 4/76/M 號法令第 51 條）；同時，法例對間接選舉要求，每一社團或機構的選舉人數字，最多不得超過該類別全體理監事人員總平均數（第 4/76/M 號法令第 6 條第 3 款）。

1984 年第 8/84/M 號法令對間接選舉名額劃分的規定有所修改。原來的 4/76/M 號法令只規定間接選舉產生 6 名議員，但是沒有具體劃分各自產生的團體；這次第 8/84/M 號法令正式確認 5 名議員代表經濟利益方面，1 名代表道德、救濟及文化利益方面。1988 年的選舉仍然維持這一席位安排，直接選舉席位安排和選舉方式維持原來的安排。

澳門自 1991 年立法會選舉開始，將選舉制度從原來的"封閉名單式比例代表制——傳統漢狄法"（商數為 1/2/3/4/5）變為"封閉名單式比例代表制——改良漢狄法"（商數為 1/2/4/8/16）。但是間接選舉的投票人數略有不同，間接選舉登記的每一社團或機構享有 11 張選票，由公佈選舉日期時的機構領導成員或經理中選出以行使投票權。但是任何人不得在同一或不同選舉組代表一個以上的社團或機構投票（第 4/91/M 號法律第 15 條）。這一選舉制度沿用至今。

3. 台灣的選舉制度

1947-1948 年台灣地區也選舉產生了國大代表和立法委員，但是兩者的選舉制度略有不同。其中，國民大會和立法院分別給台灣分配了 17 名和 8 名區域代表名額，但是國民大會是依照當時台灣的 8 縣 9 市的設置給每個縣 / 市分配一個名額，因此採取的是"單一選區單計非讓渡相對多數決制"；立法委員選舉的區域代表則把全台劃分成為 1 個選區選舉 8 名立法委員，因此採取的是"複數選區單計非讓渡相對多數決制"。

此時因為婦女保障名額的規定發生了選舉事件。因為《立法委員選

舉罷免法》特別規定"立法委員名額在 10 名以下者,婦女當選名額為
1 名"、"婦女立法委員所得票數,單獨計算"。法律原意開放選舉之
初,擔心婦女因為傳統社會思想的影響,參政權不能受到充分發揮和保
障,因此為了保障女性名額,無論選舉結果如何都有一席進入立法院。
但是卻出現了 8 名得票最高的人員裏有 2 名女性,但是按照上述規定的
"婦女單獨計票"的情形下,只能由"一名婦女當選",結果引起選舉
爭議。後來國民政府允許 2 名女性當選立法委員,得票第 9 名的男性作
為候補第 1 名。可以看出,在選舉實行過程中,制度上的漏洞仍然相當
多,在選舉開放初期保障女性參選名額是有一定必要的,但是制度設計
也要充分考慮到各種各樣的情況。

第二屆國民大會代表選舉和立法委員選舉的最大變革是共同廢止了
婦女及職業團體選舉制度,改為採取全國不分區代表、山胞和僑居國外
國民代表三個類型,保留原來的區域代表,但是只限於在台灣地區劃分
選區。新設立的全國不分區代表和僑居國外國民代表均採取"比例代表
制",但是選民不需要另外投第二張選票,只要候選人投票選取某黨的
候選人,該選票就直接計算在該政黨的得票中,採取"一票制"的投票
方式,同時開始設立 5% 的比例代表制參加議席分配門檻,政黨低於這
個得票率無法獲得分配比例代表制下的席次。選舉制度也有所改革,國
民大會代表及立法委員的區域代表選舉和山胞代表選舉統一改為採取
"複數選區單計非讓渡相對多數決制"。此項制度安排沿用至 2005 年第
七次"修憲"。

2000 年第六次"修憲",國民大會虛級化,國民大會的立法權也
轉移給了立法會,在此次修憲後的 2005 年的國大選舉全部議席改為由
"政黨比例代表制"選舉產生,產生的國民大會被稱為"任務型國大"。
2005 年任務型國大通過第七次"憲法增修條文",凍結國民大會,憲法
的修改權交由公民投票履行。

2005 年第七次"憲法增修條文"通過之後,立法院成為唯一的立

法機構，選舉制度也有所改變，原來的區域立委採取"單一選區單計非讓渡相對多數決制"，不再設立複數選區；原來的不分區立委和僑選代表合併為"全國不分區立委"，採取"政黨比例代表制"，但是選民投票時需要投一票候選人、一票政黨，因此採取的投票方式是"兩票制"；原來山胞代表改為原住民代表，採取"複數選區單計非讓渡相對多數決制"。此制度實施至今。

4. 選區劃分平等性比較

本節主要討論兩個部分：一是劃分標準，二是劃分結果的平等性。由於澳門的直接選舉採取的是比例代表制，而且澳門總人口只有 64 萬，2017 年的登記選民數字也只有不到 31 萬，因此立法會選舉中全澳門就是一個選區，因此不存在選區劃分平等性的問題。下面主要講述香港和台灣立法機構選舉的選區劃分的平等性問題。

（1）香港

香港立法會選舉的選區劃分標準主要根據《立法會條例》和《選管會條例》進行規定。

地區直選雖然採取的是"比例代表制——最大餘數法"，但是選區劃分方面由《立法會條例》規定需要把全香港劃分成為 5 個地方選區；在換屆選舉中，所有地方選區須選出總共 35 名議員；每個地方選區須選出的議員人數不得少於 5 名，亦不得多於 9 名〔第 19（2）條〕。

同時，香港的選舉管理委員會根據《選管會條例》必須按照以下法例：

2.2 根據《選管會條例》，選管會須：

（a）在切實可行的範圍內，確保各建議中的地方選區人口儘量接近標準人口基數乘以從該地方選區中選出進入立法會的議員人數所得的數目〔《選管會條例》第 20（1）（a）條〕；

（b）在就任何建議中的地方選區而言遵從上述（a）段的規定

並非切實可行的情況下，選管會須確保該地方選區的人口不少於適用於該地方選區的所得數目 85%，亦不多於該數目的 115%〔《選管會條例》第 20（1）（b）條〕；以及

（c）確保各建議中的地方選區均由兩個或多於兩個毗連的完整的區議會選區組成〔《選管會條例》第 20（2）條〕。

2.3 在作出有關建議時，選管會也須顧及：

（a）小區獨特性及地方聯繫的維持〔《選管會條例》第 20（3）（a）條〕；

（b）有關區域或其部分的自然特徵（例如大小、形狀、交通方便程度及發展）〔《選管會條例》第 20（3）（b）條〕；

（c）現有的地方行政區 1 的分界〔《選管會條例》20（4）（a）條〕；以及

（d）現有的地方選區分界〔《選管會條例》第 20(4)(b)條〕。[101]

從上面的條例可以看到，當前香港立法會地方直選的選區劃分主要依據的是人口分佈，主要的限制條款就是 5 個地方選區的預計人口與其所得數目的偏離百分比均在《選管會條例》第 20（1）（b）條所容許的 15% 偏離幅度，同時兼顧區域獨特性、地方聯繫和自然特徵等。根據 2016 年立法會選舉的選區劃分，5 個選區議席代表的人口偏離幅度從 -9.63% 至 +10.82%，雖然沒有超過 ±15%，但是相距絕對值已經超過了 20%，每個席位所代表的人口數其實也有相當大的差距。

（2）台灣

《公職人員選舉罷免法》對於立法委員選區劃分的標準主要規定在第 35 條和第 37 條中：

---

101 香港選舉管理委員會：《2016 年立法會換屆選舉地方選區分界報告書》，https://www.eac.gov.hk/pdf/legco/2016/2016boundaries/ch/full_report.pdf，第 4-5 頁。

第 35 條（立法委員選舉區）

立法委員選舉，其選舉區依下列規定：

一、直轄市、縣（市）選出者，應選名額一人之縣（市），以其行政區域為選舉區；應選名額二人以上之直轄市、縣（市），按應選名額在其行政區域內劃分同額之選舉區。

二、全國不分區及僑居國外國民選出者，以全國為選舉區。

三、平地原住民及山地原住民選出者，以平地原住民、山地原住民為選舉區。

前項第一款直轄市、縣（市）選舉區應選出名額之計算所依據之人口數，應扣除原住民人口數……

第 37 條（選舉區之劃分）

……前項選舉區，應斟酌行政區域、人口分佈、地理環境、交通狀況、歷史淵源及應選出名額劃分之。

第一項立法委員選舉區之變更，中央選舉委員會應於本屆立法委員任期屆滿前二年二個月月底戶籍統計之人口數為準……

從條文可以看出，台灣地區的立法委員選舉雖然全部席位由直接選舉產生，但是由於每一部分的選舉制度不同，因此劃分採取了不一樣的標準。全國不分區代表直接以全國為選區，原住民選區主要依靠歷史淵源來劃分，兩者區劃較為簡單。區域立委主要採取行政區劃與人口分佈相結合，大約 20-30 萬選舉人劃分為一個選區，縣市人口數 50 萬以下單獨一個選舉區。

但是實際進行選區劃分的時候，金門縣（在籍人口 13 萬人）、澎湖縣（在籍人口 12 萬人）、連江縣（即馬祖，人口數約 1 萬 2 千人）的土地和人口都相當小，但因行政區域規劃而各自擁有 1 個席次。台灣原住民共約 54 萬人才擁有 6 席次，每 1 席次約代表 9 萬名原住民區選民。然而新竹縣人口約 54 萬人，亦僅有 1 個席次。"票票不等值"的情況已經相當嚴重，而且新竹和連江縣的差距甚至達到 45 倍之多。所以當前立法院的各個議席，票值還是存在相當大的不平等情況，而且受制於法律對於選區劃分與兩票制制度設計的限制，沒有設定選區劃分的議席代表人口比例的偏差幅度。

（3）港台對比

台灣在分區直接選舉的選區劃分上，明顯比香港存在不平等的狀況，香港有明確的 ±15% 比例限制，台灣明顯在地理選區的劃分上會面對較大的問題，但是由於台灣第七次"修憲"以來設定了相當高的"修憲"門檻，因此目前的議席數目難以大幅增加以回應平等性的訴求。

另外，香港因為存在功能界別選舉制度，如果把所有的功能界別當做是一個選區，其選區劃分的標準則是職業或者行業，但是功能界別的劃分並沒有客觀標準，有些是以公司為單位，有些是以專業團體會員（如教育界）為標準，有些界別（如會計界）需要通過多重嚴格的考試或者專業資格認定為門檻，當中並未如功能界別設想般地公平（馬嶽，2010），即使有贊成意見指功能界別有"廣泛代表性"，但是功能界別各個議席所代表的選民人數或者其對香港經濟的重要程度仍缺乏相應客觀的標準，這與平等性原則相違背。全國人大常委會在 2007 年的決定中規定香港能在行政長官實現普選之後，立法會全部議席由普選產生，但是沒有明確表明普選後是否取消功能界別，還是只是擴大功能界別的選民基礎，還是重新規劃功能界別的界別劃分標準，但這都涉及對代表理論的反思和政治現實的妥協，因此實際改革仍有相當大的困難。

（四）自由與秘密投票原則的落實

1. 香港

香港最早的潔淨局選舉採用的是記名投票的方式，因為當時法例規定每個投票選民的名字需記錄在案。1952 年戰後第一次市政局選舉開始有文獻記載採取秘密投票原則，"不論是第一或是第二部分的選民，都須拿藍色紙前往標明第一部分或第二部分選民的桌子，以藍色紙換取另一張白色的投票表格，上面印有九位候選人的名字，進入投票室後在其中二人姓名欄各劃一個'×'即完成選民的責任。"[102] 自此以後，香港的選舉基本都採用無記名投票的方式進行。行政長官選舉的提名階段，提名委員會提名時需要給予爭取提名的人士以提名表格，因此提名過程是採用記名的方式，但是進入選舉委員會選舉時採取無記名投票方式。因此，香港早期的選舉雖然採取記名投票的方法，但是二戰後在保障選民自由行使權利方面也做出改變，確立自由投票原則，也有相應的法律規定和制度安排。

在政黨和候選人的自由競選方面，香港沒有明確的限制，但是呈現政黨政治投入選舉時間晚、不同層級的選舉競爭程度差別大的特點。雖然潔淨局在 1888 年就開始進行選舉，但由於二戰前潔淨局 / 市政局一直被認為權力太小和民選議席數量少，無法發揮重要的作用，因此選舉的競爭性一直相當低，二戰前 30 次選舉中只有 11 次有超過額定席位的候選人進行競爭；甚至在 19 次無競爭選舉中，1901 年的選舉還因為無任何人參與選舉而流選，原因就是合資格參選的人士不滿潔淨局沒有充足和獨立的向總督直接負責的權力。1932 年 5 月，九龍居民協會的成員、澳大利亞籍華人商人 Frederick Charles Mow Fung 參與當年的潔淨局選舉，成為香港第一次有政治團體的候選人參與的選舉。1952 年戰後第一次的市政局選舉出現兩個政治團體競爭的局面，香港革新會和九龍居民協會各派出兩個候選人參與選舉，最後兩個組織各一名代表當選市政局非官守議員，這也是香港第一次出現有政黨背景的候選人勝出擔任民選職位的選舉。區議會和立法局有選舉以來對於自由競爭並沒有太

---

102 原文引自：《星島日報》，1952 年 5 月 28 日。資料來源：劉潤和：《香港市議會史（1883-1999）：從潔淨局到市政局及區域市政局》，香港：香港歷史博物館 / 康樂及文化事務署，2002 年，第 100 頁。

多的限制。

回歸以來，因為沒有制定政黨法，香港的政黨或者政治組織一般以公司或社團的形式註冊並且進行活動，《公司條例》或《社團條例》對於政黨競選的限制主要在資金運用方面。在 2016 年香港立法會選舉中，香港選舉管理委員會首次要求參選人於法定提名表格之外，額外加簽一份新增的聲明確認書。其後，選舉主任認為五名人士主張香港獨立，因此裁定取消他們的參選資格。是次選舉中有部分人士簽署確認書，也有人士拒絕簽署，無論是否簽署都有被取消資格或者確認資格的可能，因此有評論認為確認書通過政治主張篩選候選人。有部分人士選擇進行選舉呈請的司法覆核程序，2018 年 2 月高等法院裁定陳浩天選舉呈請敗訴，其他司法覆核仍未有判決結果。

2. 澳門

早在 1583 年的議事會選舉，在澳葡人就採取了無記名投票原則。

1976 年新的《澳門組織章程》通過，專門有條文規定投票站設置單獨的圈票室，保證秘密投票。澳葡政府認為投票是公民的權利及義務，1984 年修改選舉法時規定在選舉日仍需營業的企業或機構之負責人，應對其僱員給予方便，以便有充分時間暫離工作去行使投票權（第47/84/M 號法令第 119 條）。

當前澳門立法會選舉法規定無論是直接還是間接選舉，都採取普遍、直接、不記名和定期的選舉原則組織選舉。法律中也有關於投票站和執行委員會權限的規定，以保障秘密投票原則的實施。

3. 台灣

台灣在 1935 年的市會及街莊協議會員選舉採取的是日式投票方式，選民在投票現場進行身分確認後拿到一張投票用紙，但並非蓋印，而需要選民在隔離的投票間中，在選票上親手寫下支持人選的名字。填寫名字時可以使用漢字或是日文的平假名或片假名，只要可以辨識何人，有效票均從寬認定，即使有錯別字也沒有關係。可以看出，台灣最初的選舉已經落實了秘密投票原則，但是也有一定的限制，因為必須寫上支持人選的名字，也為投票帶來一定的不便，選票認定的從寬處理也容易滋生選舉爭議。

國民黨撤台後的選舉雖然貫徹自由投票和秘密投票原則，投票所都設置了秘密寫票處，但是在選舉的過程中在某些地方有明顯的買票、做票的情況。當時國民黨當局的主要做法是：統一收繳某些地區居民身分證領取選票，再統一投選國民黨支持者；通過製造"停電"事故或"點票器故障"等情況，更換選票、製造"廢票"；點票時藏匿非國民黨支持者的選票等。1975 年立法委員選舉，黨外人士郭雨新的選區宜蘭更是因出現數萬張"廢票"而導致郭雨新落選，日後在挖馬路時挖出一大袋投給郭氏的選票。根據當時幫郭雨新助選的丘義仁回憶，投票日當天丘氏與吳乃仁到瑞芳監票時，兩人站在門口記票，但出來的總票數竟然比他們記的票數還多三分之二。當時郭雨新廢票達三萬張，而國民黨的林榮三卻怎麼圈都算有效票。[103]

即使進入民主化轉型的初期階段，國民黨甚至民進黨也仍然有買票做票的情況出現，1992 年花蓮縣立法委員選舉時還曾發生集體做票事件，出現超過 700 多張"幽靈選票[104]"，該次事件成為國民黨候選人做票遭判刑入獄且當選無效的歷史首例。1999 年任職國民黨基層黨工長達 24 年的詹碧霞出版《買票懺悔錄》，以個人實際經歷細數選舉買票甚至做票過程。

隨着民主化轉型逐步深化，台灣出現激烈的選舉競爭同時帶來了競爭各方對於選舉公正監督力度的增強，加上選舉主持單位的中立化、司法獨立、禁止投票當天進行選舉宣傳、制定投票印章區域和合併不同公職選舉時間等方式，逐漸保障了秘密與自由投票原則的落實。

---

103 月旦編譯中心編：《台灣政壇明日之星》，台北：月旦出版，1993 年，第 101-102 頁。
104 指的是作弊人員將空白選票蓋章後暗中投入票箱，以致開票數多於領票數。

（五）競爭性原則

1. 香港

香港最早的選舉主持和管理機構是高等法院的經歷司（Registrar of Supreme Court），[105] 該機構從潔淨局第一次選舉就已經進行監督選舉的工作。當時規定，監選的經歷司必須向港督提交以下的名單及報告：出席選舉的選民名單；競選者及其提名與和議人的名單；投票人名單；每個競選人所得票數的報告。[106]

1981 年《香港地方行政白皮書》提出，政府須成立一個永久性的選民登記及選舉辦事處，處理 1982 年及以後舉行定期選舉的籌備工作，當局現已委出一個小組進行有關的工作。[107]

1993 年 7 月 23 日，港英政府根據《選區分界及選舉事務委員會條例》成立選區分界及選舉事務委員會。1997 年 2 月 23 日第八屆全國人民代表大會常務委員會第二十四次會議通過〈全國人民代表大會常務委員會關於根據《中華人民共和國香港特別行政區基本法》第一百六十條處理香港原有法律的決定〉，確認該條例作為香港原有法律中，部分或全部條例及附屬立法抵觸《基本法》，因此不採用為香港特別行政區法律。因此，1997 年 8 月臨時立法會通過《選舉管理委員會條例》，1997 年 9 月 29 日重新設立選舉管理委員會作為回歸後的選舉主持和管理機構。

選舉管理委員會共有 3 名成員，分別為一位主席及兩位委員，均由行政長官委任。委員會主席必須由一名高等法院法官出任主席。選舉事

---

105 原文引自：《1888 年 6 月 2 日香港政府憲報》（Hong Kong Government Gazette, 2 June 1888），第545 頁。資料來源：劉潤和：《香港市議會史（1883-1999）：從潔淨局到市政局及區域市政局》，香港：香港歷史博物館／康樂及文化事務署，2002 年，第 23 頁。

106 原文引自：《1888 年 6 月 2 日香港政府憲報》（Hong Kong Government Gazette, 2 June 1888），第545 頁。資料來源：劉潤和：《香港市議會史（1883-1999）：從潔淨局到市政局及區域市政局》，香港：香港歷史博物館／康樂及文化事務署，2002 年，第 23 頁。

107 原文引自：《香港地方行政白皮書》。資料來源：強世功編：《香港政制發展資料彙編》（一），香港：三聯書店（香港）有限公司，2015 年。

務處是選舉管理委員會（選管會）的行政部門，協助選管會有效地執行《選舉管理委員會條例》所規定的法定職能，並執行選管會就地方選區及區議會選區的分界、選民登記及選舉事宜所做出的決定。選舉管理委員會負責主持與管理行政長官選舉、選舉委員會界別分組選舉、立法會選舉、區議會選舉和鄉郊代表選舉。

2. 澳門

1976 年的選舉法已經為澳門的立法會選舉開始設有冷靜期（選舉前兩日）。同時有明確的條款保障候選人進行選舉宣傳和自由競爭，但是不得在選前公佈民意調查結果（第 4/76/M 號法令第 99 條），冷靜期的設置延續到當前的選舉安排。1984 年選舉法修改後，允許政府公務員或公共集體人員不需取得許可而參加立法會候選人（第 47/84/M 號法令第 7 條第 2 款）。1991 年進一步規範，公務員及公職人員無須批准便可參加競選，且在選舉前 30 天獲豁免工作的權利，期間薪酬、福利不受損失。

回歸後對於競選活動的規範，主要通過《立法會選舉法》，主要對競選活動的發起、開始、結束和特定工具的使用等各個環節進行規範，其中確立了自由責任原則（第 70 條）、平等對待候選名單原則（第 71 條）、公共實體的中立與公正無私原則（第 72 條）。不過澳門對於競選活動的宣傳期規定較為嚴苛，只允許選舉日前第十五日開始至選舉日前第二日午夜十二時結束，雖然冷靜期縮短到一天，但是競選期 14 天的時間相對於很多國家和地區的選舉而言相當短，一般都是在提名期結束之後就允許進行宣傳，甚至香港某些政團在選舉前幾年就開始進行隱形的宣傳工作。同時，《立法會選舉法》第 75 條規定從競選活動至選舉日翌日為止都禁止公佈民意測驗或者調查，規定並沒有限制學術研究的民意測驗進行。

3. 台灣

1935 年台灣開放選舉之初，選舉的競爭性比較充分，同時賄選等選舉腐敗的情況相對較少。根據當時任台灣地方自治聯盟常務理事楊肇嘉的說法，"候選人與其運動員（指助選員）絕無宴客或賄選的情況發生，選民投票是自由而秘密的。"官方也要求競選期間候選人與選民不能單獨接觸交談，投票日在投票所方圓兩百米之內，禁止任何競選活動；並在選前給文盲辦理講習，讓他們有能力從事選舉。同時，根據當時統計，全台灣的投票率高達九成以上（市會議員 92%、街莊協議員 97%），[108] 選舉氣氛比較熱烈。整體說來，日本人在台灣進行選舉之時也進行了一定的制度保障，無論是日本人還是台灣要求地方自治的組織，也有意識展開選舉能力培訓的工作。雖然當時全台灣只發生了三十餘件的違規事件，但是基隆市和高雄市的選舉也出現了"做票"和"買票"情況。總體來說，選風基本上還算良好。

1950-1968 年，由於國民黨維持"法統"和"反攻大陸"的理由，此期間中央民意機關都沒有進行改選和增補選，此時的選舉集中在地方自治的選舉。此時對於關於選舉競爭性原則的發展，主要體現在四個方面：一是黨外助選活動被壓制，因為頻繁的選舉使得國民黨以外的人士初露鋒芒，國民黨為了保持選舉"平穩"進行，發生了"自由中國案"等，竭力壓制反對力量；二是建立公費選舉制度，規定了除了村里長選舉仍由候選人承擔全部選舉經費以外，其他等級的地方自治選舉的選舉經費由主辦選舉機關負擔；三是設立保證金制度，防止本無當選希望候選人濫行參選，規定參選人需要在選前繳納保證金，如果得票未超過規定的門檻，選舉經費自行負擔，從保證金中扣除。[109] 四是實行最低得票制度，1963 年台灣"地方自治法規"修訂，為了減少等額選舉現象，除了村里長選舉沒有限額外，地方長官的選舉設置四分之一門檻，地方議員則設置每個名額代表選民總數的五分之一。

1969 年開始面對民眾對於中央民意代表改選的壓力，國民黨以"增

---

108 王御風：《台灣選舉史》，台中：好讀出版有限公司，2016 年，第 15-17 頁。
109 史衛民：《解讀台灣選舉》，北京：九州出版社，2007 年，第 19 頁。

補選"的方式進行回應，但是隨着選舉增加，黨外力量也逐步增強，國民黨為了保持選舉勝利經常使用"做票"等選舉舞弊的手法，1977年和1979年相繼發生"中壢事件"和"美麗島事件"，事件之後國民黨政府遭受強大的國際輿論壓力，黨外勢力強力組織衝擊戒嚴體制。制度方面，1980年的選罷法對競選活動時間和助選限制也進行了規範。1986年民主進步黨成立，突破國民黨黨禁限制，國民黨政府也接連在1987年解嚴並解除黨禁，1988年開放報禁，部分開放了台灣的言論出版自由。1991年和1992年國民大會，立法院分別全面改選，1996年實現首次"總統"直選，2000年首次實現政黨輪替，結束國民黨對台灣長達55年的執政。2016年立法院首次實現政黨輪替，民進黨首次成為佔過半席位的政黨。

雖然在國民黨撤台開始，地方選舉就允許一定的競爭，但是因為地方選舉不威脅中央政權，而且國民黨通過政治手段把選舉競爭控制在可以接受的範圍內，因此實際上選舉的競爭度相當低，"自由中國案"就表明當時國民黨基本不允許危及政權的選舉競爭。不過也能看出，因為國民黨沒有完全扼殺競爭的可能，而且因為國民黨在台統治需要地方精英的配合，在二重侍從主義[110]的政治社會結構中，地方勢力和黨外勢力的發育又有有限制度和社會空間。1969年開始面對強大的內外壓力，國民黨開放中央層級的選舉，為黨外勢力挑戰國民黨政權提供更大的表現與成長空間，雖然國民黨也努力通過舞弊、壓制等的手段企圖維持優勢地位，但是競爭傳統、民意和外部壓力的共同作用下，國民黨最終無法維持威權體制，走向民主化和政黨輪替的步伐，這也成為台灣政黨政

---

110 二重侍從主義，指的是台灣的政治社會被分成中央與地方二級，在中央的統治階層幾乎由外省籍人士壟斷，地方公職則由當地台籍精英掌握，彼此很少互動，而統治者利用這種情況形成"黨國統治精英——地方派系——地方選民"三者間兩重的恩庇侍從關係，使得國民黨的精英能以特權性的利益換取地方派系的支持，地方派系又憑藉這些利益培育自己在地方上的政治、經濟利益網絡（樁腳）。最後在選舉時，地方派系通過這個網絡動員樁腳以選票回報國民黨統治精英。這種方式使得國民黨政權穩固，同時地方社會領導階層也能擴大其政治經濟實力，兩者各得其利。
資料來源：王御風：《台灣選舉史》，台中：好讀出版有限公司，2016年，第34頁。

治和選舉競爭性逐步提升和充分的過程。

（六）公正性原則

1. 香港

現時，選舉管理委員會（選管會）是香港主要處理選舉爭議的機構，負責處理與選舉有關的投訴。為了處理投訴，選管會成立一個投訴處理會，成員包括三位選管會委員及一位或多位區域法院或高等法院的法官。同時，香港警方和廉政公署也有權處理選舉投訴和選舉舞弊及非法行為。當前市民可以進行投訴的部門有：選舉主任；選舉事務處；選管會或其屬下的投訴處理會；警方；廉政公署。如果投訴涉及任何選舉事務處職員或選舉主任的操守、行為或行動，必須把投訴直接寄交選管會或其屬下的投訴處理會。當前處理選舉爭議的方法主要為投訴、提出選舉呈請、上訴。

（1）投訴

根據《選管會條例》，選管會投訴處理的過程主要是：接獲投訴，然後進行調查，再決定是否成立，如果投訴成立，則會採取行動（如採取補救措施、聯絡相關人士、警告、立刻採取修正行動、公開聲明譴責），或者將個案轉介廉政公署、律政司司長或警方作進一步行動，例如對涉嫌人士提出檢控。同時，若任何人士對廉政公署人員作出虛假投訴或質控而誤導該人員，即屬違法，可被判處罰款及監禁。選管會亦須於選舉結束後 3 個月內，就其接獲關於該項選舉的任何投訴向行政長官呈交報告。

（2）選舉呈請[111]

目前除了港區全國人大代表選舉，都可以提出選舉呈請。進行選舉呈請必須要有充分理由，例如當選人的候選資格有問題、當選人曾有舞

---

111 選舉呈請指的是一個讓人質疑及推翻議會選舉結果的法律程序。

弊或非法行為、選舉普遍存在舞弊或非法行為、選舉過程出現具關鍵性的欠妥之處，投票點票程序違法、並經由所屬選區的候選人或選民在選舉完結後指定限期內提出，方可獲法庭受理。

選舉呈請可在公開法庭上由單一名法官進行審訊。原訟法庭必須在選舉呈請的審訊完結時，視乎個案性質，就提名是否有效或當選的人是否妥為選出作出決定。原訟法庭須藉書面判決，公佈其裁定。

若取得終審法院上訴委員會的上訴許可，可就原訟法庭所作的選舉呈請裁決直接向終審法院提出上訴。上訴申請的動議通知須在上訴所針對的原訟法庭的書面判決發下當日後 14 個工作日內提交，而申請人亦須在該 14 個工作日內的任何時間，給予該上訴中的對方 3 日通知，通知對方申請人擬提出該申請。終審法院須在聆訊針對原訟法庭的選舉呈請裁定的上訴完結時，視乎個案性質，就提名是否有效或當選的人是否妥為選出作出決定。終審法院須藉書面判決，公佈其裁定。

（3）上訴 [112]

選舉委員會選舉如有選舉爭議，可以採取上訴的辦法。當審裁官接獲上訴通知書或書面申述（視屬何情況而定），審裁官須在切實可行範圍內儘快安排舉行聆訊。在聆訊中，上訴人有權親自出席及由一名法律執業者或上訴人授權的任何其他人代表。凡某人的當選受質疑，在聆訊結束時，審裁官須裁定該人是否妥為選出或有關獲宣佈為委員的候選人應否登記為選舉委員。審裁官就上訴作出的在界別分組一般選舉中是暫行委員登記冊，而在界別分組補選中則是正式委員登記冊。裁定為最終裁定。另外，審裁官可覆核之前作出的決定，並可為此目的重新聆訊該事宜，並推翻或確定其先前的判定。如有需要，審裁官將在聆訊後指示選舉登記主任修訂暫行委員登記冊或正式委員登記冊（視屬何情況而定）。

---

112 此部分內容引自：《行政長官選舉條例》附表第 39 條及《選舉委員會（上訴）規例》第 3 至 10 條。

（4）司法覆核

《行政長官選舉條例》第 39 條規定，為在選舉中某名候選人是否被妥為裁定在選舉中不獲選出，或當選的候選人能否合法地就任為行政長官而引起爭論的司法覆核，須於選舉結果宣佈後 30 日內提出。但在下述情況下，則上述時限可獲延長：（a）申請人已盡最大的努力，在該 30 日內作出申請或提出訴訟；以及（b）法院認為這樣做是有利於司法公正的。

2. 澳門

1976 年澳門立法會選舉法為澳門的選舉主持機構法制化做出新的規定。此階段負責選舉事務的機構有：選民登記委員會（直接選舉選民登記）、行政暨公職署（間接選舉選民登記）、地區選舉委員會和執行委員會。法例要求凡屬政府機構、公益群體、行政公益團體、公共服務專營公司或工務團體以及公共、經濟或綜合性團體，其負責人及職員在執行職務時對於各候選人應嚴守中立與不偏，不得以該等身分直接或間接參與競選運動，亦不得以任何方式從事任何足以使競選人之一得益或受損而引致另一或多人受損或得益的行動。

1988 年第 10/88/M 號法律通過後，參加立法會、諮詢會和市政機構的選舉的選民登記由獨立機構作為專門事項執行，幾項公職的直接選舉和間接選舉的選民登記機構分別為選民登記委員會和行政暨公職司的選民登記委員會。同時針對個人選民設立選民證制度，但是回歸後選民登記法取消選民證制度。選舉爭議的處理在 1991 年的第 4/91/M 號法律有所明確規定。該法規定當時的處理機構在澳門高等法院在開始運作前，選舉法所賦予的權限，將由澳門法區法院確保（第 4/91/M 號法律第 5 條）。同時選舉相關的訴訟和司法程序具有優先處理權，即是選舉訴訟較其他所有的司法工作有絕對優先權，但用於確保人身自由者則例外（第 4/91/M 號法律第 6 條）。

回歸後澳門特別行政區就選舉管理事務進行重新立法。當前澳門負責主持選舉事務的機構是澳門選舉管理委員會，負責選民登記工作的是行政公職局。澳門選舉管理委員會除了一般的選舉管理職能外，還具有兩項審核職能，分別是審核各候選名單的選舉收支是否符合規範、審核可能構成選舉不法行為的行為是否符合規範。但是對於涉及其他部門或司法程序的選舉爭議案件，選委會職能是將所獲悉的任何選舉不法行為通知主管實體。涉及司法程序的選舉爭議根據行為認定的標準交由不同級別的法院進行處理。

3. 台灣

第一屆中央民意代表選舉作為行憲交接程序，在民選政府成立前，依照《訓政結束程序法》，第一屆立法院選舉由國民政府組織。1947 年 5 月 5 日，國民政府正式頒佈《國民大會代表立法院立法委員選舉總事務所條例》，由國民大會代表立法院立法委員選舉總事務所負責該次的選務工作。根據《條例》，6 月 13 日，國民政府特派張厲生、洪蘭友、蔣勻田、劉東岩、金體乾為總事務所委員會委員，並指令張厲生為主席。6 月 25 日，選舉總事務所正式於首都南京成立。同時，各地亦設立省市縣選舉事務所負責本地區的選舉工作。

自國民黨撤台以來，台灣沒有專門的選舉主持機構，國民黨的行政機關把持選舉，原來的《選罷法》規定只需要在選舉之前設立選舉委員會，但是都是臨時性的組織，實際上的選舉主持仍然是由國民黨的行政部門進行。雖然當時的選舉在各個投、開票所都設有監察員制度，但是國民黨仍然會在選務人員招聘時混入大量舞弊人員。這種 “選監分開” 的制度，為國民黨提供了舞弊的制度空間。

由於 20 世紀 70 年代的 “外交困局” 以及 “美麗島事件”、“林義雄案” 等帶來的輿論壓力，國民黨政府在 1980 年制定的選罷法規定在各層級的民意代表選舉都設立選舉委員會，第一次有了固定的組織負責主管選務工作，選舉委員會成為了常設機構。這次的《選罷法》實現了 “選監合一”，使得選舉的主持和監督更為制度化，也使得選舉的公正性得以提高。

　　日後的沿革上，2008 年 3 月 1 日，台灣省選舉委員會與福建省選舉委員會裁撤。2009 年 5 月 22 日，立法院制定《中央選舉委員會組織法》，用法律規範了全國選舉事務的主管單位，同時《選罷法》也規定各層級的地方都需要設立選舉委員會支持選舉。同時，現行《選罷法》還設立巡迴監察員及監察小組制度，監察選舉各個環節的籌備與進行。如果遇到選舉爭議的處理，當前由中央選舉委員會的法政處負責。

第十章

對現代選舉的批判
與替代性設計

一、對選舉型代表模式的批判

通過以地域為基礎選舉產生的代表來治理國家，是代議民主政體的核心要義和標準版本。但是，20 世紀後期以來的選舉實踐表明，這一標準版本與其原初價值之間出現了某些明顯脫節的跡象。這一跡象的突顯促使理論家開始重新檢討現代民主所依託的代表和選舉理論。

邏輯上看，代表一經產生、委託代理關係一旦形成，就可能出現代表者偏離被代表者的可能。而一旦將委託代理關係固化制度之後，更有可能形成系統性的偏離的趨勢。或者說，代表一經產生，代表脫離選民的可能性就會存在。而且，如果在代表與被代表者的互動關係處於主導地位，選民甚至難以察覺。或者有可能出現的情況是，代表以整體利益為名而忽視某些特定的群體或個人。在代表處於委託代理關係中的信息優勢方且公共政策本身較為複雜之時，這一現象就更為明顯。[1] 從這個意義上講，只要代表一出場，不管代表以何種方式產生，都會潛在地存在着代表脫離自己的代表對象而走向獨立和自主的可能。因此，如何防止代表脫離自己的被代表對象，是任何民主理論家都必須要思考的基本問題。在一些極端的民主理論家眼中，即使是在代議民主體制的同情者眼

---

1   Michael L. Mezey, *Representative Democracy, Legislators and Their Constituents*, New York: Rowman & Littlefield Publishers, INC., 2008, pp.169-170.

中，代議民主也只不過是民主體制無可奈何的一種替代品。

如果我們再退一步承認代表存在正當性和必要性，代表的產生途徑也並不局限於選舉。伯納德·曼寧（Bernard Manin）的研究表明，現代民主的發展歷程，在制度上的表現就是選舉戰勝抽籤的歷程。而選舉戰勝抽籤背後的理論基礎，則是將代議制政府的核心界定為是提供合法性的授權而非職位分配的掌權。因此，選舉產生代表就構成現代代議民主政體的核心。[2] 而如果將現代民主的正當性完全寄託在以選舉為基礎的代表之上，無論是選民、代表還是整個代議制政體，都必然要承受選舉自身的缺陷所帶來的成本。

現代選舉制度變遷的一個基本規律是，傳統的以等級和職業為基礎的選舉和間接選舉完全讓位於以地域為基礎的直接選舉時，現代選舉就完全建基於地域單位。當代表的選舉完全以地域為基礎而展開時，代表與選民之間關係的脫節就表現為以地域為基礎的代表機制被其他力量所衝擊。在制度原理層面上，現代選舉所體現的選民與代表之間的委託代理關係完全建立在以選民的居住地為基本單位的基礎之上。這一原理要求代表要完全回應地域選民的需求。但是，在選舉和代表的實際運行過程中，一些超地域和跨地域的行動主體完全可以從自身利益出發，圍繞着自身利益、利用自己的資源和組織優勢而動員和組織以地域為基礎的選票，從而導致選舉型代表難以成為以地域為基礎的民意代表，以地域為基礎的民意也就很難得到有效回應。與此同時，即使在代表比較有效地回應地域居民的"平均"民意時，以地域為基礎的居民存在共同利益的假設也使得特定社會的弱勢群體和少數群體無法得到有效代表。[3] 另外，一些因為跨地域或超地域而無法以選舉區域組織起來的群體，同樣通過以地域為基礎的選舉而得到代表。由此，現代選舉的地域代表制在

2　〔法〕伯納德·曼寧：《代議制政府的原則》，史春玉譯，北京：中國社會科學出版社，2019年，第80頁。

3　〔美〕納迪亞·烏爾比納蒂，〔加〕馬克·沃倫：〈當代民主論中的代表概念〉，羅彬譯，《國外理論動態》，2017年第5期，第67-80頁。

運作過程中同樣出現了偏離制度初衷和原理的問題。

更加嚴重的問題還在於，由於現代選舉難以排除金錢的侵蝕和政客的自利性操作，從而在一些國家和地區導致當選官員成了金主、說客及其自身私利的代理人，公民的作用逐步消逝，現代民主選舉體制逐步蛻化為選主體制（Electocracy），選民被馴化為屈從官員的判斷，代表們將自己視為金錢施主而不是選民的代理人，原本由選民選擇政客的體制蛻化了政客通過操縱選區劃分而選擇選民。[4]代議民主體制的本意是由選民支配代表，而選主體制的形成則導致代表反過來支配選民。

正是由於現代選舉在相當一部分國家和地區中都出現了背離初衷的現象，現代國家的選民對民主與選舉的態度呈現出了狂熱與懷疑並存的局面。根據"世界價值觀調查"的統計，在對 57 個國家的 73000 人進行調查時，不少於 91.6% 的調查對象都認為，民主是治理國家的良策。但是與此同時，公民對議會、政府和政黨的信任程度已經降至歷史冰點。[5]民主運行過程中的這一悖論式現象表明，民主仍然是當代民眾的價值追求，但是以選舉為核心的民主體制確實在運行過程中出現了比較嚴重的病灶。

二、替代或修補選舉的主要設計

一些學者的政論家在批判現代選舉制度同時，也提出了一些替代選舉的民主工具。在這些論者看來，這些替代性的工具並不是要否定民主，而要比選舉更能體現民主。

在民主的長時段實踐歷史中，直接民主的出現要先於代議民主。如前所述，現代民主的成長過程，在很大程度上又體現為選舉逐步替代抽籤的過程。在選舉實踐面臨困境的背景下，一些學者呼籲要在代議民主

4　〔美〕拉尼·吉尼爾：〈超越選主：反思作為陌生權貴的政治代表〉，載王紹光主編：《選主批判：對當代西方民主的反思》，北京：北京大學出版社，2014 年，第 87-134 頁。

5　〔比利時〕達維德·范雷布魯克：《反對選舉》，甘歡譯，北京：社會科學文獻出版社，2018 年，第 1-2 頁。

體制內增加更多的直接民主成分，另外一部分學者則呼籲要回頭重拾抽籤傳統，將抽籤作為現代民主的實現機制。在諸多關於抽籤的設想中，由詹姆斯·菲什金（James Fishkin）設計的通過在全體合資格的選民中抽籤產生的代表就重大問題進行協商的協商民主模式受到了不少追捧，並且已經在一些地方成功實踐。根據統計，目前已經有加拿大的不列顛哥倫比亞省和安大略省、荷蘭、冰島和愛爾蘭以抽籤產生的代表以協商的方式討論改革選舉法和選舉制度、甚至是就制憲會議和憲法大會進行協商的先例。[6]

與此類似的是，法國政治學家伊夫·辛多默（yves Sintomer）則提出，應該由那些自薦成為候選人的人群中通過抽籤產生一個新的立法機關，作為現有兩院之外的第三院。在自薦候選人中抽籤產生的第三院主要通過關注生態、社會問題、選舉法和憲法等需要長期規劃的議題來彌補選舉產生的兩院制的不足。[7]

除了抽籤之外，另外的一些設計模式則主要是在選舉內外充分動員選民參與政治過程。其中比較著名的案例是巴西劇作家奧古斯托·博爾（Augusto Boal）在當選為里約熱內盧市議會後，通過運作一個“投票給我，選民的戲劇公司”的平台，召集教師、艾滋病活動分子、環保主義者和銀行工會成員，一起參加解決問題的選民集會。在這個集會中，他建立了一個被稱之為“論壇劇場”的組織網絡，激發觀眾參與劇場表演，用戲劇的方式重現他們面臨的共同挑戰，並且通過觀眾有權要求劇情終止而替換人物的方式不斷提出各種版本的新法案。[8]

6　〔比利時〕達維德·范雷布魯克：《反對選舉》，甘歡譯，北京：社會科學文獻出版社，2018 年，
　　第 121-123 頁。

7　〔比利時〕達維德·范雷布魯克：《反對選舉》，甘歡譯，北京：社會科學文獻出版社，2018 年，
　　第 141-142 頁。

8　〔美〕拉尼·吉尼爾：〈超越選主：反思作為陌生權貴的政治代表〉，載王紹光主編：《選主批判：
　　對當代西方民主的反思》，北京：北京大學出版社，2014 年，第 87-134 頁。

三、非選舉型代表的基本類型

在對選舉型代表進行批判的過程中，現代政治的代表理論也出現了一次比較大的轉向。這一轉向主要表現為建構主義代表理論的興起。在建構主義代表理論興起的浪潮中，非選舉型代表理論的出現尤為顯眼。根據我們的初步歸納，非選舉型代表理論提出了四種超越選舉的主要代表類型。[9]

第一種可以稱之為"非選舉式公共權威的所有者"，或者如一些理論家曾經提出過的"象徵型代表"模式。在現實的政治生活中，凡是那些非經選舉產生但又是得到承認的公共權威，而且經常作為某個政治符號或化身時，就可以成為象徵型代表。[10]具體而言，古代的君主、現代政治中未經正當選舉程序產生的領導人，在有選舉型政體之下不經選舉產生的行政官員等，都可以稱之為象徵型代表。

第二種類型的非選舉型代表被稱為是公民代表（citizen representatives）。這種類型的代表也不是經過選舉產生的，但是他們經常在某些特定的公共領域內就某些公共問題發表意見。這些代表顯然不是選舉產生的，但是同樣也是經過某種特定過程選擇出來的、甚至是自我選擇（self-selection）出來的。由於他們在公共領域發表的意見會通過某種途徑直接或間接地影響到特定群體的公共利益，他們客觀上也承擔起了代表的功能。在現實中，一些地方的法庭陪審團成員、諮詢委員會成員、聽證會成員、專業諮詢機構成員、市民會議成員等，都可以歸結為這種類型。

第三種類型的非選舉型代表被稱為是自我賦權（self-authorized）的行動者。這類代表通常與公民社會聯繫在一起，主要體現為一些特定領

9　這一部分內容可參見：鍾本章，何俊志：〈非選舉型代表的興起與政治代表概念的轉向〉，《北京行政學院學報》，2020 年第 5 期，第 64-72 頁。

10　〔美〕漢娜·費尼切爾·皮特金：《代表的概念》，唐海華譯，長春：吉林出版集團有限責任公司，2014 年，第 126 頁。

域宣稱代表某一領域利益或意見的特定組織及其成員。在事務領域方面，這種類型的代表宣稱為代表的領域包括人權、健康、教育、動物、環境、社區等眾多領域；在群體類型方面，可以包括宣稱代表婦女、少數民族、貧困群體、邊緣群體、兒童和退伍士兵等。[11] 近年來，這類代表不但活動於國內公民社會，而且在國際公民社會中也扮演着越來越重要的角色，在當代政治的各個領域都產生了重要影響。

第四種類型的非選舉代表被稱為是"無法言說的行動者的代言人"。在一些民主理論家們看來，現代民主理念從不排斥任何一方利益，但是，僅因為動物、環境、後代等利益相關方缺乏主體性，就將其切身利益排除在人類決策的考慮之外，顯然並不合適。因此，這些政治理論家認為，應當由與之相關的人類擔任這些無法言說者的代言人，代表其加入民主的政治協商之中，以捍衛它（他）們的利益。[12]

這四種非選舉代表模式的出現，顯然已經大大超越了傳統的以選舉為核心代表理論的容納範圍，同樣在理論上構成了對傳統的以選舉為核心的代表理論的補充，同時也帶來了新的挑戰。如何在制度上對待上述的非選舉型代表在現實政治中的地位，並且處理選舉型代表與非選舉型代表之間的關係，構成了當代選舉與代表理論的前沿所在。

四、小結

儘管現代選舉面臨着比較嚴重的挑戰，學術界對現代選舉的批判甚至也達到了體無完膚的狀態，但是，除了一些極端的論者之外，大部分對選舉制度的批判者都沒有完全否定選舉的功能。以反對選舉並極力鼓吹抽籤的達維德·范雷布魯克（David Van Reybrouck），對現代民主開出的藥方也是實行雙代表制：在實行選舉的同時，將部分立法權分配給

11　D Z. Strolovitch, "Do Interest Groups Represent the Disadvantaged? Advocacy at the Intersections of Race, Class, and Gender," *The Journal of Politics*, 2006, 68(4), pp.894-910.

12　A. Dobson, "Representative Democracy and the Environment," In W.M.lafferty & Meadowcroft (Eds), *Democracy and Environment*, Cheltenham: Edward Elgar, 1996, pp.124-139.

抽籤挑選的公民。[13] 另外還有一批學者同時也在捍衛選舉型代表的正當
性。在學術界同樣有一批學者在捍衛現代選舉的正當性。一些學者認
為，只有通過選舉產生代表的代議民主體制下，才能實現民主與知識統
治的有機結合。其理由主要包括：只有通過設計良好設計的代議民主體
制，能夠通過選舉產生出能夠有效制定公共政策的代表，無論是一人統
治還是直接民主都難以實現這一目標。[14] 更有論者認為，雖然民主是有
限度的，代議民主更是如此，但是在當代政治中，競爭性選舉是唯一可
信的檢測機制，可以使人民相信他們的統治者是根據並代表他們進行統
治的。[15]

13　〔比利時〕達維德・范雷布魯克：《反對選舉》，北京：社會科學文獻出版社，2018 年，第 157 頁。

14　Dimitri Landa, Ryan Pevnick, "Representative Democracy as Defensible Epistocracy," *American Political Science Review*, 2020, 114: 1, pp.1–13.

15　〔波蘭〕阿當・普熱沃斯基：《民主與自治的局限》，郭芬、田飛龍譯，香港：商務印書館（香港）有限公司，2020 年，第 222 頁。

第十一章

理解現代選舉制度的
差異化道路

從 18 世紀開始，為什麼現代國家的選舉制度從歐洲發軔之後，世界各國的選舉制度在從隱到顯或從無到有的變遷過程中，經歷的是不同的道路？自第二次世界大戰結束之不久，伴隨着一系列新興獨立國家的出現，就已經有學者開始比較系統地思考這一基本問題。在比較政治學領域興起的政治發展研究中，對這一問題的研究曾經佔有相當的篇幅。20 世紀 70 年代以來，"第三波"民主化浪潮出現之後，這一問題再次引發了不少新的研究興趣，新的理論模式更是層出不窮。

一、反思現有研究

如果我們立足於選舉制度的研究來反思現有研究，一個突出的特點就是，當代政治學的主流理論在處理選舉制度的變遷時，並沒有將選舉制度的變遷作為一個獨立的因變量，而是將其作為作為代議民主制度的一個測量指標來加以處理。

自熊彼得（Joseph Alois Schumpeter）開始通過選舉競爭來作為經驗民主的標準，達爾進一步將其作為最低意義上的民主測量標準以來，當代世界的主流數據庫和現實民主研究的專著，鮮有不將選舉制度、尤其是自由和包容的選舉作為民主的測量標準。我們在理論分類部分所提到的達爾的分析框架，在測量民主與非民主及民主化的動態過程時，只不過是將選舉的包容性（普遍性原則）和競爭性（自由化）原則作為兩項尺度。這一做法實際上代表了當代政治學民主化及選舉研究的主流途徑。在"沒有自由的選舉就沒有真正的民主"這一原則指導之下，選舉制度只不過是當代主流政治學者觀察和測量民主及其動態過程的一項經驗指標。在那本影響廣泛的著作中，亨廷頓（Samuel Philips Huntington）雖然對民主的定義保持了一定的謹慎態度，但是討論的過程中還是直接斷定：不民主的國家沒有選舉上的競爭和普遍的參與。[1]

戴蒙德（Larry Jay Diamond）早就指出，這種直接用選舉制度來定義民主的兩大危害在於：過分強調選舉的競爭性而忽略了民主的其他維度；把決策權的重要領域置於由選舉產生的官員控制之外。[2] 這種將選舉作為測量民主的標準的做法在後來的研究中所面臨的一個非常尷尬的問題就在於，相當一部分學者都承認，20 世紀後期出現了一種難以定義的政體，即"選舉威權政體"或"競爭性威權政體"。選舉威權政體或競爭性威權政體在選舉方面的特徵高度接近競爭和參與的標準，但是其實際權力的行使又不符合民主的基本要義。一些學者認為，僅僅在 1990-1995 年期間，全世界就有 35 個國家可以納入競爭性威權政體的範圍。[3] 在當代政治學的政體分類中，只好將這類政體納入混合政體的範圍。蒂利（Charles Tilly）也曾經指出，這種將選舉與民主做直接捆綁的做法，要麼是一種程序視角，要麼則是一種過程視角，其結果都是從選舉的角度來定義民主。將"選舉民主"等同於民主的做法，會導致在利用這些標準來判斷一些國家的政體性質時出現混亂，例如是否要將哈薩克斯坦和牙買加的政治制度納入民主政體的範圍時，可能會出現不同的結果，並且會忽視民主的本質。[4]

這種將選舉制度僅僅處理為政體層面上的民主與非民主區分標準的做法，不但已經引出了新的政體分類的難度，而且也在相當程度上忽視了選舉制度的相對獨立性。在將選舉制度完全作為一個概念的特徵或者測量指標時，對選舉制度自身的獨立屬性就難以觀察到。結合選舉和民主政體的變遷歷程就可以看出，在歷史上，只有在 19 世紀晚期之後，

1　〔美〕亨廷頓：《第三波——20 世紀後期的民主化浪潮》，劉軍寧譯，上海：上海三聯書店，1998 年，第 10 頁。

2　〔美〕拉里・戴蒙德：〈第三波過去了嗎？〉，戴劉軍寧編：《民主與民主化》，北京：商務印書館，1999 年，第 390-417 頁。

3　Steven Levitsky, Lucan A. Way, *Competitive Authoritarianism: Hybrid Regime after the Cold War*, Cambridge: Cambridge University Press, 2010, p.4.

4　〔美〕查爾斯・蒂利：《民主》，魏洪鐘譯，上海：上海人民出版社，2009 年，第 6-9 頁。

選舉制度才開始作為民主政體的支撐性制度；即使在今天，選舉制度與民主政體之間也並不一定有一一對應的關係。因此，如果我們要考察選舉制度本身的變遷規律時，不能簡單將其作為民主政體的構成要素或者測量指標來加以對待。

與在政體研究中僅僅將選舉制度作為一個測量指標而處於依附地位相反的一種現象是，在政體研究的下一個層次上，比較政治學研究的主流理論在研究現代政黨體系的變遷時，又將選舉制度作為自變量加以處理，主要研究不同的選舉制度對政黨體系所產生的影響。在這一傳統中，選舉制度又被當成一個完全獨立的變量，研究的重點則集中於既定的選舉制度對特定國家的政黨體系、政治穩定的公共政策的影響。自迪韋爾熱（Maurice Duverger）提出有關選舉制度與政黨體系之間基本關係體現為選舉制度對政黨體系的決定性影響作用之後，比較選舉制度和比較政黨研究的學者圍繞着這一現象已經形成了一個相對獨立的傳統。在這個傳統中，大多數學者都肯定了選舉制度與政黨體系間的"迪韋爾熱定律"的有效性，並且重點考察的選舉制度的政治後果。[5]

這一研究傳統顯然有其明顯的合理性，因為在可以觀察和測量的範圍內，在絕大多數情況下，一個國家或地區的選舉制度都處於相對穩定的狀態，而政黨體系、政治穩定和公共政策都有可能因為每一次具體的選舉而發生或大或小的變化。但是值得注意的是，集中考察選舉制度的政治後果的相關著作，是在 20 世紀 60 年代之後才逐漸成長起來的一個領域。正是因為 20 世紀 60 年代之後多數歐美國家的選舉制度都處於穩定狀態之際，才可以比較集中地考察選舉制度的政治後果。

二、正視選舉制度的內生性

如果將英國國會從 14 世紀開始嘗試國會議員直接選舉視為現代選

5　集中體現這一傳統的著作，可參見 Bernard Grofman, Arend Lijphard, *Electoral laws and Their Political Consequences*, New York: Algora Publishing, 2003.

舉的早期開端，並且將國會議員的直接選舉作為通向現代選舉的第一種類型，首先需要明確的兩項基本前提是，古代的選舉在歐洲地方層面的延續和國家層面上的議會制度的逐步成型。長期延續的地方選舉為國家層面的選舉提供了制度供給的基本形態，現代議會制度的成長則在國家層面上提出了選舉的需求。

因此，一個國家現代選舉制度出現之前是否存在議會，就是決定現代選舉制度變遷模式的第一個決定性變量。在那些已經有議會存在的國家中，現代選舉制度的發展過程，實際上就是一個選舉產生的議員逐步替代世襲、任命或當然產生的議員的過程。在這些國家中，首先出現的是直接選舉產生的議員逐步替代通過其他途徑產生的議員的過程。在這一過程中，首先出現的是直接選舉。伴隨着直接選舉的議員規模的逐步擴大，競爭性的因素不斷增加。選舉競爭的過程如果能夠得到規範，則自由化的成分增加，並通過自由競爭不斷動員大眾捲入選舉過程，從而帶來包容化和平等化；如果競爭過程沒有得到規範，則將在相當長一段時間內維持寡頭競爭的模式，直至再民主化過程才開啟包容化和平等化。顯然，作為原生型的代表，英國的現代選舉制度的變遷模式，就屬這種類型中的典型代表。

如果在現代選舉制度啟動之前沒有成熟的議會制度，或者是經過革命和重大改革摧毀了傳統的制度體系之後，新建立的議會制度需要選舉之時，由於在短時間內要選舉產生大量的議員，在選民幾乎完全沒有受過選舉訓練的情況下，絕大多數國家都會在直接選舉與間接選舉之間進行某種組合。美國的道路是眾議院直接選舉、參議院間接選舉；法國和德國的道路是先間接選舉，再直接選舉；日本是在經過反覆權衡之後採用直接選舉；墨西哥則在一段時間內搖擺於間接選舉與直接選舉之間。

此後出現的第三種類型絕大多數是以蘇聯為模版。在這種類型的選舉制度變遷過程中，由於社會主義革命開闢了更多的選舉職位，同時是以先鋒隊政黨動員直接動員社會底層捲入選舉過程，平衡數量龐大的選舉職位和選民群體的中介力量就是先鋒隊政黨。選舉過程本身就是一個政治啟蒙的過程，按照列寧設計的選舉模式，在社會底層的文化基礎薄弱的背景下，只能在一開始採用間接選舉的方式進行選舉。隨後的改革道路，主要是依據經濟社會的發展和文化水平的不斷提升之後，再逐步提出直接選舉的層次，並根據政治發展的階段而增加競爭性的因素。

最後，在第二次世界大戰之後擺脫殖民地地位而獨立的國家或此後才開啟選舉的地區中，普遍、平等、直接和自由選舉的原則已經作為現代選舉的基本原則而確立，尤其是平等和普遍原則已經被廣泛接受。所以，在這一時期進入選舉的國家和地區，更容易一步到位同時採用直接、普遍、平等和自由選舉並行的方式。

因此，就選舉制度的歷史變遷過程而言，在現代選舉開啟之前就已經有議會的國家，如果沒有經歷過重大的革命和急進改革，則更有可能出現由直接選舉帶動自由化選舉，再由自由化選舉帶動普遍性選舉和平等性選舉的道路。在那些經歷過重大革命和改革的國家中，則更有可能先經歷一段時間的間接選舉之後，再過渡到直接選舉，然後才會逐漸走向由直接選舉帶動的自由化選舉的道路。而一旦普遍化選舉的原則得以在世界範圍內確立之後，普遍選舉的原則也就更多地在一些國家的選舉開啟之間就直接採用。簡言之，本書總結出的通向現代選舉基礎道路的三個基本變量是：先前是否存在成熟的議會制度、是否經歷過重大革命和改革、選舉制度的開啟時間是在普遍選舉原則確立之前還是之後。第一個變量決定了一個國家的選舉制度先以直接選舉起步；第二個變量決定了一個國家的選舉制度先以間接選舉起步；第三個變量決定是一個國家的選舉是否在起步環節納入普遍性原則。

如果我們充分認識到現代各國選舉制度變遷過程中的這種選舉制度的內生性問題，就不難得出這樣的結論：在選舉制度的變遷過程中，一個國家或地區的選舉制度起步模式已經在相當程度上決定了這個國家或地區的選舉制度變遷的道路。在逐步落實現代選舉所要求的直接選舉、自由選舉、普遍選舉和平等選舉原則的過程中，如果在起步階段已經落實了一個基本原則，在下一階段的任務就是落實另外一些原則；一些國家先採用某一原則，另外一些國家先落實另外一些原則。但是，除了直接選舉原則之後，自由選舉、普遍選舉和平等選舉原則的落實都沒有終點。

三、選舉制度與政黨關係的動態變化

要處理選舉制度的內生性問題，還必須要面對的一個問題就是選舉制度與政黨體系的關係。如果說在現代選舉制度出現之前有沒有成熟的議會制度構成了現代選舉制度的變遷是否更有可能以直接選舉起步和漸進改革的方式進行，現代政黨與選舉制度的關係則對選舉制度的具體類型的分佈起着更為直接的作用。

早在 1958 年，就已經有研究者提出，至少從比利時、丹麥、瑞典、挪威和瑞士的選舉制度變遷過程中可以看出，這些國家之所以將決定選舉競爭模式的多數決制改為比例代表制，是因為在多數決制與多黨共存的情況下，由於選舉與議席之間的關係嚴重扭曲，現存的政黨為了維持在將來選舉中的存活，才共同決定將競爭規則由多數決制改為比例代表制。因此，在這些國家所經歷的選舉制度與政黨體系的關係，是先前的政黨體系在決定後來的選舉制度，而不是像迪韋爾熱定律所宣稱的那樣是選舉制度在決定政黨體系。[6] 與此類似的是，羅坎和李普塞特（Arend Lijphart）等人也認為，歐洲大陸國家之所以在 20 世紀 20 年代普遍採用比例代表制來替代多數決制，主要的原因在於先前存在的大黨擔心在選舉權普及之後，新興的小黨會危及到傳統大黨的生存。[7]

晚近的研究則發現，在 19 世紀中期之前，絕大多數國家的議會選

6　John G. Grumm, "Theories of Electoral Systems," *Midwest Journal of Political Science*, Nov. 1958, Vol.2, No.4, pp.357-376.

7　Arend Lijphart, "Democratization and Constitutional Choice in Czecho-Slovakia, Hungary and Poland, 1989-91," *Journal of Theoretical Politics*, vol.4, No.2, 1992, pp.207-223.

舉制度都屬複數選區多數決制的選舉制度,即在一個選區內不止產生一名代表,決選規則為多數決制。先前存在的政黨為了應對普選時代的來臨,大致分化成了三種不同的改革類型。第一種類型是在保留多數決制規則的同時,將選區規模收縮為每個選區只產生一名代表。第二種類型是在保留大選區的同時只維持絕對多數規則。第三種類型是在保留大選區制的同時採用新的比例代表制。雖然出現了這三種類型的差異,但都是為了在選舉過程中不讓某一政黨能夠贏得全部席位,以適應普選之後的多元化社會的需求。[8]

顯然,在上述國家中,政黨對選舉制度的改革主要圍繞着選舉競爭規則而展開,改革的前提是政黨已經內化於議會制度之內。但是,在社會主義革命之後,由於領導革命的先鋒隊政黨在革命成功之後再創立新的代表機構,故無論是代議機構的組織模式還是選舉模式,都需要服務先鋒隊政黨的執政需求。與此同時,先鋒隊政黨在創立了新的選舉制度和代議體系之後,並沒有完全進入代議機構之內,而是在代議機構之外領導着新創立的代議機構和選舉制度。先鋒隊政黨除了通過新建立的選舉制度和代議體系來建立合法性之外,還在代議機構和選舉制度之外另有合法性的基礎和動員民眾的通道。在代議機構和選舉制度之外,除了革命所帶來的合法性之外,還通過績效建立合法性,而且還可以通過執政黨自己的通道在選舉之外直接動員民眾參與現代化建設。因此,與前期政黨和非殖民化之後出現的政黨不同的是,在革命過程中產生出的先鋒隊政黨,在革命之後構築了兩套合法性體系,即選舉的合法性和績效的合法性,而且在選舉之外另行建立了一套直接動員民眾的動員體系。在隨後的改革歷程中,執政黨對選舉制度的設計模式,就在更大程度上取決於選舉制度的運行在整個執政體系中的地位。無論是在革命還是建

---

8   Josep M. Colomer, "Party System effects on Electoral Systems," in Erik S Herron, Robert J. Pekkanen, and Matthew S. Shugart edited, *The Oxford Handbook of Electoral Systems*, New York: Oxford University Press, 2018, pp.69-84.

設過程中，執政黨的工作模式都是在各個時期內先確立中心工作，然後再根據選舉制度在中心工作中的地位來決定選舉制度的改革進程和方式。

綜合前述的結論可以看出，當代世界的選舉制度的原型，是中世紀與君主制共存的議會邁向了選舉。在自由和平等原則逐漸普及到現代政治之中後，君主和貴族退出了政治舞台，人民主權原則逐漸通過主要以代議民主的方式落實。在落實代議民主制的過程中，普遍選舉原則才成為一項重要的標準。因此，如果要考察現代選舉制度的基本類型，第一種類型就應該是與君主制共存的選舉制度。在君主和貴族退出之後，在落實普遍選舉原則的過程中才逐漸產生出現代意義上的政黨。從而與君主制共存的選舉制度就過渡為與現代政黨制度共存的選舉制度。只不過，由於時代背景的變化，現代政黨制度在各國的產生模式不一樣，所以與政黨制度共存的選舉制度又可以分與一黨執政共存的選舉制度、與多黨競爭相結合的選舉制度（又可以細分為多黨競爭和一黨獨大）和一些國家和地區採用的非政黨型選舉制度。

進一步總結此書可以還可以發現，在作為原型的與君主制共存的選舉制度向與政黨制度共存的選舉制度過渡的過程中，前述的第一種類型更容易導向多黨競爭的選舉制度；第二種類型則容易經歷曲折、並且在相當長一段時間內經歷一黨獨大；第三種類型則更容易走向與一黨執政共存的選舉制度；第四種類型則多屬二戰後的非殖化政權，因此具體類型比較多元化。

責任編輯	劉韻揚
書籍設計	a_kun
排　　版	陳先英
校　　對	栗鐵英

叢 書 名	中山大學粵港澳研究叢書
書　　名	**通向現代選舉之路**
著　　者	何俊志
出　　版	三聯書店（香港）有限公司
	香港北角英皇道 499 號北角工業大廈 20 樓
	Joint Publishing (H.K.) Co., Ltd.
	20/F., North Point Industrial Building,
	499 King's Road, North Point, Hong Kong
香港發行	香港聯合書刊物流有限公司
	香港新界荃灣德士古道 220-248 號 16 樓
版　　次	2022 年 9 月香港第一版第一次印刷
規　　格	16 開（170 × 240mm）304 面
國際書號	ISBN 978-962-04-5053-2